SEGREGAÇÃO DIGITAL
ENSAIO PSICANALÍTICO SOBRE OS EFEITOS DO ATUAL
ESTADO NA INTERNET NO SUJEITO E NO LAÇO SOCIAL

Editora Appris Ltda.
1.ª Edição - Copyright© 2025 dos autores
Direitos de Edição Reservados à Editora Appris Ltda.

Nenhuma parte desta obra poderá ser utilizada indevidamente, sem estar de acordo com a Lei n° 9.610/98. Se incorreções forem encontradas, serão de exclusiva responsabilidade de seus organizadores. Foi realizado o Depósito Legal na Fundação Biblioteca Nacional, de acordo com as Leis n⁰ˢ 10.994, de 14/12/2004, e 12.192, de 14/01/2010.

Catalogação na Fonte
Elaborado por: Josefina A. S. Guedes
Bibliotecária CRB 9/870

A353s
2025
	Alcântara, Sam
	    Segregação digital: ensaio psicanalítico sobre os efeitos do atual estado na internet no sujeito e no laço social / Sam Alcântara. – 1. ed. – Curitiba: Appris: Artêra, 2025.
	    221 p. ; 23 cm. – (Multidisciplinaridade em saúde e humanidades).
	
	    Inclui referências.
	    ISBN 978-65-250-7718-5
	
	    1. Psicanálise. 2. Cultura. 3. Internet. 4. Segregação – Digital. I. Título. II. Série.
	
	                                                                                    CDD – 150.195

Livro de acordo com a normalização técnica da ABNT

Appris *editorial*

Editora e Livraria Appris Ltda.
Av. Manoel Ribas, 2265 – Mercês
Curitiba/PR – CEP: 80810-002
Tel. (41) 3156 - 4731
www.editoraappris.com.br

Printed in Brazil
Impresso no Brasil

Sam Alcântara

SEGREGAÇÃO DIGITAL
ENSAIO PSICANALÍTICO SOBRE OS EFEITOS DO ATUAL
ESTADO NA INTERNET NO SUJEITO E NO LAÇO SOCIAL

Appris editora

Curitiba, PR
2025

FICHA TÉCNICA

EDITORIAL
Augusto Coelho
Sara C. de Andrade Coelho

COMITÊ EDITORIAL E CONSULTORIAS
Ana El Achkar (Universo/RJ)
Andréa Barbosa Gouveia (UFPR)
Antonio Evangelista de Souza Netto (PUC-SP)
Belinda Cunha (UFPB)
Délton Winter de Carvalho (FMP)
Edson da Silva (UFVJM)
Eliete Correia dos Santos (UEPB)
Erineu Foerste (Ufes)
Fabiano Santos (UERJ-IESP)
Francinete Fernandes de Sousa (UEPB)
Francisco Carlos Duarte (PUCPR)
Francisco de Assis (Fiam-Faam-SP-Brasil)
Gláucia Figueiredo (UNIPAMPA/ UDELAR)
Jacques de Lima Ferreira (UNOESC)
Jean Carlos Gonçalves (UFPR)
José Wálter Nunes (UnB)
Junia de Vilhena (PUC-RIO)
Lucas Mesquita (UNILA)
Márcia Gonçalves (Unitau)
Maria Margarida de Andrade (Umack)
Marilda A. Behrens (PUCPR)
Marília Andrade Torales Campos (UFPR)
Marli C. de Andrade
Patrícia L. Torres (PUCPR)
Paula Costa Mosca Macedo (UNIFESP)
Ramon Blanco (UNILA)
Roberta Ecleide Kelly (NEPE)
Roque Ismael da Costa Güllich (UFFS)
Sergio Gomes (UFRJ)
Tiago Gagliano Pinto Alberto (PUCPR)
Toni Reis (UP)
Valdomiro de Oliveira (UFPR)

SUPERVISORA EDITORIAL Renata C. Lopes
PRODUÇÃO EDITORIAL Sabrina Costa
REVISÃO Camila Dias Manoel
DIAGRAMAÇÃO Andrezza Libel
CAPA Mariana Brito
REVISÃO DE PROVA Daniela Nazario

COMITÊ CIENTÍFICO DA COLEÇÃO MULTIDISCIPLINARIDADES EM SAÚDE E HUMANIDADES

DIREÇÃO CIENTÍFICA Dr.ª Márcia Gonçalves (Unitau)

CONSULTORES
Lilian Dias Bernardo (IFRJ)
Taiuani Marquine Raymundo (UFPR)
Tatiana Barcelos Pontes (UNB)
Janaína Doria Líbano Soares (IFRJ)
Rubens Reimao (USP)
Edson Marques (Unioeste)
Maria Cristina Marcucci Ribeiro (Unian-SP)
Maria Helena Zamora (PUC-Rio)
Aidecivaldo Fernandes de Jesus (FEPI)
Zaida Aurora Geraldes (Famerp)

*Dedico todo o tempo investido neste trabalho
à minha fonte primordial de inspiração,
que acompanha meus pensamentos diários:
ao meu filho, Erich.*

> "O aspecto mais triste da vida de hoje é
> que a ciência ganha em conhecimento
> mais rapidamente que a sociedade em sabedoria."
>
> *Isaac Asimov*

> "Quando você acende uma vela,
> você também lança uma sombra."
>
> *Ursula K. Le Guin*

> "O lance sobre o futuro...
> é que toda vez que você olha pra ele;
> ele muda, porque você olhou pra ele.
> e isso muda todo o resto."
>
> *Philip K. Dick*

SUMÁRIO

INTRODUÇÃO..13

PARTE 1
O MAL-ESTAR NA CIBERCULTURA

CAPÍTULO 1
EM BUSCA DA TECNIFICAÇÃO DO MAL-ESTAR 29

CAPÍTULO 2
UMA BREVE HISTÓRIA DA INDÚSTRIA CULTURAL CIBERNÉTICA 39
    Nasce uma nova proposta científica: a cibernética 40
    Projeto cultural cibernético: a cibercultura 42
    Ciberespaço: geografia espacial cibernética 45

CAPÍTULO 3
TEORIAS DA CIBERCULTURA: DA CIBERUTOPIA AO TECNOAPOCALIPSE...49
    Ciberutopia virtual: pelo coletivismo tecnocrático em rede 49
    Ciberconservadores e tecnoapocalípticos 56

CAPÍTULO 4
REFLEXÕES CIBERREAL'LISTAS: ENTRE ŽIŽEK E HAN 63
    É possível digitalizar o Real? 64
    Por uma psicopolítica da transparência 70

CAPÍTULO 5
CIBERCULTURA ALGORÍTMICA: (COM)DOMÍNIO DO CIBERESPAÇO ... 77
    Quem domina o ciberespaço? 77
    A dinâmica das bolhas 82
    Regulação algorítmica 87

PARTE 2
ENTRE A ALGORITIMIZAÇÃO DO LAÇO E O SUJEITO SUPOSTO DIGITAL

CAPÍTULO 6
O "OTIMISMO" FREUDIANO: O FUTURO, A CIÊNCIA E AS ILUSÕES DA CULTURA 95
    O processo civilizatório e seu futuro 96
    As divindades da tecnociência 102

CAPÍTULO 7
LACAN: ENTRE O SUJEITO, A TECNOCIÊNCIA E A AUTOMAÇÃO DOS DISCURSOS 107
    Ciência ou tecnociência? 108
    Tecnificação do laço 113

CAPÍTULO 8
DA COISA AOS OBJETOS A... DOS *GADGETS* À INTERNET DAS COISAS .. 121
    Encontrando *a*-Coisa prometida 121
    Capitalismo & tecnociência: rumo a um novo mestre 125

PARTE 3
CONDOMÍNIOS DIGITAIS: O FUTURO DE UMA TECNOPOLÍTICA?

CAPÍTULO 9
AS FRONTEIRAS D'UM DISCURSO: SEGREGAÇÃO EM PSICANÁLISE 133
    O Real efeito da Um-iversalização: surge uma noção 134
    Segregação: princípio de todo discurso 137
    Ciência, técnica e segregação: por Um discurso 139
    Do efeito à prática: as figuras de segregação 141

CAPÍTULO 10
DO CAMPO ALGORÍTMICO AOS CONDOMÍNIOS DIGITAIS: TECNOPOLÍTICA DE SEGREGAÇÃO 147
    Concentração no ciberespaço: campo algorítmico da *world wide web* 149
    Concentrando as bolhas: os muros do ciberespaço 151
    A lógica do condomínio: aproximações e subversões digitais 157

CAPÍTULO 11
PROBLEMA NO CONDOMÍNIO: PRÁTICAS SEGREGATIVAS INTRAMUROS E O CANCELAMENTO 163
   Quando surgem as pequenas diferenças 164
   Entre a transparência e a opacidade do outro 168

CAPÍTULO 12
DELETÁVEL: FIGURA DE SEGREGAÇÃO DIGITAL 175
   A crítica social em Philip K. Dick: análise de "Kill all others" 176
   Espelho negro sem reflexo: segregação em *Black Mirror* 180

CONSIDERAÇÕES FINAIS 185

POSFÁCIO 193
   Trans-formações do laço e do corpo na era dos condomínios digitais: paradigmas e contradições em um mundo algoritmizado 193
   Transformações e paradigmas de um mundo em transição 194
   Em busca da tecnificação do mal-estar 196
   Da revolução digital à nova segregação: a lógica do condomínio digital como paradigma do laço contemporâneo 198
   O corpo como limite? Sexo e gênero como paradigmas e contradições em um mundo algoritmizado 204

REFERÊNCIAS 211

INTRODUÇÃO

Pesquisar sobre o atual estágio da contemporaneidade digital nos impõe uma série de desafios; entre os quais, um dos mais complexos está na velocidade com que as alterações tecnológicas deslocam, montam e remontam a paisagem que baliza nossa investigação. Acrescento a isso os desafios de manejar o contemporâneo através das lentes psicanalíticas. Logo, é preciso aqui fazer um breve comentário. São muitos os aparatos conceituais psicanalíticos que podem ser acionados para apresentar a relação de nossa entrada na linguagem com o mal-estar freudiano e suas consequências na potência política da leitura lacaniana. Aliás, serão repetidamente acionados neste livro.

Para um leitor desacostumado com os jargões psicanalíticos, pode existir certa dificuldade inicial, mas considero importante aproximar tais conceitos da leitura dos fenômenos tecnológicos contemporâneos. Não por um pretenso psicologismo social, a procura de "psicologizar" a luta política que envolve a circulação discursiva no social. Afinal, não existe uma psicanálise do social. Bem como não é pretensão construir um aparato diagnóstico individualista que localiza as mazelas e sofrimentos em uma espécie de inadaptabilidade com a realidade que se "impõe".

A potente contribuição que a psicanálise pode fornecer à reflexão-crítica dos fenômenos que atravessam a gramática do digital está na possibilidade de expor de maneira precisa a "retórica" que o atravessa, suas estratégias de justificação segundo um pretenso enraizamento da economia em nossa psicologia. Um entremeio que faz um singular laço entre o particular individual e o universal social. Portanto, o livro que se segue é resultado de pesquisa de mestrado defendida em 2019 na Universidade de Fortaleza e reeditada cinco anos depois, conectada com os efeitos dos eventos que se seguiram desde então.

Nesse cenário, o século XXI parece atualizar antigos paradigmas e atravessar novas inquietações. O domínio da ambivalência e da incerteza causado pelos anos de tensão do pós-Segunda Guerra e da Guerra Fria contra-atacou violentamente com toda uma série cada vez mais ampla de preocupações. A lista de acontecimentos paradigmáticos recentes impressiona: estamos saindo da pandemia de Covid-19 — uma das maiores crises globais da história —, atravessando mudanças geopolíticas radicais, tais como as impetradas pela invasão do território ucraniano pela Rússia, o atentado infligido a Israel pelo Hamas, as crises humanitárias na Armênia e na Palestina, os conflitos que se arrastam pela África e os subsequentes golpes de Estado que se instalaram na região do Sahel, as tensões entre Norte e Sul global, revoluções econômicas e tecnológicas, assim como os já sentidos efeitos das mudanças climáticas. Antigos e novos atores no xadrez geopolítico dão o tom de instabilidade que, desde o fim da Guerra Fria, não experimentávamos. Disputas entre atores como China, EUA, União Europeia, Rússia, Índia, Brasil, países árabes e União Africana temperam o grau de incerteza sobre o futuro do nosso planeta.

A experiência humana, ao longo do tempo, foi atravessada pela relação direta com a apreensão e aplicação tecnológica. Desde o domínio do fogo — uma das primeiras técnicas de manipulação da natureza pelo *Homo sapiens* —, significativas rupturas evolutivas propiciaram a sobrevivência e o avanço da raça humana. Historicamente, a tecnologia desenvolvida pelo humano, como técnica de dominação, percorre o desenvolvimento das civilizações humanas há centenas de milhares de anos.

Cada um dos avanços tecnológicos que marca a historicidade do domínio da técnica pelo humano acontece em conjunto com uma série de metamorfoses do mundo, como sugere o sociólogo alemão Urich Beck[1]. A humanidade, como espécie, passa a evoluir em uma relação intrínseca com a tecnologia, com os avanços do domínio sobre a natureza e sobre a própria humanidade. O advento da linguagem e da escrita marca o desenvolvimento de complexos sistemas de organização civilizatório-cultural, com implicações diretas nos laços estabelecidos, expressando, ao longo do tempo, um conjunto de manifestações comuns àqueles indivíduos que permeiam um mesmo espaço geográfico.

Também com a linguagem, a humanidade passa a sistematizar a observação técnica sobre a natureza e, por meio de ensaios mentais complexos, desenvolver métodos técnicos de apreensão e intervenção na realidade. Muitos são os pensadores e estudiosos que, no decorrer de dezenas de séculos, do Oriente ao Ocidente, mergulharam em seus arcabouços simbólico-linguísticos na tentativa de descrever a realidade das coisas e da experiência humana. Grandes nomes do pensamento ocidental, como Tales de Mileto, Sócrates, Platão, Copérnico, Descartes, Newton, Kant, Hegel, Darwin, Marx, Nietzsche, Freud, Einstein, Turing,

---

[1] Beck, U. (2018). *A metamorfose do mundo: Novos conceitos para uma nova realidade.*

entre muitos outros, cada um em seu tempo, dedicaram a vida à árdua empreitada de observar e questionar a gênese dos fenômenos da natureza, aproximando o conhecimento observacional do desenvolvimento técnico; a ciência da tecnologia.

A contar da criação das primeiras ferramentas técnicas de caça à invenção dos ônibus espaciais, somos seres exploradores. De forma nômade, percorríamos os territórios, avançando nossa espécie. Desenvolvemos técnicas de navegação e exploração através dos oceanos, ganhamos os céus, e estamos adentrando o espaço sideral em busca de conquistarmos novos planetas. Aliás, com o avanço da tecnociência, criamos um novo espaço. Um ambiente digital de interação não físico-territorial, onde as relações e os lugares de exploração parecem tão ricos e prósperos quanto os anteriores. Nasce a esperança de desfronteirização cultural, da formação de inteligências coletivas[2]. Um universo de possibilidades digitalmente desenvolvidas por e para a técnica humana. Um espaço cibernético construído valendo-se das tecnologias digitais, o ciberespaço.

Assim, as revoluções dos campos científicos da informática, telemática e cibernética propiciaram o surgimento de diversas máquinas de comunicação instantânea e dos alicerces que sustentam a internet. A cibernética surge como uma proposta não apenas científica, torna-se um elemento cultural, a cibercultura. A cultura cibernética organiza-se por meio da conectividade globalizada que as novas Tecnologias de Informação e Comunicação (TICs) dispuseram ao longo das últimas décadas. O avanço da cibercultura está transformando de forma radical a humanidade, alavancando metamorfoses políticas, socioeconômicas, culturais, comportamentais e ambientais, redesenhando as relações humanas em uma velocidade nunca antes experimentada.

Assim como a pólvora mudou o movimento, o papel mudou a memória, a bússola mudou o espaço e o relógio mudou o tempo, as tecnologias digitais nos dispõem uma infinidade de dispositivos maquínicos que nos ajudam a administrar e calcular de forma imediata a memória, o espaço e o tempo. São muitas as inovações tecnológicas das últimas décadas, intensificadas principalmente no século XXI.

Hoje, temos à nossa disposição inúmeras máquinas que respondem às necessidades humanas sentidas e criadas ao longo da história de nossa civilização e cultura: máquinas como o avião, o carro e o telefone, que

---

[2] Lévy, P. (2010b). *Cibercultura*.

nos ajudam a poupar o tempo diminuindo os espaços; máquinas como rádios, *videoplayers* e *videogames*, que são utilizadas para enriquecer o tempo; máquinas que servem para estocar o tempo, como computadores, *pendrives* e secretárias eletrônicas, substituindo nossa memória. Há ainda as máquinas de programar o tempo, como despertadores, cronômetros e agendas eletrônicas. E, mesmo assim, parece que continuamos em estado de alerta, esperando pela próxima informação e notícia, esperando sempre pela próxima urgência que surgirá instantaneamente em nossa tela[3].

As máquinas criadas pela tecnociência entraram em nossa vida, aparentemente, de forma definitiva. Hoje, já não se imagina a vida sem esses aparatos que, de fato, reestabeleceram as formas de nos relacionarmos com o mundo. Esses dispositivos ajudam a solucionar antigos problemas, como a relação "espaço-tempo-memória" na comunicação humana, bem como a velocidade de processamento informacional, entre outras inúmeras funcionalidades que o discurso tecnocientífico diz promover, modificando todos os âmbitos da vida humana.

Por exemplo, podemos reencontrar aquele velho amigo de escola, de quem o destino nos afastou, por meio do Facebook. Porém, uma enxurrada de casos de uso indevido de dados por empresas que armazenam e controlam nossas informações ganham a mídia. Como o famoso caso de um pai que descobriu que a filha adolescente estava grávida ao receber em casa um cupom de desconto de produtos de bebês enviado pela Target[4], rede de lojas de varejo dos EUA.

Ora, mas como isso aconteceu? É fácil observar, nos espaços que frequentamos no dia a dia, que as pessoas então completamente encantadas e fascinadas pelas telas portáteis. A ponto de projetarem imagem e atenção a esses espelhos pretos, realizando o "projeto de extrativismo de dados"[5] das empresas de tecnologia. Ou seja, tudo que é compartilhado na internet é transformado em dados. "Os dados são o novo petróleo" é uma expressão que circula pelos corredores do Vale do Silício[6].

Assim, o "erro" cometido pela Target segue o que Evgeny Morozov chama de "regulação algorítmica". É a concretização do programa político de governança baseada em evidências e voltadas para resultado, agora em formato tecnológico. Hoje, as máquinas aprendem (*machine learning*)

---

[3] Dutra, A. L. (Diretor). (2015). *Quanto tempo o tempo tem* [Filme]. Netflix.
[4] *Cf.* https://www.traycorp.com.br/conteudo/target-e-o-comportamento-do-cliente/.
[5] Morozov, E. (2018). *Big tech: A ascensão dos dados e a morte da política*.
[6] Machado, D. (2018). *A modulação de comportamentos nas plataformas de mídias sociais*.

com base em inteligências artificiais que coletam e armazenam um grande volume de dados gerados por todas as nossas pesquisas e postagens na internet, formando o *big data*.

Os sistemas algorítmicos filtram e classificam as palavras-chave das mensagens, detectam sentimentos, buscam afetar decisivamente a lógica discursiva, tanto *online* quanto *offline*, e, por isso, organizam a visualização nos seus espaços para que os usuários se sintam bem, seguros, confortáveis e acessíveis à oferta contínua de produtos ou serviços[7]. No caso da Target, o palpite fora baseado na análise de consumo de produtos adquiridos por mulheres grávidas em associação — conforme cálculos matemáticos de probabilidade — com as pesquisas realizadas pela adolescente nas plataformas da internet. Com base nessas pesquisas, os algoritmos apenas organizaram, matematizaram e interpretaram os dados colhidos para uma ação de *marketing* da empresa.

Com o *big data* entramos na chamada quarta revolução industrial. Ou seja, a concretização dos ideais de hiperindividualização e hipersegmentação do capitalismo em sua fase neoliberal. Aqui percebemos a quebra de paradigma importante que separa a antiga dicotomia biopolítica descrita por Foucault entre o normal e o patológico — na qual o patológico deveria ser adequado à normalidade imposta — de uma nova dicotomia entre o normal e o ótimo, em que o normal deve ser otimizado. O imperativo de avaliar e exibir resultados já pressupõe que o objetivo dessa política é a otimização da eficiência em uma sociedade pautada na gestão de riscos[8]. Em outras palavras, na lógica neoliberal, antes de tudo, somos todos empreendedores e cidadãos[9].

O crescimento vertiginoso das plataformas tecnológicas digitais dá fôlego e amplitude ao projeto político do capitalismo neoliberal. No Brasil, em 2018, 94,2% dos acessos à internet foram feitos para trocar mensagens de texto, voz ou imagens, por usuários com mais de 10 anos[10]. Também em 2018, o Facebook chegou à marca de 2,6 bilhões de usuários totais[11]. A internet é, hoje, utilizada por mais de 4,1 bilhões de pessoas em

---

[7] Silveira, S. A. (2018). *A noção de modulação e os sistemas algorítmicos*.
[8] Beck, U. (2018). *A metamorfose do mundo: Novos conceitos para uma nova realidade*.
[9] Morozov, E. (2018). *Big tech: A ascensão dos dados e a morte da política*.
[10] *Agência IBGE Notícias*: https://agenciadenoticias.ibge.gov.br/agencia-sala-de-imprensa/2013-agencia-de-noticias/releases/20073-pnad-continua-tic-2016-94-2-das-pessoas-que-utilizaram-a-internet-o-fizeram-para-trocar-mensagens.
[11] *Cf.* http://agenciabrasil.ebc.com.br/geral/noticia/2018-10/facebook-chega-26-bilhoes-de-usuarios-no-mundo-com-suas-plataformas.

todo o mundo[12]. O faturamento anual das cinco megacorporações do Vale do Silício que controlam a maioria das plataformas da internet, em 2018, atingiu aproximadamente US$ 800,72 bilhões[13] (Apple, 265,6 bi; Amazon, 232,9 bi; Google-Alphabet Inc., 136,82 bi; Microsoft, 110,4 bi; e Facebook, 55,8 bi). Esse número representa quase 50% do PIB brasileiro no mesmo período (US$ 1,8 trilhão). Além disso, estamos no interior de uma guerra comercial de impactos econômicos globais entre Estados Unidos e China, com um de seus pilares centrado nas acusações de espionagem feitas à gigante chinesa Huawei pelo governo estadunidense.

Esse é o volume financeiro que a indústria dos dados movimenta. Pelas estatísticas, o crescimento anual é exponencial. Nenhuma outra indústria — farmacêutica, armamentista, petrolífera ou automobilística — atingiu, na história, marca parecida com o volume, em valor de mercado, das empresas de tecnologia digital. Não é preciso temer as máquinas, à maneira do *Exterminador do Futuro*, para se preocupar com as consequências de um mundo dominado e controlado por companhias que detêm tecnologias como: Inteligência Artificial (IA), internet das coisas e *big data*. A Amazon tem a Alexa; a Microsoft tem a Cortana; a Apple tem a Siri; e a Alphabet Inc. tem o Google Assistente: todos movidos por IA e baseados em alguma forma complexa e avançada de coleta de dados relativa a nossas preferências e necessidades. Graças aos sensores e à conectividade com a internet, os objetos mais cotidianos e banais adquiriram enorme poder de influenciar nosso comportamento[14].

Edward Snowden e as reportagens do jornal *The Intercept*, de Glenn Greenwald, mostraram ao mundo a manipulação e modulação de dados pela NSA. Eli Pariser[15] nos alertou que as plataformas digitais filtram nossa comunicação, analisam nosso comportamento e nos inserem em bolhas digitais. Cathy O'Neil[16], integrante do movimento *Occupy Wall Street*, chamou nossa atenção para as armas algorítmicas de destruição matemática, afirmando que o *big data* aumenta a desigualdade e a exclusão social. Evgeny Morozov descreveu como a lógica neoliberal do capitalismo de plataforma preconiza — amparada na ascensão dos dados — a morte da política e da democracia.

---

[12] Cf. https://www.tecmundo.com.br/internet/135281-internet-usada-4-bilhoes-pessoas-mundo-aponta-estudo.htm.

[13] Cf. https://fortune.com/fortune500/2019/search/.

[14] Morozov, E. (2018). *Big tech: A ascensão dos dados e a morte da política*.

[15] Pariser, E. (2012). *O filtro invisível: O que a internet está escondendo de você*.

[16] O'Neil, C. (2017). *Weapons of math destruction: How big data increases inequality and threatens democracy*.

Em 2018, o caso Cambridge Analytica ganhou as manchetes. O escândalo envolve a agência britânica Cambridge Analytica e os testes de personalidade e curtidas que a empresa utilizou para coletar dados de mais de 50 milhões[17] de usuários do Facebook, só nos EUA. A fragilidade da segurança de dados da rede social foi posta em xeque. Com esses dados, a Cambridge agiu para influenciar os resultados da campanha presidencial dos EUA, em 2016, e no plebiscito de 2017, que levou o Reino Unido ao *Brexit*. A modulação de dados e a influência da internet na democracia ficou evidente nas eleições de Donald Trump, nos EUA, em 2016, e de Jair Bolsonaro, no Brasil, em 2018, com a construção de muros invisíveis para a disseminação e propagação de *fake news* em processos de desinformação que manipulam valendo-se da massificação e velocidade das plataformas digitais.

Assim, toda remodelação tecnológica, como nos lembra Christian Dunker[18], convida à reconstrução de nossas formas de compreensão dos fenômenos sociais e seus impactos nos sujeitos de seu tempo. Tememos por seus efeitos devastadores e sonhamos com suas benesses.

Freud[19] acreditava no progresso científico mediado pela técnica como grande força substitutiva diante das ilusões humanas. Já Lacan[20] tem uma proposição menos otimista. É enfático ao afirmar que "não existe progresso, no sentido de que este termo implicaria uma solução feliz"[21]. Afinal, se não há como saber o que perdemos, não podemos avaliar exatamente o que ganhamos em face do que é chamado de progresso científico.

Mesmo assim, as transformações de um tempo trazem consequências e reformulações nas formas de vida, deixando relíquias e ruínas que passamos a cultivar como cultura, imbricada ao nosso processo civilizatório. Sequelas de um futuro que não pode ser antecipado, já que, como nos advertia Freud, "quanto menos se sabe do passado e do presente, tanto incerto é o juízo acerca do futuro"[22]. Nesse sentido, Lacan é ainda mais radical ao afirmar que "nosso futuro de mercados comuns encontrará seu equilíbrio numa ampliação cada vez mais dura dos processos de segregação"[23].

---

[17] *Cf.* https://www.bbc.com/portuguese/internacional-43466255.
[18] Dunker, C. (2017a). *Reinvenção da intimidade: Políticas do sofrimento cotidiano.*
[19] Freud, S. (1927/2020). *O futuro de uma ilusão.*
[20] Lacan, J. (1998a). *A ciência e a verdade.*
[21] Lacan, J. (1992). *O seminário, livro 17: O avesso da psicanálise*, p. 112.
[22] Freud, S. (1927/2020). *O futuro de uma ilusão*, p. 232.
[23] Lacan, J. (2003). *Outros escritos*, p. 263.

A segregação surge como uma noção de que Lacan lançou mão em 1967. Não chega a ser elevada à condição de conceito em psicanálise, mas muitos psicanalistas estão se debruçando no que as afirmações de Lacan sobre a segregação revelam sobre os dias atuais. Em psicanálise, segregação não se reduz às categorias de exclusão e discriminação, nem se confunde com a noção conceitual sociológica. A segregação surge como causa, princípio, de todo discurso em laço, e aparece como efeito do discurso da ciência. Portanto, a segregação pode ser interpretada, segundo Fontenele, Sousa e Lima[24], como uma questão central da crise da civilização contemporânea, científica, a qual revela e acentua o mal-estar inerente a si mesma.

Agora, temos uma civilização com acesso farto e irrestrito à vida digital. Os algoritmos e as inteligências artificiais estão no centro do debate sociopolítico e econômico mundial. Questões sobre a compreensão acerca das políticas do sofrimento cotidiano que tal forma de vida acarreta à humanidade despertam o interesse de vários campos do conhecimento. A psicanálise, como uma teoria de seu tempo, não está alheia a tais inquietações acerca das novas formas de sofrimento e sintoma que nosso tempo produz no sujeito. Faz-se necessário um olhar clínico, crítico e advertido para tais implicações acerca de seus efeitos e práticas na gramática discursiva contemporânea e as novas aparições do mal-estar.

O discurso por trás das tecnologias digitais, como um dos grandes triunfos produzidos pela tecnociência, promove a falsa promessa de um mundo sem limites[25]. A ilusão de um mundo sem proibições, sem o desamparo da castração. A utopia de um mundo sem solidão. O mundo da hiperdisponibilidade, hiperconectividade, hiperimersão, da urgência, do extremo da positividade. A ilusão de um mundo amparado na gestão e na previsibilidade. Com isso, a linguagem discursiva da tecnociência em nosso tempo visa produzir uma resolução técnica para o mal-estar do humano e de sua cultura.

Nesse sentido, o acúmulo ilimitado de mercadoria e informação, de acordo com Wolodarsky[26], segue a lógica pulsional, oferta e demanda, visando preencher a satisfação perdida. Assim, segue a autora, as formas

---

[24] Fontenele, T. C. B., Sousa, L. B., & Lima, M. C. (2018). A segregação em Lacan cinquenta anos depois. *Psicologia Clínica*, 493-505, p. 500.
[25] Lebrun, J.-P. (2004). *Um mundo sem limites*.
[26] Wolodarsky, D. (2017). Machines à ségréguer. *La Cause du Désir: Internet avec Lacan*, 97, 69-71.

atuais de segregação são cada vez mais destacadas. Portanto, "dos psicanalistas lacanianos, espera-se um dizer diferente sobre as novas formas de segregação"[27].

É em meio à efervescência de embaraços levantados até aqui acerca das implicações que as novas tecnologias de informação e comunicação, a cibercultura e os espaços digitais causam no sujeito, objeto de estudo primordial da psicanálise, que esta investigação segue destacando uma questão/problema: a hiperimersão do sujeito no ciberespaço teria como efeito a segregação?

Os mecanismos em direção ao método de investigação para tal análise estão presentes na episteme da psicanálise desde Freud até Lacan. Freud incluiu na construção da psicanálise a investigação dos fenômenos socioculturais e políticos para desvelar a moral sexual, as ilusões presentes na sociedade de seu tempo, as coordenadas da guerra, entre outros problemas que enfrentou. Lacan debruçou-se também sobre questões institucionais, articulando o sintoma relacionado com o fetichismo da mercadoria, o discurso das relações sociais geradas pelo sistema de produção capitalista e o gozo[28].

Sendo assim, pretendemos, assentes nas contribuições de Rosa[29] acerca do método de pesquisa em psicanálise, alinharmo-nos aos grupos de psicanalistas que têm formulado e privilegiado as articulações dos fenômenos sociais, políticos, culturais e subjetivos em suas práticas e produções. Seus fundamentos teóricos, metodológicos e éticos pretendem ultrapassar a dicotomia indivíduo-sociedade e as hipóteses de influência mútua. Para tanto, faz-se "necessário que esse percurso inclua visitar outros campos de leitura dos fenômenos, tais como a história, a ciência política, a sociologia, a antropologia e a filosofia"[30].

Com isso, em busca do nosso problema de pesquisa, tomemos duas frases de Freud, descritas no mesmo contexto, e levemos conosco à exaustão para pensarmos nosso percurso metodológico. Primeiro Freud diz: "quanto menos se sabe do passado e do presente, tanto mais incerto é o juízo acerca do futuro". Em seguida completa: "o presente deve se tornar passado, a fim de fornecer pontos de apoio para se julgar o futuro"[31].

---

[27] Ibidem, p. 71.
[28] Rosa, M. D. (2016). *A clínica psicanalítica em face da dimensão sociopolítica do sofrimento*, p. 94.
[29] Idem.
[30] Ibidem, p. 26.
[31] Freud, S. (1927/2020). *O futuro de uma ilusão*, p. 232.

Afinal, ao seguir a lógica de retorno a distintos campos epistemológicos do pensamento, temos as fontes de corrente e tensão das trilhas que sustentam os componentes que ligam a rede de nosso circuito. É preciso construir um desafio lógico; retornar, avançar e, seguindo o fluxo de enodamento das correntes de malha, retornar novamente para que avancemos em trilhas que forneçam pontos de apoio para se julgar o futuro que virtualmente é presente, atualizando-se em um tempo efêmero que o coloca em direção ao passado.

Em vista disso, optamos por uma revisão narrativa de literatura em perspectiva crítico-reflexiva porque acreditamos que, assim, temos acesso a uma amplitude de pesquisas empíricas de longo alcance, a fim de fornecer dados e argumentos para nossa construção teórica — o que uma pesquisa de amostragem empírica, local e reduzida não nos proporcionaria.

Portanto, construímos a lógica de nossa investigação em três partes. Na primeira parte — composta por cinco capítulos —, por meio de uma revisão narrativa de literatura, propomos "O mal-estar na cibercultura". Aqui, partimos da leitura de Freud em *O mal-estar na cultura*[32], naquilo que entendemos ser a busca incessante da cultura em tecnificar o vazio existencial humano. O ideal disso, que, para nós, é político, culminou em um novo projeto científico, a cibernética, com implicações diretas no processo cultural do século XX, a cibercultura. Por isso, trazemos uma breve história daquilo que chamamos de "indústria cultural cibernética" valendo-nos dos principais teóricos contemporâneos nos campos da filosofia, sociologia, antropologia, comunicação e informática.

Em seguida, tensionamos, como sugere Rüdiger[33], algumas das várias tendências de pensamento acerca das teorias da cibercultura, desde os pensadores tecnoapocalípticos aos que propõem uma saída tecnoutópica ao imbricamento do humano com as tecnologias. Desde os debates de 2016, nos encontros anuais da Associação Brasileira de Pesquisadores em Cibercultura (ABCiber), o tema da dicotomia entre apologéticos e apocalípticos está "pacificado". Portanto, não pretendemos pautar uma discussão datada, mas sim expor as linhas de pensamento que compõem as bases de reflexão sobre a cibercultura. Afinal, é inegável que a divisão entre otimistas e pessimistas teve força e influência sobre o estado da arte do campo nos dias atuais.

---

[32] Freud, S. (1930/2020). *O mal-estar na cultura*.
[33] Rüdiger, F. (2016). *As teorias da cibercultura: Perspectivas, questões e autores*.

Finalmente, propomos a superação desse debate, não pela pacificação que encontramos na ABCiber, mas pela análise apontada por Žižek[34]: a via do Real. Percorremos, então, o debate do ciberespaço segundo a aproximação e o tensionamento de Slavoj Žižek e Byung-Chul Han, a fim de encontrar coordenadas para o aparecimento de uma sociedade hiperconectada, transparente e dominada por uma nova lógica de poder e controle de dados. É nessa perspectiva que encontramos o atual estado da cibercultura como uma cultura algorítmica, que nos coloca, usando os termos de Pariser[35], em contato apenas com os iguais — o mal-estar na cibercultura algorítmica nos envolvendo em bolhas digitais dominadas pelo poder das megacorporações de tecnologia.

Na segunda parte, retomamos o passado a fim de encontrar pontos de apoio para se julgar o presente e o futuro. Trazemos à discussão uma reflexão sobre a psicanálise e os impactos dos avanços da tecnociência no sujeito. "Entre a algoritmização do laço e o sujeito suposto virtual" segue ancorado em uma revisão das bases que sustentam a relação do sujeito com a cultura.

Partimos do "otimismo" científico freudiano e sua ruptura em Lacan, ou seja, do ceticismo lacaniano diante do avanço da ciência. Apresentamos uma análise dos discursos do laço social, proposta de Lacan, e do ideário tecnocientífico, em seu casamento com o mercado, de engendrar um curto-circuito no laço. Isto é, a promessa de acesso ao gozo impossível, a mercantilização das *Coisas*, inclusive de dados, dos *gadgets* à internet das coisas. Se considerarmos a afirmação de Lacan no seminário sobre *A lógica do fantasma*, que diz "o inconsciente é a política", propomos uma crítica à cibercultura algorítmica e sua tratativa neoliberal de propor um discurso apolítico, sem o outro, engendrado em si mesmo. Em outras palavras, a tentativa de borrar o aparecimento indesejável do sujeito do inconsciente por meio da retirada do laço com o outro, da gestão individualista e da matematização de tudo.

Por fim, na terceira parte, valendo-nos da noção de segregação apresentada por Jacques Lacan em 1967, propomos uma reflexão crítica sobre a "Segregação digital". A discussão sobre a noção de segregação em psicanálise atravessa o empreendimento investigativo de vários projetos e trabalhos do nosso núcleo de pesquisa no Laboratório de Estudos sobre

---

[34] Žižek, S. (2017). *Interrogando o real*.
[35] Pariser, E. (2012). *O filtro invisível: O que a internet está escondendo de você*.

Psicanálise, Cultura e Subjetividade (LAEpCUS), coordenado pela Prof.ª Dr.ª Maria Celina Peixoto Lima na Universidade de Fortaleza. Desse modo, partimos dos investimentos de nossos colegas de laboratório para a construção e avanço diagnóstico do espaço cibernético.

Portanto, aduzimos a noção de segregação em psicanálise e fazemos uma aproximação lógica: seria a segregação uma tecnologia do discurso do capitalista? Conforme as referências apontadas por Fontenele, Sousa e Lima[36], analisamos a percepção lacaniana acerca dos efeitos de segregação que nossa sociedade hipercapitalista e tecnológica produziria. Assim, apresentamos a tecnopolítica de condominização digital, tomando, em nosso horizonte, a referência diagnóstica da "lógica do condomínio", proposta por Dunker[37].

Percorrendo a lógica do condomínio, propomos uma reflexão sobre os fenômenos de agressividade, exclusão e violência no espaço digital a uma prática segregativa em face do que Freud chamou de narcisismo das pequenas diferenças. Portanto, aquele sujeito que incomoda e fura os muros dos condomínios digitais deve ser deletado, morto digitalmente. Eis a figura de segregação do digital, os *deletáveis*.

Para ilustrar essa figura de segregação que surge por meio do digital, analisamos duas produções fílmicas da cultura pop recente: o episódio "Nosedive", da antológica série da Netflix *Black Mirror*; e o episódio "Kill all others", da série distópica da Amazon Prime Video *Philip K. Dick's Electric Dreams*. Em nossa hipótese, o surgimento de figuras de segregação na geografia digital pode ter consequências sobre os afetos arcaicos de agressividade e violência, analisados por Freud na construção do processo civilizatório, com possíveis implicações radicais na organização social do espaço material.

Não trata de uma forçagem ou aplicação ingênua de noções psicanalíticas em cenários improváveis, mas de uma aposta na potência teórica da psicanálise na análise dos fenômenos contemporâneos cujos ecos constantemente batem às portas dos nossos consultórios. A segregação como efeito e prática do discurso do capitalista em articulação com a tecnociência surge como fenômeno no contemporâneo. Daí a importância de discuti-la segundo o que a psicanálise propõe, pois esta, ainda que nascida em tal civilização, nunca pretendeu suprimir o mal-estar, mas tenciona subverter seus efeitos[38].

---

[36] Fontenele, T. C. B., Sousa, L. B., & Lima, M. C. (2018). A segregação em Lacan cinquenta anos depois. *Psicologia Clínica*, 493-505, p. 500.

[37] Dunker, C. (2015). *Mal-estar, sofrimento e sintoma: Uma psicopatologia do Brasil entre muros*.

[38] Fontenele, T. C. B., Sousa, L. B., & Lima, M. C. (2018). A segregação em Lacan cinquenta anos depois. *Psicologia Clínica*, 493-505, p. 500.

Pretendemos, com isso, contribuir para o campo acadêmico, científico e psicanalítico, tomando sempre como ponto de partida os preceitos éticos propostos pela psicanálise, tais como afirma Miriam Debieux Rosa:

> Não cabe à psicanálise sozinha a pretensão de esgotar os fenômenos que investiga, mas lhe cabe esclarecer uma parcela de seus aspectos. Trata-se da contribuição da psicanálise ao estudo do campo social e político, sem a pretensão de substituir as análises desses outros campos de saber. Cabe à psicanálise incidir sobre o que escapa aos outros campos. Cabe à psicanálise investigar a dimensão inconsciente presente nas práticas sociais.[39]

---
[39] Rosa, M. D. (2016). *A clínica psicanalítica em face da dimensão sociopolítica do sofrimento*, p. 26.

PARTE 1

O MAL-ESTAR NA CIBERCULTURA

*"Quem controla o passado, controla o futuro.
Quem controla o presente, controla o passado."*

George Orwell

*"Quanto menos se sabe do passado e do presente,
tanto mais incerto é o juízo acerca do futuro."*

Sigmund Freud

Capítulo 1

EM BUSCA DA TECNIFICAÇÃO DO MAL-ESTAR

A humanidade, desde os primórdios, intervém diretamente no estado natural das coisas. Apanhados históricos como os aduzidos por Yuval Noah Harari no *best-seller Sapiens* descrevem algumas das engenhosidades técnicas desenvolvidas pelos agrupamentos humanos, desde os nômades caçadores-coletores, até o aparecimento de grupos que iniciaram a era agrícola. Diferentemente da ampla maioria dos mamíferos, tomando os termos do neurocientista Sidarta Ribeiro, nossa relação com o tempo é atravessada pela estrutura com a qual traduzimos as informações apresentadas e, ao mesmo tempo, intervimos nesse processo, inventando isso que chamamos de cultura, "temos enorme capacidade de simular futuros possíveis com base nas memórias do passado".

Isso que chamamos de processo civilizatório, como nos lembra Freud[40], é muito difícil para nós. Em meio a muitas dores, decepções e tarefas insolúveis, Freud destaca três fontes primárias de sofrimento, a saber: as forças incontroláveis da natureza; a finitude de nosso corpo; e a fragilidade das regras que regulam as relações humanas. Ao mesmo tempo, apresenta três recursos paliativos que não podemos dispensar diante do sofrimento: "distrações poderosas, que nos permitem menosprezar a nossa miséria, satisfações substitutivas, que a amenizam, e substâncias entorpecentes, que nos tornam insensíveis a ela"[41].

Ao afirmar que o principal e primevo objetivo da cultura é nos proteger perante as forças da natureza, Freud destaca que um dos métodos que tendem a evitar o desprazer proveniente das forças naturais, sejam humanas, sejam da natureza, vem da técnica oriunda da ciência. Esta desenvolve aparatos técnicos na busca de submeter a natureza à vontade humana. Porém, o processo civilizatório produz efeitos e cobra seu preço. A experiência catastrófica da pandemia de Covid-19 serve de argumento, afinal sentimos exatamente como as forças da natureza são potentes, incontroláveis e imprevisíveis. Por mais que a tecnologia tenha avançado,

---
[40] Freud, S. (1930/2020). *O mal-estar na civilização (1930)*.
[41] *Ibidem*, p. 319.

ficamos completamente impotentes diante do surgimento de um vírus que se alastrou de forma nunca vista, paradoxalmente como consequência do nosso avanço técnico de integração global.

Com o advento do principal artifício técnico humano, a entrada na linguagem, o mal-estar passa a ser condição existencial humana perante a cultura. Não apenas ligado a uma sensação desagradável diante do destino, ou uma falsa oposição à ideia de bem-estar[42]. Está ligado, na verdade, a um sentimento de perda de lugar, a experiência real, muito comum na clínica, de estar fora de lugar. Sensação muitas vezes descrita — mas não só — como se não estivéssemos no lugar e na hora certa, como se a significação da incerteza portasse a verdade sobre a experiência temporal.

Freud parece antever alguns dos diagnósticos de nosso tempo com base nas possíveis consequências dos inimagináveis avanços da ciência e da técnica. Afinal, o ser humano se torna "uma espécie de deus-protético"[43]. Entretanto, Freud foi sempre taxativo ao afirmar que tais avanços não necessariamente tornariam o humano mais feliz. Ou seja, a relação do humano com a tecnologia no processo civilizatório produz um embaraço ao qual devemos nos manter atentos. A entrada do humano na cultura produz como resultado dessa operação sempre um resto como marca da angústia e seu correlato motriz de desejo, no cerne da experiência humana.

Assim, a psicanálise, desde Freud, já nos adverte de que a fala é tomada enquanto artifício, um engenhoso artefato. Nesse sentido, a linguagem é uma intervenção técnica do humano sobre o mundo natural que determina o ser falante para além de sua mera condição de vivente. Sobre isso, Lacan[44] explica que a linguagem abriu ao humano essa margem "para-além" da vida. Isto é, já que falamos, somos marcados pelo significante em uma relação para sempre não natural com o mundo.

É justamente neste ponto que Freud[45] estabelece o mal-estar na cultura como a presença da insistente pulsão de morte como condição do processo de civilização dos seres humanos. Obviamente, isso não é sem consequências e o preço pago pelo humano por sua condição de ser de linguagem é ser atravessado por esta montagem imaginária e simbólica que instaura o gozo e que conduz à falência de qualquer projeto esférico e totalizante para a satisfação do humano, a eterna busca pela felicidade.

---

[42] Dunker, C. (2015). *Mal-estar, sofrimento e sintoma: Uma psicopatologia do Brasil entre muros.*
[43] Freud, S. (1930/2020). *O mal-estar na civilização (1930)*, p. 340.
[44] Lacan, J. (2008a). *O seminário, livro II: Os quatro conceitos fundamentais da psicanálise (1964).*
[45] Freud, S. (1930/2020). *O mal-estar na civilização (1930).*

Aqui, precisamos tomar certo cuidado com alguns marcadores importantes que distinguem a conceituação freudiana das contribuições de Jacques Lacan para o campo psicanalítico. Afinal, apesar de algumas incursões teóricas que buscam uma certa aproximação do conceito de pulsão de morte freudiano com a ampla definição lacaniana de gozo, não se trata da mesma coisa[46].

Desde a invenção da escrita, o domínio do fogo, a manipulação da pedra e do ferro, a descoberta da pólvora, a invenção da roda etc., a intervenção técnica humana sobre o estado natural das coisas soluciona problemas efetivos, mas não elimina o sofrimento. Ao contrário, participa ativamente na produção de uma espécie de sofrimento que caracteriza a civilização no sentido estrito, esse que estamos tratando: o mal-estar. Com o passar do tempo, a humanidade vivencia o mal-estar em sua condição de não mais completa imersão no mundo natural e instintivo. Então, o humano experiencia o mal-estar no adiamento da satisfação pulsional, na diferenciação entre sujeito e objeto, na sofisticação das formas de caça, bem como nas múltiplas formas de associação com o outro que as ferramentas propiciaram.

Ora, se o desenvolvimento das tecnologias surge como desdobramento de nossas capacidades imaginárias e simbólicas em criar realidades, tem como consequências uma dupla saída: de um lado alivia o sofrimento e de outro gera mal-estar[47]. Dessa forma, o processo civilizatório é indissociável do processo de tecnificação. Nos termos freudianos, é o preço que se paga: a renúncia pulsional e o júbilo da pulsão de morte. Segundo a teoria freudiana, é justamente a pulsão de morte que se impõe ao ciclo monótono do prazer-desprazer, ao mesmo tempo que rompe com o preconceito de que a cultura e a civilização — Freud não diferencia os termos — seriam produtos evidentes de um progresso. É em cima dessa premissa que Freud constrói sua teoria do mal-estar no processo civilizatório.

Outra forma de apresentar nossa relação com o mal-estar e o sofrimento está, entre outras coisas, no resultado da precariedade e efemeridade do nosso corpo diante da "supremacia da natureza", bem como na nossa impossibilidade de formatar arranjos políticos e métodos infalíveis de regulação de regras sociais. Quanto aos limites físicos, não temos outra

---

[46] Sobre isso, consultar o trabalho de Alfredo Eildestein *Outro Lacan* (2023), publicado no Brasil pela Toro. Por ora, não faz parte deste empreendimento acentuar as distinções epistemológicas entre ambos, mas vale a pena ressaltar a existência radical de diferenças.
[47] Lacan, J. (2005). *O triunfo da religião*.

saída a não ser nos contentarmos com o fato de que nunca poderemos dominar por completo a natureza. Apesar disso, continuamos, e continuaremos, insistindo nessa tarefa valendo-nos de aparatos científicos e tecnológicos que vemos aos montes em portais de notícias e comerciais publicitários do mercado de consumo.

O deus protético-humano cria aparatos para lidar com a falência inevitável do corpo biológico e até superar a morte, projeto que alguns tecnofuturólogos, como Ray Kurzweil (2019), prometem para as próximas décadas. Afinal, criamos óculos para suprir a carência da visão, inventamos meios de transporte e comunicação para transcorrer tempo e espaço e produzimos toda sorte de intervenções médicas para controle e prolongamento da vida, mesmo com possibilidades de alterações radicais na percepção imagética que define um corpo na gramática social, como os avanços da medicina no processo de transição físico-corporal de identidade de gênero.

No que concerne ao sofrimento de origem social, transgredimos limites acerca das nossas próprias ações, desenvolvendo sistemas de linguagem técnica de classificação e categorização de tudo, inclusive de humanos. Como já nos advertia Marx, tudo se transforma em mercadoria, passível de categorização e apropriação pelo mercado.

Entre as características técnicas para lidar com o mal-estar em face das relações humanas que nosso curso civilizatório ocidental presenciou, ao longo da era moderna, estão os numerosos processos de dissociação mediante o qual indivíduos de um grupo perderam contato físico e social com outros indivíduos e grupos. Temos, então, o surgimento histórico de civilizações nas quais pessoas são marcadas e categorizadas por fatores biológicos e sociais, tais como gênero, raça, etnia, riqueza, educação, religião, nacionalidade, entre outros marcadores da engenharia social colonizadora eurocêntrica.

No século XX, fomos testemunhas da faceta de horror que a tentativa de controle e da tecnificação científica produziu nos campos de concentração e extermínio, como Auschwitz; da segregação racial americana e do *apartheid* na África do Sul; da segregação espacial urbana que concentra populações pobres em determinadas áreas das cidades; do surgimento dos condomínios fechados, que, em nome da segurança e da tranquilidade, separam indivíduos com maior poder econômico dos demais[48]. Inúmeros

---

[48] Dunker, C. (2015). *Mal-estar, sofrimento e sintoma: Uma psicopatologia do Brasil entre muros*.

são os exemplos de segregação que o último século produziu, e em todos os casos existia a presença de alguma "tecnologia de segregação", fosse para controlar, fosse separar ou aniquilar indivíduos e grupos.

Vivemos, desde antes da pandemia do coronavírus, sob condição de um mundo em risco, diagnóstico proposto pelo sociólogo alemão Ulrich Beck. Com o fim da União Soviética e a expansão do ideário econômico neoliberal de mercados comuns no capitalismo globalizado, o risco de uma catástrofe iminente é deslocado; a "sociedade de risco"[49] seria a política impetrada.

O argumento ganha potência a partir do estado pandêmico em que assistimos, aterrorizados com os efeitos da Covid-19, ao risco já iminente e alarmado, há alguns anos, da possibilidade de algum vírus saltar para a espécie humana e se alastrar pelo mundo globalizado e conectado tecnologicamente, o que se concretizou no fim de 2019. As guerras entre Rússia e Ucrânia, a possível limpeza étnica de armênios em Nagorno-Karabakh e o conflito aberto no Oriente Médio envolvendo Israel trazem para o tabuleiro geopolítico o novo risco de uma Terceira Guerra Mundial, além, é claro, do já alarmado e negligenciado risco de um apocalipse climático que apaga do mapa países como Tuvalu e Quiribati. A propósito, a nação de Tuvalu está criando uma cópia no metaverso e será a primeira nação digital do mundo, na tentativa de preservar a cultura, o conhecimento étnico e sua história.

É nesse sentido que Beck afirma que sociedade de risco sinaliza uma nova fase da modernidade. Fase na qual o que foi outrora perseguido e disputado como "bens" das indústrias modernas, tais como renda, empregos e seguro social, passa a ser contrabalançado por um conflito nomeado de "os males". Estes incluem os próprios meios pelos quais muitos dos antigos "bens" eram de fato alcançados. Ou seja, eles envolvem os ameaçadores e incalculáveis efeitos colaterais do "progresso" e "as externalidades produzidas pelo avanço da tecnociência e a obsessão generalizada por assegurar o crescimento econômico sustentado"[50].

Assim, a noção de sociedade de risco mundial em Beck[51] pode ser compreendida como a soma dos problemas para os quais não há resposta institucional. Ora, a contradição nuclear de uma formatação social nes-

---

[49] Beck, U. (2018). *A metamorfose do mundo: Novos conceitos para uma nova realidade.*
[50] *Ibidem*, p. 92.
[51] *Idem.*

ses termos surge com a ideia de ser preciso criar mecanismos, técnicos e políticos, de gestão e controle dos riscos causados pelo próprio desenvolvimento civilizatório. Não tem a ver com uma sociedade distópica ou de catástrofe, mas com a formatação de um *discurso de crise*, de propensão direta ao caos. Fato observado nas constantes crises geopolíticas, nas consequências ambientais do crescimento irresponsável e, por óbvio, na disruptiva crise enfrentada na pandemia causada pelo SARS-CoV-2.

Portanto, seguindo essa lógica, o processo cultural deve ser gerido e controlado. Por consequência, podemos inferir que a tentativa de controle e gestão do processo cultural e civilizatório incide sobre a experiência do mal-estar observado por Freud. Bem, quem faria essa gestão? Sigamos.

Partindo daí, o processo cultural que caracteriza o estado da arte do nosso tempo está intrinsecamente atravessado pelo alto desempenho técnico e empirista da ciência, com o desenvolvimento da eletroeletrônica e das tecnologias digitais. A discussão sobre os impactos das novas tecnologias de informação e comunicação e do avanço das tecnologias digitais na humanidade vem ganhando força dentro de vários campos de estudos do fenômeno humano.

A revolução digital introduziu, desde 1989 com a criação da *world wide web* (*www*), e especialmente aos nascidos com a popularização da internet, em 1995, uma nova linguagem[52]. Não apenas uma linguagem relacionada aos códigos de programação, mas à maneira como passamos a escrever mais que falar, a modular e construir padrões de imagem como se fôssemos personagens, a acelerar nossos padrões de resposta e antecipação imaginária de sentido, na relação direta da redução do tamanho do mundo e expansão proporcional do tamanho do Eu. As técnicas de modulação da realidade e do controle das relações passam a ser mediadas por algoritmos que, rapidamente, incorporam nossa forma de amar, desejar, trabalhar, sofrer etc.

Conhecido como *cibercultura*, tal processo cultural parece intensificar e atualizar nossa relação com o vazio existencial humano. De acordo com a psicanalista argentina Diana Wolodarsky[53], o acúmulo ilimitado de mercadoria e informação segue a lógica pulsional — oferta e demanda visando preencher a satisfação perdida —, aquela que advém do processo civilizatório e traz a marca indelével do mal-estar existencial humano.

---

[52] Goldberg, L., & Akimoto, C. (2021). *O sujeito na era digital: Ensaios sobre psicanálise, pandemia e história*.
[53] Wolodarsky, D. (2017). Machines à ségréguer. *La Cause du Désir: Internet avec Lacan, 97*, 69-71.

Assim, sugere a autora, as formas atuais de segregação são cada vez mais destacadas: fome e desnutrição, pessoas desabrigadas de seus países e imigrantes, situação intensificada com a crise pandêmica. A confusão entre a demanda e o desejo — a primeira cobrindo o segundo — parece estar no auge em nossos tempos, como possível efeito colateral do que a ciência insiste em chamar de progresso.

A pandemia de Covid-19 e a obrigatoriedade sanitária de distanciamento social nos colocaram diante da necessidade de uma hiperimersão digital[54], em escala global nunca vista, um grande marco paradigmático da comunicação do século XXI — obviamente, para quem tem poder de consumo.

Portanto, as máquinas digitais convocam os psicanalistas a investirem suas atenções aos seus possíveis efeitos em nossa civilização atual. O advento da internet quebra o paradigma espacial geográfico de maneira extrema. Nossa relação com o tempo é intensificada. A partícula superlativa *hiper* ganha valor. A hiperconectividade hiperimersiva no universo digital produz um sentimento de instantaneidade. A velocidade com que as informações circulam na internet traz a sensação aparente de simultaneidade espaçotemporal. O *gadgets*, tais como computadores pessoais portáteis, *smartphones*, *tablets*, óculos de realidade virtual e aumentada, relógios inteligentes, consoles de *videogame*, entre outros equipamentos que surgem a cada dia, passam a nos acompanhar a todos os lugares, mantendo-nos conectados 24 horas por dia, sete dias na semana, na rede e com pessoas em todo o planeta.

Podemos considerar o processo obrigatório e necessário de hiperimersão digital causado pela pandemia de covid-19, iniciado em 2020, com escala global nunca antes vista, como o grande marco da comunicação do século XXI, até então. Obviamente, esse processo não é homogêneo e integrado. Países como o Brasil, com índices extremos de desigualdade social, experienciam esse processo de forma também desigual.

Na pesquisa TIC Domicílios[55], publicada em 2021, realizada pelo Centro Regional de Estudos para Desenvolvimento da Sociedade da Informação (Cetic), podemos observar que 46 milhões de brasileiros estão em exclusão digital[56]. O estudo revela ainda que 45% desse grupo não o faz por questões

---

[54] Alcântara, S., Martins, J. C., Barbosa Junior, F. W., & Lima, M. C. P. (2021). Notas sobre o mal-estar na cibercultura em tempos de hiperaceleração digital. *Tempo Psicanalítico*, 53(1), 221-248.

[55] Realizada anualmente desde 2005, a pesquisa TIC Domicílios tem o objetivo de mapear o acesso às TICs nos domicílios urbanos e rurais do país e as suas formas de uso por indivíduos de 10 anos de idade ou mais.

[56] *Cf.* https://cetic.br/pesquisa/domicilios/.

econômicas; e outros 37%, por não ter aparelhos com conexão à rede. Esta mesma pesquisa revela que uma a cada cinco pessoas no Brasil acessa a internet via conexão "emprestadada" do vizinho. Vale ressaltar que, para a pesquisa, uma pessoa é considerada usuária da internet mesmo se ela tiver acessado a rede apenas uma única vez durante os últimos três meses. Ou seja, se considerarmos o uso cotidiano, o abismo é ainda mais profundo.

Logo, ao refletirmos sobre os aspectos de segregação na internet, já estamos, de saída, fazendo um recorte de classe. Os segregados na internet são, antes de tudo, aqueles que escaparam da exclusão digital, que impede uma boa parcela da população mundial de acessar a internet.

Mesmo assim, os esforços da ciência produzem um verdadeiro arsenal digital em massa para o mercado de consumo. Óbvio, para quem tem poder de compra. Wolodarsky chama atenção para nossa relação com os dados e as informações que estão concentradas nas mãos de cinco grandes multinacionais estadunidenses, conhecidas como Gafam: **G**oogle (Alphabet Inc.), **A**pple, **F**acebook (Meta), **A**mazon e **M**icrosoft – acrescento, ainda, a Open IA, criadora do ChatGPT e sua importante revolução no desenvolvimento de inteligência artificial para usuários comuns. As empresas que representam o poderio econômico e político do neoliberalismo contemporâneo, a vitrine do Vale do Silício.

Aliás, a Amazon se tornou, em 2018, a segunda empresa mais valiosa do mundo, com seu fundador e CEO, Jeff Bezos, atingindo a exorbitante marca de 151 bilhões de dólares[57], tornando-se, segundo a revista *Forbes*, o homem mais rico da história da humanidade moderna[58]. Em 2020, em meio a uma das maiores crises da história do capitalismo[59], estas mesmas empresas de tecnologia, com o conglomerado do bilionário Elon Musk, cresceram seus valores de mercado exponencialmente, enquanto o PIB mundial despencava. Devemos nos lembrar também das fortes empresas asiáticas de tecnologia e manipulação de dados que estão envolvidas em batalhas políticas com o governo dos EUA, tais como Baidu, Alibaba, Tencent, ByteDance, Samsung, Sony, Xiaomi e, principalmente, Huawei: todas com lucros exorbitantes durante a crise viral.

De fato, o avanço da tecnologia não pode ser retardado, sua progressão é imparável à medida que o frenesi da produção contemporânea e o impulso de direção se misturam. É em meio às incertezas acerca das

---

[57] *Cf.* https://forbes.uol.com.br/negocios/2018/07/fortuna-de-bezos-passa-de-us-151-bi-e-bate-recorde/.
[58] Em 2020, fortuna atualizada para U$ 184,6 bi, segundo a *Forbes*.
[59] Žižek, S. (2020) *Pandemia: Covid-19 e a reinvenção do comunismo*.

implicações que as novas tecnologias de informação e comunicação, a cibercultura e os modos de vida e de linguagem digital causam no sujeito — este do inconsciente, objeto de estudo primordial da psicanálise — que levantamos a questão: a pretensa tentativa de gestão de crises que atuam, direta ou indiretamente, sobre a hiperimersão das pessoas no ciberespaço, uma possível forma ambivalente de lidar com o mal-estar, teria como efeito uma nova versão da segregação[60]?

É diante de nosso tempo, em face das tecnologias digitais e rastreando as demandas clínicas e sociais que batem às portas dos consultórios dos psicanalistas pelo mundo, que nos sentimos provocados e convocados pela psicanalista Diana Wolodarsky: "dos psicanalistas lacanianos, espera-se um dizer diferente sobre as novas formas de segregação"[61].

Para tanto, seguindo estas inquietações como baliza norteadora de nossa investigação, é preciso contextualizar tal projeto cultural tecnológico que culminou na nossa contemporaneidade hiperconectada. Logo, por volta dos anos 1990, a internet iniciou seu percurso de popularização como uma das principais ferramentas de comunicação. Sua exploração mercadológica e publicitária, como observa Rüdiger[62], torna-se relevante, desde esse período em diante, até a formatação da sociedade contemporânea.

Diversos intelectuais, de vários campos do conhecimento, passam a investir seus interesses de estudo na crescente cultura cibernética. O surgimento do que passa a ser nomeado de cibercultura tem como causa, sobretudo, a revolução dos novos dispositivos tecnológicos de uso comum por partes de toda a sociedade, desde as pessoas às instituições, um acréscimo ao processo cultural. Porém, Rüdiger chama atenção para o fato de que os aparatos eletrônicos computacionais e a internet já são, eles mesmos, efeitos do que se pode nomear de cibercultura.

> A cibercultura pode ser entendida como uma formação histórica de cunho prático e cotidiano, cujas linhas de força e rápida expansão, baseadas nas redes telemáticas, estão criando, em pouco tempo, não apenas um mundo próprio, mas, também, um campo de interrogação intelectual pujante, dividido em várias tendências de interpretação.[63]

---

[60] A discussão acerca da noção de segregação encontra-se na terceira parte deste livro, tomando-a não pela referência da sociologia, mas pela proposição de que Lacan lança mão em 1967.
[61] Wolodarsky, D. (2017). Machines à ségréguer. *La Cause du Désir: Internet avec Lacan*, 97, p. 71 (nossa tradução).
[62] Rüdiger, F. (2016). *As teorias da cibercultura: Perspectivas, questões e autores.*
[63] *Ibidem*, p. 7.

Tais tendências as quais Rüdiger se refere preenchem campos otimistas, pessimistas e realistas de apreensão reflexiva do pensamento diante dos avanços tecnológicos que se entranham na cultura contemporânea. Esses três campos parecem nos guiar sobre os caminhos que a reflexão sobre a cibercultura e a hiperimersão no digital tomaram ao longo do tempo e nos ajudam a pensar sobre seus possíveis efeitos e práticas de segregação.

Longe de promover uma dicotomia já superada entre pensadores apocalípticos e apologéticos, na primeira parte deste livro, nosso percurso metodológico busca mapear e apresentar alguns dos principais estudos sobre a cibercultura e as discussões promovidas pela ABCiber. Afinal, estamos em um campo de estudos bem explorado e com pujança intelectual no Brasil em áreas de conhecimento como comunicação social, ciências sociais, filosofia, computação, entre outras. Porém, ainda com pouco diálogo e interseção com nosso saber, a psicanálise. Então, conduziremos as discussões contextualizando o nascimento da indústria cultural cibernética e algumas implicações no mal-estar na cibercultura.

Capítulo 2

UMA BREVE HISTÓRIA DA INDÚSTRIA CULTURAL CIBERNÉTICA

Como define Freud, a cultura[64] humana apresenta dois aspectos em sua estrutura. Primeiro engloba "todo o saber e a capacidade que os seres humanos adquiriram para dominar as forças da natureza e extrair desta seus bens para a satisfação das necessidades humanas"[65]. Com isso, fez-se necessária a criação de instituições que regulem as relações entre os indivíduos e a distribuição de bens obtidos por meio da técnica. Essas duas faces da cultura, segundo Freud, são intrinsecamente dependentes uma da outra.

Nossa experiência diante do vazio existencial, o mal-estar, diante do processo cultural ganha novos contornos com a própria busca incessante de uma linguagem técnica que o suture. Se tomarmos a ideia lacaniana de que a matemática é a linguagem que mais se aproxima da tentativa de inscrição do Real, a origem da cibercultura é atravessada pelo interesse nos estudos da matemática e da lógica entre 1936 e 1943. Tal interesse esteve voltado para os processos computacionais em busca de uma compreensão mais profunda do funcionamento da mente humana na resolução de problemas aritméticos e criação de estratégias em jogos, conhecida como *Teoria dos Jogos*.

Nomes como o do matemático e pai da computação Alan Turing (1912-1954), o matemático Alonzo Church (1903-1995), o neuroanatomista Warren McCulloch (1898-1969), o lógico Walter Pitts (1923-1969), o matemático John Von Neuman (1903-1957), o engenheiro eletrônico e criptógrafo Claude Shannon (1916-2001), o matemático Norbert Wiener (1894-1964), entre outros, ajudaram a criar um campo de pesquisa e pensamento sobre os sistemas maquínicos. Foi quando, em 1947, logo após o fim da Segunda Guerra Mundial e do horror do Holocausto, Wiener propusera o investimento moral e intelectual do planeta em uma nova forma de pensamento tecnológico, uma nova ciência que ficou conhecida como cibernética.

---

[64] Freud não estabelece diferença entre cultura e civilização, o que abordaremos melhor no Capítulo 6.
[65] Freud, S. (1927/2020). *O futuro de uma ilusão (1927)*, p. 234.

Nasce uma nova proposta científica: a cibernética

O pensamento cibernético, segundo seu propositor, deveria resolver via técnica os mais notáveis problemas sociais e impasses políticos, por meio da "sublimação funcional do ser humano em automatismos maquinísticos"[66]. Ora, com essa proposta, temos a exata noção da tentativa de suturar uma das fontes de sofrimento descrita por Freud, a resolução da fragilidade das regras que regulam as relações humanas seria obtida por meio de intervenção maquínica em questões macro e micropolíticas em um primeiro momento, com consequências no laço social inimagináveis à época em um tempo seguinte.

Esta proposta foi amplamente aceita, brindando Wiener não apenas com o acesso a pesquisas tecnológicas de vanguarda, como também, por consequência, atraindo a atenção de vários setores políticos e econômicos, interessados em como explorar e controlar as condições de vida coletiva em uma economia de mercado em curso de massificação. A radicalização dessa proposta exacerba o deus protético que Freud descrevera, ganhando uma dimensão cada vez mais próxima do imaginário divino criador, "os próprios deuses" da obra de ficção científica de Isaac Asimov.

Na década de 1950, a ciência computacional já era realidade, com os primeiros grandes computadores em funcionamento nos departamentos militares americanos. Foram os avanços na modelagem da computação lógica do cérebro, inspirada na teoria computacional das máquinas de Turing, que permitiram a construção dos computadores digitais, na passagem dos circuitos analógicos para os circuitos digitais com Claude Shannon. Esse feito foi revolucionário para a ciência, unindo diferentes campos, antes isolados entre si, sob princípios comuns, como, por exemplo: a autorregulação por *feedback*, baseada na comunicação de informação no sistema, e a aprendizagem por reforço e auto-organização, características das psicologias comportamentais americanas deste período[67].

Foi justamente Wiener que introduzira o termo *"feedback"* na ciência, teorizando o princípio de uma sociedade estruturada como um grande sistema de informação e constantemente regulada por um *feedback* generalizado. Com microprocessadores, objetos tecnológicos ligados aos polegares e sensores ligados aos corpos, as tecnologias poderiam realizar uma "sociedade ecológica" no nível dos sistemas, profetizada por Wiener.

---

[66] Rüdiger, F. (2016). *As teorias da cibercultura: Perspectivas, questões e autores*, p. 11.
[67] Castells, M. (2003). *A galáxia da internet: Reflexões sobre a internet, os negócios e a sociedade*.

Com isso, o modelo computacional da mente humana se torna uma teoria amplamente difundida, que viria influenciar a neurofisiologia, a linguística, a filosofia, a antropologia e a psicologia.

Um dos intelectuais de seu tempo, não imune ao crescente investimento, de vários campos, nos esforços sobre a compreensão da cibernética, foi o psicanalista francês Jacques Lacan. Em uma conferência proferida em junho de 1955, Lacan, estudioso dos linguistas Ferdinand Saussure e Roman Jakobson, tratou de articular a cibernética e a psicanálise, percorrendo em sua aula a estruturação da linguagem matemática fundamental dos dispositivos cibernéticos em busca da natureza da linguagem. Em *Psicanálise e cibernética, ou da natureza da linguagem*, Lacan discutiu os conceitos básicos da teoria computacional, o sistema do dígito binário e funções lógicas, tais como "e" e "ou" (exclusivo e inclusivo), enfatizando a importância da contribuição dessa nova ciência para a linguística.

> A cibernética é um campo da ciência com fronteiras extremamente indeterminadas, achar sua unidade força-nos a percorrer com os olhos esferas de racionalização dispersadas, que vão da política, da teoria dos jogos, às teorias da comunicação, e até mesmo certas definições da noção de informática.[68]

No ano seguinte, em 1956, o linguista e cientista político Noam Chomsky publicou seu trabalho considerado o fundamento da linguística moderna, a lógica estrutural da teoria da linguagem, baseado nos sistemas computacionais. Neste mesmo ano foi publicado o trabalho considerado inaugural no campo de estudos sobre a inteligência artificial, o estudo sobre a teoria das máquinas lógicas de Allen Newell e Herbert Simon.

A aula de Lacan em 1955 antecipou o investimento intelectual na busca de uma natureza linguística, na qual levou Chomsky a produzir o trabalho que é considerado o marco da teoria computacional da mente. Entretanto, sem uma justificativa formal, Lacan deixa de investir na cibernética e na teoria da computação, sem tocar "diretamente" nesse tema nos seminários seguintes. Porém, estava claramente incomodado com as possíveis consequências da tecnificação e dos estudos científicos sobre a predição da linguagem e do comportamento humano. Aliás, fato anedótico, Lacan teria dito, logo após visitar o laboratório de pesquisa de Noam Chomsky no MIT, algo como: *se o que estava sendo feito ali era ciência, preferia ser chamado de poeta*[69].

---

[68] Lacan, J. (2010). *O seminário, livro 2: O eu na teoria de Freud e na técnica da psicanálise (1955)*, p. 398.
[69] Abordaremos melhor a relação de Jacques Lacan com a tecnociência na segunda parte deste livro.

Assim, ao refletirmos sobre a figura do computador, do imaginário humano-máquina e de uma linguagem matemática capaz de, por meio de um equipamento, permitir a comunicação universal dos seres humanos, acessamos a gênese do pensamento iluminista científico da modernidade. Com o investimento dos esforços no estudo da teoria geral de sistemas, ou seja, no comparativo dos sistemas e mecanismos de controle automático, regulação e comunicação dos seres vivos e das máquinas, o projeto científico-cibernético prescreveu "uma construção tecnocultural marcada pela hibridização entre a dimensão global das redes comunicacionais em tempo real e o contexto local do corpo e da experiência cotidiana sob o tempo que passa"[70].

Projeto cultural cibernético: a cibercultura

Com o advento da cibernética e dos processos históricos e políticos que ocorreram durante a segunda metade do século XX, a sociedade adentrou um novo ciclo de desenvolvimento tecnológico, baseado na expansão da informática maquínica de processamento de dados e criação de redes de comunicação computacional, que viria, mais tarde, culminar na criação da internet. A expressão "cibercultura" surge nesse contexto e deve sua criação à engenheira, informata e empresária estadunidense Alice Hilton, em 1964, ano em que fundou o Institute of Cybercultural Research.

A engenheira computacional foi pioneira ao usar a expressão "cibercultura" com significante manifestação, promulgando que a nova revolução em curso exigiria um desafio ético de escala global. Então, seria necessário discutir um novo processo cultural. No livro lançado após a primeira conferência anual sobre a revolução cibercultural, cibernética e automação, Hilton[71] afirma que a humanidade está agora posta na situação de ter de escolher entre duas trajetórias determinantes: (1) a educação emancipatória e o lazer criativo; (2) a adaptação mecânica e a idiotia apática.

A pesquisadora sugere, com ares proféticos, que a revolução das tecnologias computacionais dará origem a uma espécie de "cibernação" de proporções globais em um curto espaço de tempo, e que, nela, uma situação calamitosa regressiva só será evitada com a promoção do que

---

[70] Trivinho, E. (2014). *A civilização global*, p. 26.
[71] Hilton, A. (1966) *The evolving society: First Annual Conference on the Cybercultural Revolution, Cybernetics and Automation.*

chamou de cibercultura. Ora, reflitamos, se o ideário da proposição cibernética era, no princípio, a mediação técnica dos conflitos relacionais da humanidade por meio daquilo que foi chamado de "sublimação funcional dos humanos", era preciso, em tempo, a consideração crítica sobre a causa e os efeitos de tal investimento na sociedade como conhecemos.

Com isso, tomando uma posição otimista em relação à cibercultura, Hilton afirma que a revolução cibernética exige uma remodelação dos processos e programas educacionais. Afinal, só os seres humanos que aprenderem a usar as máquinas com sabedoria serão liberados para alcançar a sua excelência, acreditando claramente na cibercultura como processo educacional possível.

Portanto, seguindo o pensamento de Rüdiger, cibercultura, precisamente falando, seria o resultado da exploração do pensamento cibernético originário e de suas circunstâncias. Surge com o objetivo de criar um sistema artificial capaz de desenvolver funções humanas, de acordo com "um projeto que se vai criando historicamente, mas que, como tal, vai incorporando inúmeras ordens de outros fatores"[72]. Um processo educacional civilizatório de acesso e uso dos sistemas computacionais em expansão.

Se tomarmos o resultado desses investimentos intelectuais e a formatação contemporânea da cibercultura como uma cultura digital, o projeto cibercultural de Hilton teve êxito? Parece-me que não.

Tal construção conceitual passa a levar sua ideia central a perder a conexão primeva com aquele pensamento cibernético originário e seus desenvolvimentos especializados. "A projetar-se de um modo cada vez mais cotidiano e profano, em que só de forma muito mediada, estranha para o seu sujeito, está em jogo a cibernética"[73].

Ora, a psicanálise já nos adverte de que justamente sobre o "estranho" devemos estar atentos. Afinal, o estranho é a categoria que designa a verdade assustadora do sujeito, que remonta ao que há muito lhe é conhecido e familiar: o desamparo. Não entraremos na discussão freudiana acerca do estranho-familiar, entretanto essa noção nos interpela em relação à ideia primeva da cibernética, de que devemos nos manter atentos sobre as causas, os efeitos e as práticas que o desenvolvimento das tecnologias e do mercado incide na divisão do sujeito.

---

[72] *Ibidem*, p. 10.
[73] *Ibidem*, p. 10.

Assim, seguindo, "cibercultura" é a expressão que serve à consciência mais ilustrada para designar o conjunto dos fenômenos cotidianos agenciado ou promovido com o progresso da telemática e seus maquinismos. Afinando o conceito um pouco mais, pode ser definida como "a formação histórica, ao mesmo tempo prática e simbólica, de cunho cotidiano, que se expande com base no desenvolvimento das novas tecnologias eletrônicas de comunicação"[74].

Em perspectiva, a cibercultura diz respeito ao momento em que a convergência das linhas de pensamento científico da cibernética e telemática sai do domínio do conhecimento pela base. Ou seja, sai do domínio exclusivo e preponderante das grandes corporações e dos governos, passando a integrar o cotidiano comum das pessoas, graças à transformação dos computadores em equipamentos domésticos e portáteis, que se convertem em plataformas ou fenômenos de costumes teoricamente democráticos[75], na linha de fuga sistêmica e de expressão molecular da sociedade capitalista, que chegou ao estágio atual como a "era de capitalismo de vigilância", teorizada Shoshana Zuboff[76].

O sociólogo Manuel Castells[77] reflete acerca dessa temática ao trabalhar o conceito de capitalismo informacional, tendo como característica as práticas econômicas relacionadas à terceira fase de desenvolvimento do capitalismo e que tem como mola propulsora o acúmulo e uso de conhecimento, principalmente na área de tecnologia da informação e comunicação.

Nesse contexto, o fenômeno da cibercultura seria concebido em gênese pela convergência do pensamento cibernético e da telemática com as organizações de uma cultura popular que são articuladas em conformidade com o que foi denominado de "indústria cultural" por Adorno e Horkheimer. A concepção de indústria cultural, para os filósofos frankfurtianos, envolve não apenas o atrelamento da arte e da mídia aos grandes monopólios do capital, como também aos princípios que regem a produção pela via da "estandardização da própria coisa" e a "racionalização das técnicas de distribuição"[78].

Para Adorno e Horkheimer, a padronização e produção em série determinada pela racionalidade técnica seria a expressão da própria dominação, já que o domínio tecnológico estaria sempre nas mãos dos que

---

[74] *Ibidem*, p. 11.
[75] *Idem*.
[76] Zuboff, S. (2021). *Era do capitalismo de vigilância: A luta por um futuro humano na fronteira do poder.*
[77] Castells, M. (2003). *A galáxia da internet: Reflexões sobre a internet, os negócios e a sociedade.*
[78] Adorno, T., & Horkheimer, M. (1985). *Dialética do esclarecimento*, p. 100.

controlam a economia. "O que não se diz é que o terreno no qual a técnica conquista seu poder sobre a sociedade é o poder que os economicamente mais fortes exercem sobre a sociedade"[79]. Sendo assim, na concepção dos filósofos, o progresso tecnológico não seria inofensivo, pois estaria integrado a um sistema econômico e político a serviço do poder. Nessa concepção, com o uso da tecnologia, a dominação política e econômica passou a atuar por meio de processos inconscientes, fora da percepção do sujeito, ou, como nos colocamos atentos, "estranhas para seu sujeito".

Ciberespaço: geografia espacial cibernética

Para expandir essa linha de pensamento, seguindo Castells[80], quando o progresso tecnológico e a expansão do capital confluem no sentido da exploração do campo da cibernética e da telemática, e, por esse caminho, os dispositivos tecnológicos digitais são convertidos em bens de consumo de massa, estão configurados os alicerces da "sociedade em rede". Acrescentamos aqui a expansão da cibercultura, a criação, em 1969, dos primórdios da internet pela Agência de Projetos de Pesquisa Avançada (Arpa) do Departamento de Defesa dos EUA, da *world wide web* (www) por Tim Berners-Lee, em 1989, e a colonização do ciberespaço pelos sistemas e práticas da indústria cultural que, já no início do século XX, estava se convertendo em princípio geral de construção da nossa sociedade contemporânea.

As revoluções provocadas pela colagem entre a técnica e a ciência resultaram, com o tempo, na extrapolação das atividades produtivas e, desse modo, passaram a influenciar a existência cotidiana, como dissemos anteriormente, desde antes do surgimento das primeiras tecnologias digitais. Agora, nosso mundo passa por um movimento cada vez menos silencioso de transformações conduzidas tecnologicamente. Embora com projeções futurísticas inimagináveis e longínquas, os efeitos de tais transformações já se antecipam em todo tipo de obra de ficção literária, fílmica, musical, *games* e em muitos fenômenos da cultura pop, gerando complexa inquietação em todos aqueles que nutrem alguma curiosidade pelo futuro de nossa cultura e civilização.

A cultura digital inaugurou, especialmente para aqueles nascidos durante a massificação da internet em 1995, uma nova forma de linguagem. Não se trata apenas de uma linguagem associada aos códigos de progra-

---

[79] *Ibidem*, p. 100.
[80] Castells, M. (2016). *A sociedade em rede*.

mação com efeitos macroeconômicos, mas de uma maneira distinta com que passamos a priorizar a escrita em detrimento da fala; a estruturar e criar padrões visuais como se fôssemos protagonistas, transformando a percepção de nossa identidade e os limites de como se concebe o corpo; e a acelerar nossos padrões de resposta e a antecipação imaginária de significado, na relação direta entre a contração do tamanho do mundo e a expansão proporcional do Eu. As técnicas de modulação da realidade e de gestão das interações passam a ser intermediadas por algoritmos, que, rapidamente, assimilam nossa forma de amar, relacionar-se, trabalhar, sofrer, desejar, entre outros.

Uma dessas linhas de força que concentra uma ramificação na cibercultura é a arte. A literatura distópica, o cinema *scifi*, os *games*, entre outras manifestações artísticas e culturais, anunciam, já há algum tempo, cenários nos quais a relação humano-máquina sofre formas de imbricamento espetaculares, encantando e aterrorizando o imaginário humano. Livros como *Nós* (1924), de Ievguêni Zamiátin; *Admirável mundo novo* (1932), de Aldous Huxley; *1984* (1948), de George Orwell; *Androides sonham com ovelhas elétricas?* (1968), de Philip K. Dick; *Neuromancer* (1984), de William Gibson; *O conto da Aia* (1985), de Margaret Atwood; *Deuses americanos* (2001), de Neil Gaiman; *Encarcerados*, de John Scalzi (2018), são clássicos da ficção científica e fantasística que abordam um futuro em que os homens e as máquinas coabitam a nossa existência das formas mais estranhas, bizarras e diversas possíveis.

Tais livros influenciaram grandes produções fílmicas do gênero *scifi*. Filmes como *Blade Runner* (1982), de Ridley Scott; a trilogia *Matrix* (1999, 2003), das irmãs Wachowski; *A.I. – Inteligência Artificial* (2001); *Minority Report* (2002); e *Jogador nº 1* (2018), de Steven Spielberg; *Ela* (2014), de Spike Jonze; *Ex_Machina* (2015), de Alex Garland, e séries como *Black Mirror* (2011), de Charlie Brooker; *Westworld* (2016), de Jonathan Nolan e Lisa Joy; *Philip K. Dick's Electric Dreams* (2017), de Ronald D. Moore; *The Handmaid's Tale* (2017), de Margaret Atwood e Elisabeth Moss; *Altered Carbon* (2018), de Laeta Kalogridis, entre outras. Incluindo produções de jogos eletrônicos para Microsoft Xbox e Sony Playstation, como *Cyberpunk 2077* (2020), dirigido por Mateusz Kanik, *Detroit Became Human* (2018), dirigido por David Cage, e *Deus Ex: Mankind Divided* (2015), dirigido por Jean-François Dugas.

A propósito, a narrativa de *Deus Ex: Mankind Divided* (2015) merece destaque. A história se desenvolve em um futuro distópico previsto para 2029, retratando a figura de humanos que passaram por cirurgias de implantes mecânicos e que, por consequência, são considerados uma ameaça aos demais. Com isso, passam por um processo de forte debate e polarização política que moraliza e gera uma caçada aos humanos implantados, conhecidos como "aprimorados". Estes são, então, segregados do resto da sociedade. Uma espécie de segregação nos moldes do século XX, clara e objetiva, com repartição geográfica bem definida e sistemas de controle personalizados. Aqui, em nosso empreendimento, estamos atentos à possibilidade de uma forma de segregação mais sútil, desenvolvida a partir da hiperimersão dos sujeitos no espaço cibernético. Sigamos.

Então, algumas das abordagens ficcionais surgem como previsões proféticas sobre o desenvolvimento tecnológico e a afetação deste nas relações humanas, sempre com aspectos críticos e intensos do contexto político, econômico e social em que os autores estão inseridos. E é justamente da ficção científica que surge a nomenclatura "ciberespaço". O novo espaço de interação entre humanos, criado pela Arpanet em 1969, foi batizado em 1984 no já citado clássico e premiadíssimo livro de ficção científica *cyberpunk Neuromancer*, de William Gibson.

> Ciberespaço. Uma alucinação consensual vivenciada diariamente por bilhões de operadores autorizados, em todas as nações, por crianças que estão aprendendo conceitos matemáticos... uma representação gráfica de dados abstraídos dos bancos de todos os computadores do sistema humano. Uma complexidade impensável. Linhas de luz alinhadas no não espaço da mente, aglomerados e constelações de dados.[81]

O ciberespaço gibsoniano é construído como uma *matrix* de interação humana em um futuro distópico no qual os seres humanos parecem ter adentrado em um terrível horizonte de possibilidades das consequências tecnológicas do século XXI. Conceitos matemáticos em expressão mimetizada de linguagem formam um "não espaço da mente" que organiza uma complexidade já pensada pelo autor na década de 1980, mostrando, mediante a ficção, um universo de possibilidades que a ciência continua a buscar. Ou seja, por meio da algoritmização matemática, a imersão completa da humanidade no universo digital, surge a internet.

Com isso, tendo em mente que a cibercultura é dividida "em várias tendências de interpretação"[82] e seguindo a proposta metodológica de mapeamento do campo, tomarei nos dois próximos capítulos, inspirados

---

[81] Gibson, W. (2016). *Neuromancer*, p. 77.
[82] Rüdiger, F. (2016). *As teorias da cibercultura: Perspectivas, questões e autores*, p. 7.

pelas nomenclaturas empregadas por Rüdiger, três grandes núcleos de pensamento acerca dos fenômenos do ciberespaço que situem os campos otimistas, pessimistas e realistas, a fim de atravessar as bases de compreensão da cibercultura nos dias de hoje.

Capítulo 3

TEORIAS DA CIBERCULTURA: DA CIBERUTOPIA AO TECNOAPOCALIPSE

Neste capítulo articularemos os pensadores otimistas e pessimistas. Nomeamos os otimistas de "teóricos da ciberutopia virtual", capitaneados pelo conceito de "inteligências coletivas" em Pierre Lévy[83] e a "sociedade em rede", de Manuel Castells[84], articulando com autores como André Lemos[85] e a primeira metade da obra de Sherry Turkle[86]. Já o núcleo de teóricos pessimistas, nomeamos "pensadores tecnoapocalípticos", seguindo a virada de pensamento da segunda metade da obra de Turkle[87], da antropóloga famosa por afirmar que "já somos ciborgues", Amber Case[88], entre outros pensadores.

No capítulo seguinte discutiremos acerca dos pensadores realistas, o que intitulamos de "reflexões ciberReal'istas", articulando o pensamento lacaniano do filósofo esloveno Slavoj Žižek[89] acerca do ciberespaço e o enxame digital na sociedade da transparência do filósofo sul-coreano Byung-Chul Han[90]. Seguimos tal desenho metodológico porque acreditamos que a proposta traz elementos que nos servem de base para entendimento da questão central da Parte 1 deste livro: a investigação do processo cultural cibernético e os efeitos do empreendimento da técnica e da ciência no sujeito e no laço social.

Ciberutopia virtual: pelo coletivismo tecnocrático em rede

Um dos principais pesquisadores da cibercultura e do ciberespaço, o filósofo francês Pierre Lévy define o ciberespaço como "o espaço de comunicação aberto pela interconexão mundial dos computadores e das

---

[83] Lévy, P. (2010a). *As tecnologias da inteligência*.
[84] Castells, M. (2016). *A sociedade em rede*.
[85] Lemos, A. (2016). *Cibercultura: Tecnologia e vida social na cultura contemporânea*.
[86] Turkle, S. (2005). *The second self: Computers and the human - twentieth anniversary edition*.
[87] Turkle, S. (2011). *Alone together: Why we expect more from technology and less from each other*.
[88] Case, A. (2015). *Calm technology: Principles and patterns for non-intrusive design*.
[89] Žižek, S. (2013). *O amor impiedoso (ou: sobre a crença)*.
[90] Han, B.-C. (2019). *No enxame: Perspectivas do digital*.

memórias dos computadores"[91]. Para o autor, enquanto as mídias televisivas, radiofônicas e impressas efetuam sua distribuição para o receptor massificado, o ciberespaço permite às pessoas a comunicação personalizada, operativa e colaborativa em rede hipertextual. Caracterizado pelo ambiente de digitalização da informação, para Lévy[92], o ciberespaço é a nova terra do saber, uma nova fronteira de exploração que condiciona o caráter plástico, fluido, hipertextual, interativo e em tempo real; tornando-se o principal canal de difusão cultural, comunicação e suporte de memória da humanidade no século XXI, uma nova realidade, ambiente para o desenvolvimento de "tecnologias intelectuais"[93] coletivas.

Francisco Rüdiger[94], ao se referir à formatação da linha de pensamento de Pierre Lévy, utiliza o personagem de Voltaire, em *Cândido* (1759), Dr. Pangloss, a figura do sábio confiante que, apesar de todas as catástrofes, adversidades e sobressaltos, continua otimista na boa ordem do mundo. Lévy se enquadra naquilo que o autor chama de síndrome de Cândido, sendo um tecnoutopista liberal humanista às últimas consequências. Por certo, ao nos depararmos com as principais obras de Pierre Lévy — *Ciberdemocracia* (2004), *As tecnologias da inteligência* (2010), *Cibercultura* (2010), *O que é virtual?* (2011) —, encontramos a estrutura de um pensamento filosófico dedicado à defesa do potencial transformador que, de fato, as tecnologias de informação e comunicação prometem — até certo ponto.

Tecnófilo inequívoco, Lévy sustenta que as tecnologias de informação e comunicação contêm uma dimensão "subjetiva, profética ou maravilhosa"[95]. A internet inaugura um espaço de comunicação inovador, inclusivo, dinâmico, universal e transparente, desenvolvendo-se como parte de um processo não planificado, mas, na verdade, orgânico, cuja substância é social, o meio é técnico e o sentido é o progresso civilizatório: "A internet, representando uma abertura para o mundo e a liberdade de expressão, constitui igualmente a infraestrutura da nova economia, cujos altos e baixos não devem mascarar a tendência de fundo, inegavelmente construtiva"[96].

Seguindo esse pensamento, a cibercultura é importante, para Lévy, sobretudo porque fomenta um movimento de interconexão generalizada cada vez mais amplo, fácil e cotidiano, que acelera a difusão da integra-

---

[91] Lévy, P. (2010b). *Cibercultura*, p. 94.
[92] Lévy, P. (2010a). *As tecnologias da inteligência*.
[93] *Ibidem*, p. 157.
[94] Rüdiger, F. (2016). *As teorias da cibercultura: Perspectivas, questões e autores*.
[95] Lévy, P. (2004). *Ciberdemocracia*, p. 70.
[96] *Ibidem*, p. 70.

ção, da consciência e da harmonização entre os humanos. Para tanto, as diferentes manifestações culturais, reconfiguradas por meio da internet pela desfronteirização, e todas as facilidades agregadas à velocidade de que ela dispõe são características de uma nova revolução.

Outro importante pensador que segue o horizonte dos potenciais transformadores e democráticos das tecnologias é o espanhol Manuel Castells. A internet e as mídias digitais interativas, para Castells[97], não são mais meios de comunicação no sentido tradicional, já que ensejam processos de atuação e interação que suprimem as fronteiras que havia entre a mídia de massa e as demais formas de comunicação. Os processos de comunicação estão se horizontalizando. Nesse sentido, a revolução nas tecnologias de comunicação, embora estruturada e moldada pelas empresas privadas e instituições governamentais, seria um processo cujo pano de fundo são as redes telemáticas: a linguagem é a mídia digital, a dinâmica é integrativa e os protagonistas somos todos nós que nos utilizamos dos meios informáticos e digitais, seja nos inserindo em redes sociais, seja nos mercados *online* e nos negócios de mídia e comunicação[98].

Castells faz um paralelo importante da sociedade em rede como consequência da revolução das TICs, a rede como contraponto à verticalização implícita no início do século XX, o que ele chama de "a cultura da virtualidade real", preconizando implicações acerca da comunicação mediada por computadores, do controle institucional, das redes sociais e das comunidades virtuais. Nesse sentido, a cibercultura representaria "o cultivo dos protocolos de comunicação entre todas as culturas do mundo, baseado na crença agora comum no poder das redes e da sinergia obtida ao nos darmos para os outros e deles recebermos informações"[99].

O autor parte do suposto de que as redes criam e se recriam de acordo com programas que se originam sistematicamente delas mesmas. Por isso, aqueles que utilizam as redes eventualmente ainda dispõem do poder de interferir e reprogramar, graças aos recursos que essas redes disponibilizam, o hipertexto. Castells acredita que, "quanto mais as corporações investem na expansão das redes de comunicação, mais as pessoas constroem as suas próprias em escalas de massas cotidiana, adquirindo poder para si mesmas"[100].

---

[97] Castells, M. (2016). *A sociedade em rede*.
[98] Castells, M. (2003). *A galáxia da internet: Reflexões sobre a internet, os negócios e a sociedade*.
[99] *Ibidem*, p. 40.
[100] Castells, M. (2016). *A sociedade em rede*, p. 421.

Seguindo essa linha, outro grande pesquisador da cibercultura é o brasileiro, professor da Universidade Federal da Bahia, André Lemos. Autor e pesquisador que assina obras com Pierre Lévy, Lemos articula o fenômeno cibercultural como uma integração técnica com os anseios da cultura. Em uma de suas principais obras, Lemos afirma que "a tecnologia moderna é a tecnociência moderna tornando-se autônoma e instrumental, sendo, na maioria das vezes, associada a projetos políticos tecnocráticos e, como tais, futuristas e totalitários"[101]. Porém, a cibercultura, em vez disso, tem a ver com o processo de reapropriação cotidiana e mais ou menos consciente da tecnologia por parte dos homens. Desse modo, Lemos acredita que o digital cede lugar à livre expressão da subjetividade. Assim, a internet funcionaria muito mais à base de sedução do que de subtração, de acréscimos, em vez de perdas para a humanidade.

André Lemos afirma que a cibercultura é o resultado de uma reunificação da ciência com a cultura, e vice-versa, conforme as separou o projeto de uma tecnologia democrática pós-moderna. Com isso, a tecnologia estaria se tornando libertária, cotidiana e expressiva, convertendo-se em um suporte criador de relações sociais lúdicas e presenteístas. Conclui que quem pensa a cibercultura deve entendê-la como uma solução pós-moderna "do conflito entre sujeito e objeto, entre tecnologia que escraviza e o social que reage"[102]. Precisamos, aqui, levantar uma reflexão. Afinal, o que seria uma solução para o conflito entre sujeito e objeto em termos tecnológicos? E a fantasia? — abordaremos essa questão no próximo capítulo.

Para Lemos, as tecnologias digitais, por meio do processo cibercultural, tenderiam a promover democracia tecnológica, ou, como nomeia, a "tecnocracia digital". Este seria o processo de reação social, política e esclarecida, em que todos nós teríamos participação direta nas decisões políticas sensíveis.

Esta linha de pensamento aproxima-se ao que o cientista social-computacional Dirk Helbing[103] descreve como futuro das tecnologias digitais. Em palestra de lançamento de seu livro em 2017, no Centro Cultural Dragão do Mar em Fortaleza, Helbing declara que o esclarecimento cibercultural alavancará a democracia participativa, diminuindo a desigualdade global e promovendo distribuição de renda em um sistema que o autor chama de "capitalismo democrático".

---

[101] Lemos, A. (2016). *Cibercultura: Tecnologia e vida social na cultura contemporânea*, p. 39.
[102] *Ibidem*, p. 284.
[103] Helbing, D. (2015). *Thinking ahead: Essays on big data, digital revolution, and participatory market society*.

Em seu livro, Helbing defende que o cenário apocalíptico descrito em *blockbusters* como *Matrix* e *Black Mirror* ativaria afetos humanos de sobrevivência, como o medo, encorajando uma verdadeira caçada às tecnologias e ocultando seu verdadeiro potencial transformador. A revolução digital em rápido progresso está agora tocando as fundações da governança das estruturas sociais. Nesse sentido, os seres humanos estariam à beira de evoluir de consumidores para "prosumidores". Ou seja, consumidores que produzem conteúdo. Com isso, antigas teorias entrincheiradas — em particular sociológicas e econômicas — estariam sendo vítimas desses rápidos desenvolvimentos.

O autor defende que precisamos de vigilância em larga escala para entender e gerenciar os sistemas cada vez mais complexos que estamos construindo. Ou ainda abordagens ascendentes, como sistemas autorreguladores, seriam uma solução melhor para criar um ambiente mais inovador, mais bem-sucedido, mais resiliente e, em última instância, mais feliz.

Trabalhando na interface da teoria da complexidade, sociologia quantitativa e gerenciamento de risco e conhecimento baseado em *big data*, o autor preconiza o estabelecimento de novos sistemas participativos em nossa sociedade digital para melhorar a coordenação, reduzir conflitos e, acima de tudo, reduzir "as tragédias sociais", resultante dos métodos utilizados atualmente na tomada de decisões políticas, econômicas e administrativas. Dirk Helbing, assim como Claudio Prado em seus "delírios utópicos", acredita que o controle institucional e autorregulação algorítmica dos bancos de dados informacionais promoverão mais democracia, liberdade, paz e prosperidade.

Diferentemente de Pierre Lévy, "os tecnófilos contemporâneos têm se mostrado cada vez mais dispostos a abandonar as premissas humanistas e fundar suas ideias sobre nosso destino no pensamento tecnológico"[104]. O extremo da utopia tecnológica atravessa a obra de autores futuristas como Kevin Warwick[105], Ray Kurzweil[106] e tantos outros que defendem, com efeito, que nossa espécie está ficando obsoleta e que, nos próximos anos, seremos suplantados por organismos maquinísticos em evolução.

A esperança humana está, nas palavras de Kurzweil, na singularidade entre humanos e sistemas computacionais. Com isso, tal processo já teria começado e estaríamos caminhando para a evolução de nossa espécie

---

[104] Rüdiger, F. (2016). *As teorias da cibercultura: Perspectivas, questões e autores*, p. 195.
[105] Warwick, K. (2013). *Artificial intelligence: The basics*.
[106] Kurzweil, R. (2019). *A singularidade está próxima: Quando os humanos transcendem a biologia*.

justamente quando nós, humanos, transcendermos a própria biologia, caminhando para o que alguns pensadores chamam de "pós-humanismo" ou "transumanismo". Ou, ainda, "neo-humanismo", terminologia proposta por Lucia Santaella no XII Simpósio Nacional da ABCiber, em 2019.

A linha de pensamento ciberutópico, de acordo com alguns dos mais famosos pensadores — guardadas suas devidas proporções e raso sobrevoo descrito aqui —, acredita que, em termos filosóficos e sociológicos, nossa sociedade não pode ser representada sem suas ferramentas tecnológicas, mas, por outro lado, ela é mais do que isso, ultrapassando o próprio sentido de que a revolução informacional tenha a ver com "a cultura da liberdade, inovação individual e iniciativa empreendedora"[107]. Fica evidente que a tecnologia é uma política de intervenção na experiência humana, sendo, para essa corrente de pensamento, a possibilidade de concretizar fenômenos materiais, democratização do poder e identidades coletivas.

Neste livro, o problema consiste em saber se esse poder será de outra natureza para além da relação de poder estabelecida pelo mercado corporativo e pelo simbolismo imagético sistêmico do mundo contemporâneo. A experiência histórica mostra que o exercício desse poder tende a reprogramá-lo, sobretudo como mais uma forma de acentuar as tendências dominantes já vigentes. Somos postos em redes e incentivados a operar seus terminais, fornecendo dados, em uma era dominada pela razão instrumental e pelo que Marx chamou de "fetichismo da mercadoria", em perspectiva tecnológica digital, de modo cada vez mais imaginário, sem o tempo da assimilação simbólica, criando um imperativo categórico de mercado.

Como nos indica Berardi[108], a imaginação não funda nada, só pode relevar horizontes de possibilidades. Portanto, a utopia se faz irônica. Com a ironia sendo a suspensão do sentido de um enunciado, a suspensão da relação entre significante e significado, excesso de sentido que a ideia de infinitude ciberespacial promove. A própria inteligência coletiva em que acredita Lévy[109] é uma inteligência sem sujeito, pois existe apenas na possibilidade virtual do ciberespaço e parece desconsiderar o dinamismo performativo que a condição humana exige diante do mal-estar descrito por Freud.

---

[107] Castells, M. (2003). *A galáxia da internet: Reflexões sobre a internet, os negócios e a sociedade*, p. 25.
[108] Berardi, F. (2019). *Depois do futuro*.
[109] Lévy, P. (2010a). *As tecnologias da inteligência*.

Como ironiza Rüdiger, "quem sabe um dia, os bancos de dados que armazenem a pretendida inteligência coletiva possam vir a ser ligados ao córtex cerebral e, assim, possa vir a adquirir concretude"[110]. O problema dessa ideia é que não haveria mais singularidade concreta para que tivesse serventia, teríamos deixado de ser humanos para nos convertermos numa espécie de *borgs* da série *Star Trek*.

Tão importante quanto os autores abordados na linha do pensamento ciberutópico é o nome de Sherry Turkle. Socióloga e psicóloga computacional do MIT, Turkle é pesquisadora e fundadora do Institute of Technology and Self, onde investiga as relações e as identidades formadas da criação da internet e seus domínios de multiusuários desde a década de 1980, tomando a psicanálise lacaniana como um dos seus referenciais teóricos.

Em seu primeiro livro sobre o tema, lançado em 1984, Turkle[111] analisa a ampla possibilidade que a internet tem de expandir as experiências subjetivas da humanidade. Segundo a autora, o ciberespaço é um espaço democrático e livre que configuraria novos mundos de atuação, todos reais para cada um dos usuários. Mundos paralelos que podem ser vividos na mesma intensidade: a realidade física e uma nova realidade, a virtual.

A realidade física seria o lugar do existir físico do sujeito, o plano material, suas relações pessoais presenciais. Já a realidade virtual estaria ligada à comunicação e às interações do sujeito por meio da internet, lugar que proporcionaria um ambiente seguro pela não exposição física. Seria um espaço de experimentação, um lugar onde o sujeito exercitaria aspectos da personalidade que causariam estranhamento, caso fossem vividos no ambiente físico. O ciberespaço seria um ambiente de criação, de desenvolvimento de um *Self* livre.

Seguindo esta mesma lógica, Turkle[112] tem como tese central de seu segundo livro a consolidação do ciberespaço como ambiente pujante de desenvolvimento de um novo Eu, uma vida na tela. Nesse período, a pesquisadora afirma que o campo virtual é ambiente propício para vivenciar o desejo e as fantasias, e até para o *acting out*, um espaço onde aspectos do Eu podem sofrer elaborações e, segundo a autora, até retificações subjetivas.

A título de ilustração, esta tese parece ter inspirado a produção do jogo eletrônico de imersão de multiusuários *Second Life*, lançado em 2003 pela Linden Lab, empresa que hoje está à frente de um dos maiores

---

[110] Rüdiger, F. (2016). *As teorias da cibercultura: Perspectivas, questões e autores*, p. 169.
[111] Turkle, S. (2005). *The second self*.
[112] Turkle, S. (1997). *Life on the screen: Identity in the age of the internet*.

e mais ousados projetos de imersão digital do mundo. Utilizando as novas tecnologias de interação e realidade virtual (*VR Technology*), a empresa de San Francisco/EUA lançou recentemente a versão comercial do projeto *Sansar*, considerado o *Second Life* da realidade virtual, um projeto de metaverso parecido com o que podemos acompanhar na série de espionagem cibernética, lançada em 2018 pela Netflix, *Kiss me First*, de Bryan Elsley.

A promessa em torno de *Sansar* é ser mais que um jogo, com um universo de possibilidades criativas e construtivas, assim como em *Minecraft*, porém com gráficos avançados, sistemas de negociação de mercadorias próprio e *slogan* de sua campanha: "expandir seu mundo com a experiência do *social VR*; jogue, crie, e explore com todos, em qualquer lugar do planeta" (nossa tradução). Para os responsáveis pela empresa Linden Lab, esse é o primeiro passo para um sistema de interação digital sensorial hiperimersivo, que, nas próximas décadas, conseguirá virtualizar no mundo digital os cinco sentidos humanos, a proposta central dos pensadores do metaverso.

Ciberconservadores e tecnoapocalípticos

Com a chegada do século XXI e o crescimento exponencial do desenvolvimento tecnológico, Sherry Turkle muda de direção. Passa a rever seu trabalho e seu pensamento otimista acerca do ciberespaço. Revendo sua pesquisa, Turkle reconhece que a introdução maciça dos aparelhos celulares e os demais dispositivos tecnológicos agregados em nossa vida proporcionaria a fantasia de facilitação, sem perda de tempo, de acesso ilimitado, da possibilidade de customização da vida, indo a lugares onde não estamos, em contatos *online* com pessoas a todo instante, com a impressão de que nunca estaremos sós. Parece perfeito, o paradoxo da promessa feita pelas propagandas dos aparatos eletrônicos aparece quando Turkle sinaliza que estamos nos acostumando a uma nova forma de estar a sós juntos. Segundo Turkle[113], nunca estivemos tão conectados e nos sentindo tão sozinhos.

No livro *Alone together*, Turkle realiza uma extensa pesquisa nos EUA, entrevistando pessoas, da costa leste à oeste, sobre o uso e a importância que dão às tecnologias. Passa a explorar a robótica, que já produz robôs para fazer companhia para crianças e idosos, apontando para um futuro no qual as máquinas serão os "novos companheiros". Turkle observa que,

---
[113] Turkle, S. (2011). *Alone together: Why we expect more from technology and less from each other*.

na atualidade, novas configurações de laço social emergem traçadas por meio da comunicação textual entre dispositivos tecnológicos. Afirma que adolescentes estariam evitando fazer telefonemas porque "podem revelar demais", preferindo mensagens de texto em vez da comunicação verbal.

Nesse sentido, atualmente, as pessoas estariam mais inseguras em relação aos relacionamentos e mais ansiosas a respeito de aspectos da intimidade. Portanto, poderiam apelar para a tecnologia como alternativa de estarem em um relacionamento e de se protegerem dele ao mesmo tempo. Segundo sua nova abordagem teórica, Turkle ratifica que o sujeito na atualidade teme mais do que nunca os riscos e as decepções nos relacionamentos e, por esta razão, podem esperar mais da tecnologia do que uns dos outros.

É enfática ao afirmar que estamos passando a nos ligar à existência pela e para a tecnologia. Com isso, estaríamos nos angustiando quando nos faltam os meios de comunicação ou esquecemos nossos celulares em algum lugar. Sem eles, desponta "um novo mal-estar na cultura, o de estar desconectado"[114].

A descrição psiquiátrica para esse "novo mal-estar" é conhecida como "nomofobia" (ou *no-mobile-phone-phobia*). Sendo caracterizada por sintomas de ansiedade correlacionados à perda do acesso às redes e aos aparatos tecnológicos digitais. Aliás, o Governo do Estado do Ceará sancionou, em 2017, a Lei n. 16.304, que institui a campanha permanente de orientação, conscientização, prevenção e combate à nomofobia[115] — tratando o uso de celulares e da internet como um vício de proporções epidemiológicas.

É seguindo essa perspectiva que Rüdiger, ao referir-se ao pensamento de Turkle, afirma que o problema do ufanismo tecnocrático e populista em relação à cibercultura não está nos conteúdos que dela emergem, mas na própria forma de vida que a rede cria, quando nela nos prendemos. "A colonização do ciberespaço, em vez de progresso, é antes o encaminhamento de uma alienação consciente e voluntária, cujo sinal, todavia, não é menos negativo, do ponto de vista humano, do que aqueles que lhe precederam"[116].

Já em sua publicação seguinte, Turkle[117] radicaliza sua posição de combate ao uso descontrolado das tecnologias digitais. Seguindo a abordagem do livro anterior, a autora segue descrevendo, após uma série de

---

[114] *Ibidem*, p. 16 (nossa tradução).
[115] *Cf.* https://www.al.ce.gov.br/index.php/ultimas-noticias/item/71524-1901-bd-combate-a-nomofobia.
[116] Rüdiger, F. (2016). *As teorias da cibercultura: Perspectivas, questões e autores*, p. 234.
[117] Turkle, S. (2015). *Reclaiming conversation: The power of talk in a digital age*.

entrevistas realizadas nos EUA, que, independentemente da geração a que se pertença, preferimos digitar nossos sentimentos e afetos a expressá-los olhando nos olhos do outro. A mediação via aparatos digitais produz uma forma de linguagem digital que promove a sensação de domínio, controle e poder sobre a própria linguagem falada e o tempo de resposta e apreensão da mensagem. Afinal, segundo a autora, podemos editar o que será dito e apresentar a melhor versão do nosso Eu.

O livro *Reclaiming conversation: the power of talk in a digital ages* surge como uma proposição ao leitor, uma súplica pelo abandono da mediação tecnológica e o retorno às conversas presenciais. Resulta de um alerta ao que Turkle diagnostica no livro anterior, os perigos de uma vida hiperimersa no digital, nunca longe de *e-mails*, do Instagram ou do X (Twitter), e seus possíveis impactos na vida familiar, educacional, nos relacionamentos amorosos e no surgimento de novas formas de solidão. É categórica ao afirmar que a nossa submissão às tecnologias digitais corresponderá ao atrofiar de capacidades humanas essenciais, como a empatia e a autorreflexão.

> São muitas as pessoas – adultos e crianças – que atualmente ficam ansiosas sem a alimentação constante do estímulo *online*. Em cada momento tranquilo, pegam nos *smartphones*, verificam as mensagens, enviam um texto. Não toleram o tempo, que alguns dos entrevistados classificam como "cansativo" ou "de tédio".[118]

Assim, Turkle descreve como a conversação se encontra hoje ameaçada em níveis sem precedentes. O espaço da conversa foi progressivamente ocupado por modalidades de substituição promovidas por equipamentos e aplicações digitais, refletindo no empobrecimento da nossa experiência e do nosso arcabouço simbólico.

No fim das contas, parece que, se não conhecermos a satisfação de estarmos sós, a solitude, apenas conheceremos o pânico da solidão. Nessa perspectiva, Turkle conclui que estaríamos em um processo de silenciamento causado pelas tecnologias, passamos a digitar, e nossa cura estaria no abandono dos celulares e na retomada da conversação *"face to face"*[119].

Seguindo a mesma linha de força da pesquisadora do MIT, tanto a ciberantropóloga estadunidense Amber Case quanto o psicólogo australiano Adam Alter têm trabalhos distintos que tocam uma mesma temática: a sombra causada pelas tecnologias digitais, caso não alterarmos a rota, vai nos levar a um nível de escravidão sem precedentes na história.

---

[118] *Ibidem*, p. 23 (nossa tradução).
[119] *Idem*.

Para Case[120], já somos ciborgues! Não aqueles de filmes de ficção científica, como o *Robocop* ou humanoides robóticos regidos por inteligência artificial. Na verdade, os dispositivos tecnológicos digitais que utilizamos cotidianamente já são, eles mesmos, próteses e extensões de nossos respectivos corpos e mentes.

Diferentemente das próteses oculares criadas pela necessidade corretiva para o declínio de nosso corpo, exemplificada por Freud no início do século XX, as tecnologias digitais formam uma espécie de prótese extensiva que produzem demandas constantes e ininterruptamente. Para a autora, a humanidade está deixando coisas importantes demais nas mãos da tecnologia; a capacidade de memorizar, de recordar, de nos comunicarmos e de estabelecer empatia está sendo cooptada pelo mundo digital.

Em entrevista concedida ao *El País*, em Madrid, Case[121] afirma que o uso descontrolado das tecnologias digitais está nos desconectando e nos escravizando. Segundo a pesquisadora, chegamos a olhar o celular entre mil e duas mil vezes por dia, o que transforma os celulares em uma espécie de "novo cigarro". Afinal, se ficar entediado, basta dar uma olhadinha na tela.

Como saída para a catastrófica simbiose entre humano e máquina, Case nos convida a refletir sobre aquilo que chama de *calm technology*, em tradução literal, "tecnologia calma" ou tranquila. Precisamente falando, *calm technology* é um movimento reflexivo ecológico em que a humanidade, desde os mercados à sociedade como um todo, passaria a se inspirar no *design* da natureza e controlaria o uso acelerado das tecnologias para manutenção de nossos recursos naturais. Só então conseguiríamos viver melhor, mais devagar, de forma mais orgânica, retomando o pensamento reflexivo e empático da humanidade. Caso contrário, estaríamos fadados ao automatismo e ao declínio das características humanas como conhecemos.

Esta proposta parece a utopia que precisamos para as disputas políticas que se acirram com o avanço das tecnologias. Entretanto, como toda utopia, é irrealizável à medida que sua realização é impossível. Isso não anula sua potência, mas cola em sua crítica.

Seguindo perspectiva parecida, Adam Alter[122] descreve a vida digital como um vício, tal qual qualquer outra drogadição. Segundo o autor, a tecnologia digital é uma urgência contemporânea. Todas as tecnologias

---

[120] Case, A. (2015). *Calm technology: Principles and patterns for non-intrusive design.*
[121] *Cf.* https://brasil.elpais.com/brasil/2017/12/05/tecnologia/1512483985_320115.html.
[122] Alter, A. (2018). *Irresistível: Por que você é viciado em tecnologia e como lidar com ela.*

de comunicação e informação já criadas revolucionaram a sociedade por causa de seus efeitos sobre a cultura, o conhecimento, a criatividade e as emoções. Mas com os aparelhos digitais e seus aplicativos é diferente porque se apoiam em algoritmos sedutores, tornando a interação irresistível e avançando silenciosamente como vício em proporção global. O problema com esse vício, além do mais, é que não se pode remover a substância que vicia porque todo mundo está usando essa tecnologia.

Alter elenca quatro sinais para tal forma de vício. O primeiro sinal é social, quando compromete os relacionamentos. O segundo é financeiro, se essa interação acaba custando mais dinheiro do que se pensava. O terceiro é físico, já que a perda de atenção pode causar acidentes ou porque o usuário não se exercita. E o quarto é psicológico, pois muda a maneira como você lida com o tédio. Assim como Turkle e Case, Alter enfatiza a reflexão como uma característica humana e, como os telefones tendem a ocupar cada segundo de nosso tempo livre, passamos a negligenciar a experiência do pensamento e do ócio criativo, solapando o potencial revolucionário humano.

Radicalizando a postura pessimista antitecnocrática dos autores supracitados, pensadores como o canadense Arthur Kroker[123] e o brasileiro Eugênio Trivinho[124] são tecnófobos inveterados. Acreditam que o tecnicismo científico-informático e a conversão dos poderes computacionais e das biotecnologias não só solapariam o potencial humano, mas poderiam destituir nossa humanidade. Para ambos, o humano perdeu a capacidade de controlar a técnica, qualquer que seja o objetivo, na medida em que seus únicos elementos de valor passaram a ser o cálculo, o controle e a eficiência.

Com isso, em uma escala invertida do pensamento utópico futurista de Ray Kurzweil[125], tanto para Kroker quanto para Trivinho, o imbricamento dos humanos com as tecnologias digitais nos levará à falência e ao assassinato simbólico da alteridade, do ser outro, inclusive do Eu, a começar pelo corpo, visto que, para os autores, o digital espectraliza informaticamente a existência, provocando um possível tecnoapocalipse pós-humano.

O complexo paranoico tecnoapocalíptico dos pessimistas da cibercultura nos lembra o célebre caso clínico analisado por Freud[126] em "observações psicanalíticas sobre um caso de paranoia relatado em autobiografia",

---

[123] Kroker, A. (2014). *Exits to the posthuman future*.
[124] Trivinho, E. (2001). *Mal-estar na teoria: A condição da crítica na sociedade tecnológica atual*.
[125] Kurzweil, R. (2019). *A singularidade está próxima: Quando os humanos transcendem a biologia*.
[126] Freud, S. (1911/2010). *O caso Schreber*.

o famoso Caso Schreber. Aqui, Freud nos mostra a análise da figura de um humano possuído pelo delírio dos aterradores perigos a respeito do mundo e de sua relação com Deus. Óbvio que não estamos tratando da metapsicologia diagnóstica estrutural dos que temem os efeitos deletérios e devastadores das tecnologias digitais. No entanto, verifica-se que, para muitos, "a tecnociência pode ser vista como um sistema que reestrutura todo o mundo em termos de objeto de controle"[127], o que nos colocaria em uma via de mão dupla, a obsessividade quase paranoica da ciência em tudo descrever e matematizar e seu contraponto pessimista em relação à sintomática perseguição, em que "não posso ter contato pois serei extinto".

De todo modo, a propagação do pensamento tecnológico e de seus efeitos sobre os seres falantes, os manifestos humanistas otimistas ou pessimistas, as discussões a favor ou contra o pós-humanismo parecem relevar o fato de que, seguindo a proposição de Rüdiger, estamos em meio a um desmoronamento sistemático e generalizado da razão crítica e das formas sociais a que ela deu origem. Em última análise, podemos afirmar que as fantasias radicais sobre a tecnologia, pró ou contra, são, antes de mais nada, sintomas de nossos problemas e novas maneiras de nos levar a pensar em nosso destino como sujeitos à fala diante da era digital.

---

[127] Rüdiger, F. (2016). *As teorias da cibercultura: Perspectivas, questões e autores*, p. 195.

Capítulo 4

REFLEXÕES CIBERREAL'LISTAS: ENTRE ŽIŽEK E HAN

Diante do ufanismo utópico ou apocalíptico da cibercultura e do pós-humanismo tecnológico, como vimos, uma forte base de pensadores parece desconsiderar a incidência de inscrições categóricas essenciais, base do psiquismo humano, como o Real do sexo e da morte. Ou simplesmente acreditam em uma total sutura da impossibilidade de completamente simbolizar e imaginar diante de tais categorias.

É justamente em contrapartida a essa percepção que Slavoj Žižek[128] nos convida a resistir a duas tentações em relação ao ciberespaço. Uma falsa oposição na matriz do pensamento, tanto otimista quanto pessimista. Žižek critica a moda otimista de utilização do ciberespaço como um novo campo de ação protocomunista ou ciberutópico. Essa linha de pensamento seria o campo de inteligência coletiva em que os seres humanos passariam a viver como entidades virtuais, flutuando livremente em um espaço compartilhado e trocando informações para a construção de um processo otimizado e socialmente livre, tecendo uma forte crítica ao trabalho de Pierre Lévy.

O filósofo sul-coreano Byung-Chul Han[129] parece corroborar essa crítica ao afirmar que há, no meio digital, uma exigência de tornar transparente o próprio ato de escrever. Com isso, a lógica hipertextual equivale à própria liquidação da escrita. Explico: escrever seria uma atividade exclusiva e singular, enquanto que a escrita coletiva, transparente, é meramente aditiva, não tem a capacidade de engendrar o completamente outro, a singularidade.

Žižek estende sua crítica aos pensadores tecnoconservadores, aqueles que acreditam em um processo tecnoapocalíptico no qual a humanidade será controlada pelas grandes corporações que detiverem os códigos digitais ou por inteligências artificiais superiores à nossa. Este pensamento,

---

[128] Žižek, S., & Daly, G. (2006). *Arriscar o impossível: Conversas com Žižek*.
[129] Han, B.-C. (2019). *No enxame: Perspectivas do digital*.

segundo Žižek, enxerga o ciberespaço apenas como uma armadilha ilusória, que solapa o potencial humano e sua capacidade de exercer a verdadeira liberdade e autonomia.

Pensadores dessa abordagem militam por um uso controlado da tecnologia. Para sanar essa problemática, propõem que se aprenda a regular o ímpeto tecnológico, tal qual a proposição do trabalho lançado em 2015 por Sherry Turkle. Ambas as posições, otimista e pessimista, desconsideram a existência do Real (R) e do sujeito ($), atribuindo uma imprecisão quanto à percepção da realidade.

É possível digitalizar o Real?

Ao tomarmos a percepção do Real em Jacques Lacan como o impasse da formalização, estamos diante, seguindo a construção lógica do filósofo Alain Badiou[130], de uma aritmética elementar. Trocando em miúdos, o Real é aquilo que não tem nome nem nunca terá. Porém, o Real não está ligado a um problema de descrição objetiva de estados de coisas. Em toda construção lógica linguística, inclusive na representação escrita da matemática, algo sempre escapa à sutura do programa fechado da lógica, criando paradoxos, representações conflitantes. A própria linguagem fura o Real ao atribuir bordas de sentido, de realidade.

Por exemplo, quando nos utilizamos da linguagem matemática para realizar operações algébricas, como a multiplicação ou a adição, pode--se dizer que estamos, de maneira prática, no interior da formalização matemática. Nosso cálculo é sempre finito, terminando sempre com um resultado, seja verdadeiro, seja falso. Portanto, Badiou infere que estamos em uma formalização, regulamentada por regras, que é finita e há sempre uma atividade particular, o cálculo.

O problema dessa lógica é que algo se esconde diante de nós; "quando calculamos a partir de números, estamos convencidos de que o resultado será um número"[131]. O problema é lógico, não resta dúvidas de que, se adicionarmos números, obteremos um número. Então, como mostra Badiou, seja qual for a duração do cálculo finito, sempre encontraremos um número, exigindo que não exista um último número, ou seja, um número que responda a todos os números.

---

[130] Badiou, A. (2017). *Em busca do real perdido*.
[131] *Ibidem*, p. 29.

Na sequência, algo disso tudo é in-finito, algo não tem fim — no caso, a série de números. Mas esse infinito, que funciona de maneira oculta no interior do próprio cálculo finito, não é um número, porque na aritmética não existe um número infinito. Logo, Badiou conclui que o Real da aritmética finita exige que se admita uma infinidade subjacente que funda o Real do cálculo como um impasse lógico. Ou seja, a possibilidade da ausência de um número como resultado entre os números. É nesse sentido que se pode dizer que o Real dos números é inacessível a essa formalização, o que é, portanto, realmente seu impasse.

A lógica dos sistemas computacionais segue a inscrição da matemática binária e os impasses in-finitos que acontecem no conjunto dos números reais entre 0 e 1. Há uma impossibilidade de total circunscrição fora do aparelho representacional linguístico. Assim, seria impossível atuar fora do impasse linguístico representado pelo infinito entre 0 e 1. Aí está o Real. Portanto, o Real é um impasse na lógica simbólica, um incômodo para a tecnificação. O Real é um desafio lógico impossível. Aqui está sua potência transformadora.

Ao falarmos da intrínseca relação do Real com o impossível, como a impossibilidade que marca impasses na lógica simbólica, é importante apresentar a pertinente percepção de Vladimir Safatle[132] ao recorrente uso do termo.

Safatle percebe que Lacan, em sua obra, insiste cada vez mais na noção de que a experiência humana não é um campo de condutas ordenadas apenas por estruturas simbólicas e por imagens ordenadoras que visam garantir e assegurar identidades, mas também "por uma força disruptivas cujo nome correto é Real"[133].

Nesse sentido, para Safatle, o Real não deve ser entendido como um horizonte de experiências concretas acessíveis à consciência imediata Ele diz respeito a um campo de experiências que não podem ser adequadamente simbolizadas ou colonizadas por imagens ideais de forte circulação social.

Não existirá um "Pai Real" que responda a todas as demandas infinitas de desejo. Não encontraremos respostas na projeção de imagens ideais na figura de um "pai salvador". Assim, para Safatle, isso explica por que o

---

[132] Safatle, V. (2020). *Maneiras de transformas mundos: Lacan, política e emancipação*.
[133] *Ibidem*, p. 64.

Real é descrito de maneira negativa e destituinte, como se fosse questão de mostrar que há coisas que só se oferecem ao sujeito sob a forma de negações. "Daí proposições como 'O real é o impossível'"[134].

A questão é não confundir "impossibilidade" com "impotência". Quanto impossível, o Real porta a potência transformadora da possibilidade de experiência performativa na realidade sensível. Afinal, continuamos a produzir significantes que se ligam a outros significantes e tecem a cadeia de sentidos da experiência simbólica e imaginária em sua relação com o laço que se faz entre sua representação quanto sujeito. "O Real indica uma experiência de exterioridade em relação aos processos de reprodução material da vida e que preserva sua negatividade como forma de impedir que experiências de diferença sejam esmagadas pelas determinações possíveis do presente"[135].

Justamente por isso, concordo com a constatação de Žižek quanto aos teóricos da cibercultura. A formalização lógica de ambas as posições exige um resultado que é predeterminado pelas variáveis calculadas no interior da formulação, assim como a crença de que adicionaremos números a uma fórmula e obteremos números como resultado. Ou seja, podemos então dizer que o Real é atingido não pelo uso da formulação, mas quando se explora aquilo que é impossível para essa formulação.

Badiou nos adverte de que não se trata de uma impossibilidade geral, mas do "ponto" preciso que é o impossível de uma determinada formalização. Pois é justamente esse o ponto em que Žižek acerta, os resultados otimistas e pessimistas incorrem por tratar a realidade como uma possibilidade última para a humanidade, o bem ou o mal. Logo, faz sentido que a dicotomia entre apocalípticos e apologéticos seja superada no campo reflexivo da cibercultura.

Diante da compreensão da realidade, Žižek nos chama atenção para que evitemos a percepção da realidade real como simplesmente uma entre a multidão de realidades virtuais. Ou seja, evitemos afirmar que "a realidade seja mais uma janela de computador"[136], bem como "janelas com portas, que sem espaços nem instâncias intermédias, comunicam com outras janelas"[137].

---

[134] *Ibidem*, p. 65.
[135] *Ibidem*, p. 65.
[136] Žižek, S., & Daly, G. (2006). *Arriscar o impossível: Conversas com Žižek*, p. 122.
[137] Han, B.-C. (2016). *No enxame: Reflexões sobre o digital*. Relógio d'Água, p. 28.

Žižek acena aí para uma falsa oposição entre as duas concepções, segundo ele, equivocadas da realidade: ou temos uma plenitude de realidade fora do universo virtual, ou não existe realidade externa e a vida real é meramente outra janela.

No entanto, é preciso entender dois pontos que perpassam a construção da realidade virtual em oposição à realidade Real, como Žižek a nomeia. Ao consumir os objetos *high-tech* desenvolvidos no século XXI, a humanidade passa a ter acesso a um novo ambiente de realidade. A realidade virtual digital surge como uma nova promessa de atualização das fantasias e um novo jeito de lidar com o sofrimento da realidade material[138].

Žižek é categórico ao dizer que "o modo como a digitalização afetará nossas vidas não está inscrito na própria tecnologia"[139]. Ora, não é que houve uma realidade anterior e que nesse momento estamos vivendo na realidade virtual proporcionada pelos dispositivos digitais, mas sim que aprendemos que nunca houve uma "realidade", no sentido da experiência imediata, ou não mediada, seja pelo tempo de assimilação simbólica, seja por um — fazendo referência ao conceito lacaniano — objeto *a* de bolso.

A psicanálise nos ensina que a mediação da realidade, independentemente de aparatos digitais, ocorre por meio da fantasia, da nossa fantasmática relação circular com o objeto causa-do-desejo. Ou seja, a própria realidade em si é não-toda. "Há uma lacuna na própria realidade, e a fantasia é precisamente o que preenche essa lacuna. A virtualização é possibilitada justamente porque o Real abre uma lacuna na realidade, que é então preenchida pela virtualização"[140].

Sendo assim, o núcleo da nossa subjetividade é um vazio preenchido por aparências, semblantes. A conjunção do pensamento científico, da tecnificação e do discurso neoliberal da universalização preconiza a noção de positividade, em que o termo significa meramente adição. Ora, nesse sentido é preciso adicionar, comprar. A mercadoria é tomada como uma espécie de substituto estético para o preenchimento do buraco existencial humano, que não consegue, de fato, ser preenchido, já que o objeto todo é menor que a promessa e aponta para a divisão do sujeito.

---

[138] Nobre, M. R., & Moreira, J. D. (2013). A fantasia no ciberespaço: A disponibilização de múltiplos roteiros virtuais para a subjetividade. Ágora: Estudos em Teoria Psicanalítica, *16*(2), 283-298.
[139] Žižek, S., & Daly, G. (2006). *Arriscar o impossível: Conversas com Žižek*, p. 119.
[140] Ibidem, p. 119.

Essa falha proposital tem incidência no Real. Como não conseguimos preencher a verdade do Real, trocamos de objetos *a* na esperança fantasmática de que um dia a ciência chegará lá. Então, consuma! Eis o imperativo superegoico da lógica de consumo. O consumo que produz um uso excessivo, quase que incontrolável de tais objetos, revela que há algo de pulsional em jogo, um gozo com esses objetos tecnológicos[141].

A tentativa de aplacar o Real pelos meios digitais incide diretamente na forma de comunicação digital. Segundo Han[142], por conta da eficácia da comodidade da comunicação digital, além de evitarmos cada vez mais o contato direto, o contato com o corpo de pessoas reais, passamos a evitar o contato com o Real de maneira geral. Para Žižek[143], o referente supremo de nossa experiência é o mundo da vida real, o que há para além da nossa realidade psíquica, material e virtual.

As atividades no digital procuram romper com essa noção e, ao furar nossa ligação com esse mundo, geram fenômenos como os jogos de autolesão e suicídio — como a Baleia Azul ou o Desafio Momo — ou ainda o fascínio pelas catástrofes, violências, entre outros fenômenos que devem ser compreendidos como outras tentativas desesperadas de retorno ao Real.

É preciso tratar com rigor a categoria de Real em psicanálise para não incorrermos no erro de chamar todo e qualquer ataque inesperado ao nosso universo particular como se fosse o vazio descritivo do Real. Como, por exemplo, chamar o SARS-CoV-2 de irrupção do Real. Não é disso que se trata. Com a identificação simbólica apresentada, o vírus é um vírus, com nome, imagem, representação, não o Real. A possibilidade iminente do aparecimento de novas infecções virais e pandemias catastróficas, mesmo que atinjamos o extremo da gestão na sociedade de risco em Beck, é o que remete ao aparecimento do Real, a tensão no circuito que não se fecha, que não se resolve.

Surge aqui outra situação a ser evitada: é preciso afastar a ideia do Real como mundo vital supremo, o Real lacaniano é "mais real que a realidade"[144]. Como tal, o Real intervém nas rupturas da realidade que a linguagem não compreende. Lacan[145] aponta que o Real não é para ser

---

[141] Lima, N. L., & Generoso, C. M. (2016). *"Impossível me separar do celular!": O uso adicto das tecnologias digitais.* Cien Digital.
[142] Han, B.-C. (2019). *No enxame: Perspectivas do digital.*
[143] Žižek, S., & Daly, G. (2006). *Arriscar o impossível: Conversas com Žižek.*
[144] *Ibidem*, p. 221.
[145] Lacan, J. (1992). *O seminário, livro 17: O avesso da psicanálise.*

sabido, e acrescenta que, por isso mesmo, ele é o único dique capaz de conter o idealismo. O Real é, portanto, aquilo que sinaliza, permanentemente, o impossível[146].

Nas coordenadas postas até então, Žižek[147] lança mão de uma questão inerente à proposição dos teóricos do ciberespaço, tanto otimistas quanto pessimistas. Poderíamos dizer que a realidade virtual digital nos levaria à tão sonhada ideia de um corpo etéreo, em que ficaríamos livres da inércia corporal, tornando realidade a ideia gnóstica de um "corpo astral" e imaterial?

Para Žižek, existem quatro atitudes teóricas relativas ao ciberespaço predominantes, sendo (1) a celebração puramente tecnológica dos novos potenciais dos supercomputadores, da nanotecnologia e da tecnologia genética, proposta aparentemente ligada ao futurólogo e tecnocientista Ray Kurzweil[148]; (2) uma ênfase no pano de fundo gnóstico que sustenta até a mais "neutra" pesquisa científica; (3) o desdobramento historicista-sociocrítico desconstrucionista dos potenciais libertários do ciberespaço, passando-nos "às formas de subjetividade dispersas-ciborguianas e pós-humanas"[149]; e (4) as reflexões filosóficas heideggerianas sobre as implicações da digitalização, forjadas segundo a noção heideggeriana de *Dasein* como ser-no-mundo.

As primeiras duas atitudes partilham a premissa da desincorporação total, da redução da mente humana, ou pós-humana, a um padrão matemático de *software* que flutua livremente entre diferentes encarnações. Chamamos atenção aqui para o episódio da antológica série de ficção científica britânica da Netflix "San Junipero", vencedor do Emmy 2017, da terceira temporada de *Black Mirror*. Nesse episódio, duas mulheres têm a opção de vencer a morte por meio de um *upload* de consciência. Toda a trama se passa em mundos criados digitalmente onde a tecnologia dispõe de todos os tipos de atenção às necessidades e aos prazeres, trazendo a possibilidade de uma imortalidade digital. Você quer — mesmo — ser imortal?

As outras duas atitudes teóricas afirmam "a finitude do agente encarnado como o horizonte último de nossa existência"[150], levando-nos ao fim da humanidade e às possibilidades apocalípticas que a literatura distópica prevê. Ambas as atitudes de pensamento, otimista e pessimista, desdobram-se, para Žižek, nessas quatro linhas teóricas.

---

[146] Trataremos melhor essa noção na próxima parte deste livro.
[147] Žižek, S. (2013). *O amor impiedoso (ou: sobre a crença)*.
[148] Kurzweil, R. (2014). *Como criar uma mente*.
[149] Žižek, S. (2013). *O amor impiedoso (ou: sobre a crença)*, p. 97.
[150] *Ibidem*, p. 98.

Essa matriz que o filósofo esloveno descreve faz parte da celebração dos novos potenciais tecnológicos conforme as revoluções da Nanotecnologia, Biotecnologia, Informática e Cognição, conhecida como NBIC[151]. Esse conjunto de revoluções eleva à máxima potência o princípio neoliberal da positividade e recusa radicalmente a negatividade do sujeito.

Seja ampliando, seja suprimindo a diferença sexual, ou criando outras possibilidades diante da morte, novas intervenções no corpo, metaversos computacionais de comunicação em massa, desenvolvimento de inteligências artificiais, superinteligências e intervenções neuronais, a ciência técnica, ou tecnociência, valendo-se de algoritmos matemáticos e controle de dados, busca tamponar o Real — no sentido lógico da formalização — do corpo, da natureza e das relações humanas. Este processo visa à mercantilização do consumo das máquinas tecnológicas, ofertando, como promessa, acesso a um *a* mais de gozo. Isto possibilita o surgimento de novas modalidades daquilo que as ciências humanas categorizam no bojo da exclusão, discriminação e segregação. Em psicanálise, diferenciamos os termos[152].

Por uma psicopolítica da transparência

Nesse sentido, as formas discursivas atuais estariam efetivando e buscando a transparência[153]. Este é o diagnóstico proposto por Han ao afirmar que o discurso neoliberal evoca enfaticamente o tema da liberdade de informação, promulgando, nos moldes do marxismo, uma intensificação fetichista acerca da transparência, como uma conclamação ao ato, o que o tornaria um tema totalizante. A sociedade da negatividade dá espaço a uma sociedade que passa a desconstruir a negatividade em favor de uma positividade. Portanto, a sociedade da transparência, que busca aplacar a todo custo o sujeito, "é um abismo infernal do igual"[154]. Ao matematizar e mercantilizar a informação, o imperativo da sociedade da transparência é: "tudo deve ser aberto e disponível, sempre ao alcance de todos e a qualquer momento"[155].

---

[151] Alexandre, L. (2018). *A morte da morte*.
[152] Abordaremos a diferenciação entre os termos na terceira parte deste livro.
[153] Han, B.-C. (2017). *Sociedade da transparência*.
[154] *Ibidem*, p. 10.
[155] *Ibidem*, p. 10.

Nesse sentido, Byung-Chul Han afirma que a premissa contemporânea da desconfiança e da incerteza monta o axioma da transparência. Pois bem, em uma sociedade, como nos mostra Beck[156], pautada na gestão do risco, a transparência torna-se o ideal performático para administrar crises globais.

É nesse sentido que Beck aduz que a sociedade do risco está se tornando o agente da metamorfose do mundo. Um duplo processo está se desdobrando. Primeiro, há o processo de modernização, que tem a ver com a expectativa de progresso. Este estaria direcionado para inovação, produção e distribuição de bens. Segundo, há o processo de gestão de crises, tais como as crises climáticas, de energia nuclear, de uso e controle de dados, entre outras. Ambos se desenrolam e tensionam em direções opostas, porém, segundo Beck, ligadas em si.

Essa interligação é produzida por meio não do fracasso do processo de modernização ou de crises, mas de seu próprio sucesso. Ou seja, a crise precisa ser um sucesso para atingir seu efeito. Quanto mais bem-sucedida ela é, mais males são produzidos. Quanto mais a produção de males é ignorada e menosprezada como dano colateral do processo de modernização, maior a necessidade de total transparência. Tudo precisa ser informado. Tudo deve estar disponível a todos. Assim, inferimos que a sociedade de risco é a essência da transparência, em que todos são postos ao ato de informar.

Contudo, a informação parece deslizar como mais um objeto *a*, mais um *gadget* produzido pela tecnociência. "A transparência é a essência da informação"[157]. É o modo de proceder da comunicação digital. Posto isso, Han é categórico ao afirmar que "a transparência é a morte do desejo"[158].

Ora, tomando a referência de Guyomard[159] a Lacan, a fantasia é aquilo que sustenta o desejo, velando-se o objeto. Este, em seu aspecto imaginário, é um engodo e, em seu aspecto Real, em seu efeito de privação, relaciona-se com a parte de si mesmo que o sujeito perde por ser marcado pela linguagem. "Na fantasia, o objeto assume o lugar daquilo de que o sujeito é simbolicamente privado"[160].

---

[156] Beck, U. (2018). *A metamorfose do mundo: Novos conceitos para uma nova realidade.*
[157] Han, B.-C. (2019). *No enxame: Perspectivas do digital*, p. 74.
[158] Han, B.-C. (2016). *No enxame: Reflexões sobre o digital.* Relógio d'Água, p. 37.
[159] Guyomard, P. (1996). *O gozo do trágico: Antígona, Lacan e o desejo do analista.*
[160] *Ibidem*, p. 37.

Para além da fantasia, ou no luto ou na perda do objeto, o sujeito reencontra seu desejo puro, como afirma Guyomard. O que significa, aqui, que o desejo não é enganado pelo objeto. Entretanto, reencontra juntamente tudo aquilo de que o objeto o mantinha distanciado, "a castração, sua aniquilação e sua morte"[161], relevando sua faceta diante da angústia.

Acompanhando Lacan[162] em seu *Kant com Sade*, podemos afirmar que o desejo é o desejo do Outro. Portanto, o desejo apoia-se em uma fantasia da qual "pelo menos um pé está no Outro, e é justamente o pé que importa, mesmo e sobretudo se vier a claudicar"[163].

Desse modo, a informação é como o objeto da transparência, com a falsa promessa de realização da fantasia do "tudo saber" e ao mesmo tempo a suspensão do encontro com o real que tanto angustia. Não claudica, não causa, não falta, já que tudo está transparente e acessível a qualquer momento.

> O objeto, como o mostramos na experiência freudiana, o objeto do desejo, ali onde se propõe desnudo, é apenas a escória de uma fantasia em que o sujeito não se refaz de sua própria síncope. É um caso de necrofilia.[164]

Seguindo os passos da teoria lacaniana, Byung-Chul Han sugere que "o digital submete a tríade lacaniana do real, do imaginário e do simbólico a uma reconstrução radical. Ele desconstrói o real e totaliza o imaginário"[165]. Aqui temos um problema. Optamos por trazer essa referência *ipsis litteris* para, justamente, apontar um erro de grave magnitude.

A tríade lacaniana RSI está inscrita na topologia do nó borromeano. Em matemática, o nó borromeano consiste de três círculos topológicos que estão ligados e formam um enlace de Brunn. Com isso, é impossível remover qualquer enlace sem desfazer a estrutura completamente. Ou seja, é impossível desconstruir o Real e totalizar o imaginário pois, pela lógica, esta operação desconstituiria toda a estrutura.

Portanto, para não invalidar as contribuições que consideramos pertinentes do autor sul-coreano, propomos uma correção na construção do pensamento, obedecendo a lógica matemática em referência. Ou seja, o digital, na busca de uma positividade, opera tentativas de desmonte

---

[161] *Ibidem*, p. 37.
[162] Lacan, J. (1998). *Escritos*.
[163] *Ibidem*, p. 792.
[164] *Ibidem*, p. 792.
[165] Han, B.-C. (2019). *No enxame: Perspectivas do digital*, p. 44.

do Real, o que infla o enlace imaginário conforme o imperativo categórico da transparência. Assim, tendemos a aceitar que "o *smartphone* funciona como um espelho digital para a nova versão pós-infantil do estádio do espelho"[166].

Desse modo, o digital abre um estádio narcísico, uma esfera do imaginário, na qual todos nós nos incluímos, pois no celular não é o outro que fala. A partir desse momento, o olhar do outro, um olhar que vem do Real, é retirado de cena. Há a promessa de que não existe o perigo de irrupção do Real, nem do outro. Segundo Han, os aparelhos digitais rasuram toda forma de negatividade, como Žižek já expunha, buscando, sem sucesso, aplacar toda manifestação do Real.

Ao aceitar a reflexão de Han, podemos afirmar que a experiência, enquanto irrupção do outro, interrompe por meio de sua negatividade o narcisismo imaginário. Já a positividade, inerente ao digital, reduz a possibilidade de uma experiência semelhante. No digital, mediante o toque com a ponta dos dedos, dispomos dos outros.

Para Han[167], Lacan, se vivo, diria que o *touchscreen*, como tela sensível ao toque, distingue-se categoricamente da imagem-tela regida pela fantasia, que nos protege do olhar do outro, ao mesmo tempo que o faz aparecer. A tela do *smartphone* é transparente, não tem olhar. Não há rosto transparente, o rosto que desejamos é sempre opaco, essa negatividade da sombra que a opacidade denota é constitutiva do desejo. Portanto, a tela transparente dos celulares não permite nenhum desejo, já que o desejo é sempre suscitado pelo outro. "Justamente lá, onde há a sombra, também há o brilho"[168].

Seguindo a lógica de pensamento do filósofo sul-coreano, a transparência do outro, mediada pelos dispositivos tecnológicos, abala o sujeito desejante. Este passa a ser bombardeado por objetos *a* — causa do desejo e, também, mais-de-gozar —, que assumem o modelo da informação como fetiche mercadológico.

A informação digital, como produto na sociedade da transparência, parece exercer grande poder de hiperindividualização. "A nova massa é o enxame digital"[169], já que este enxame passa a ser formado por indivíduos

---

[166] Ibidem, p. 45.
[167] Idem.
[168] Ibidem, p. 50.
[169] Ibidem, p. 26.

isolados, carecendo de alma e de um sentimento de pertencimento, de união, de nós, capaz de uma ação comum ou de seguir uma direção. Nasce um novo humano, o *Homo digitalis*[170]. Caracterizado pela solicitação de atenção dentro do enxame, o *Homo digitalis*, segundo Han, mantém sua identidade privada, a qual parece ser mais preciosa do que uma unidade de grupo ou identificação de massa. No enxame, forma-se uma concentração sem união, uma multiplicidade sem interioridade.

Como afirma Danziato[171], estamos assistindo na contemporaneidade a uma grande assimilação da lógica capitalista e a uma intensificação e generalização da disciplina e da biopolítica. A contemporaneidade é fortemente marcada pela passagem da sociedade disciplinar, descrita por Foucault, para uma nova configuração estrutural de sociedade que foi descrita por Deleuze, a sociedade do controle. Portanto, segundo Danziato, há um deslocamento no que poderíamos denominar de uma "lógica discursivo-diagramática na cultura", de maneira que as formas de subjetivação, seus lugares e seus efeitos de gozo ganham uma nova roupagem e um novo campo: o mercado.

Porém, Byung-Chul Han aponta que estamos diante de um movimento de transição ainda mais radical em relação à revolução digital. Uma nova formação numerosa assedia as relações de poder e dominação já estabelecidas. De acordo com o filósofo, a travessia entre a sociedade disciplinar de Foucault e a sociedade de controle de Deleuze passa por novos caminhos diante da era digital da cibercultura.

À frente desse movimento, a época biopolítica analisada por Foucault estaria perto de ser ultrapassada; caminhamos para uma época de psicopolítica digital, em que o poder intervém nos processos psicológicos inconscientes. É nesse sentido que o psicopoder analisado por Han seria mais eficiente do que o biopoder, na medida em que vigia, controla e faz mover os sujeitos não por fora, mas por dentro, por aquilo que eles expõem.

Já Alves[172], ainda seguindo as análises desenvolvidas por Foucault acerca do poder, acrescenta uma nova categoria, o ciberpoder. Esta categoria infere que as novas tecnologias da informação remontariam e modificariam os dispositivos disciplinares e biopolíticos, dando forma a uma nova tecnologia de poder.

---

[170] Idem.

[171] Danziato, L. J. (2010). O dispositivo de gozo na sociedade do controle. *Psicologia & Sociedade, 22*(3), 430-437.

[172] Alves, M. A. (2017). A cibercultura e as transformações em nossas maneiras de ser, pensar e agir. Em N. L. Lima, M. Stengel, M. R. Nobre, & V. C. Dias, *Juventude e cultura digital* (pp. 169-180).

O ciberpoder pode ser entendido como uma nova estratégia geral de funcionamento do poder que se vale dos novos meios tecnológicos para ser exercido, apresentando três características fundamentais. Em primeiro lugar, "o ciberpoder intensifica o efeito panóptico da transparência, o que passa a ser feito não mais pelo isolamento dos indivíduos submetidos ao poder, mas sim por meio da hipercomunicação"[173]. Já a segunda característica do ciberpoder nasce como "uma forma inédita de exame ininterrupto e de confissão, especialmente nas redes sociais, nas quais os indivíduos se exibem e se oferecem como um objeto transparente para observação"[174]. E a terceira marca do ciberpoder está associada à "aceleração da estatização dos mecanismos disciplinares por meio de novos procedimentos de cibercontrole e de espionagem internacional"[175].

Então, o ciberpoder funcionaria como chave de análise das exterioridades de incidência dos mecanismos tecnológicos atuais do biopoder que intensificam a sociedade do controle descrita no rizoma deleuziano. Já o psicopoder segue uma chave de análise interior a essa incidência como efeito da construção daquilo que Deleuze descreve como modulação, a base da sociedade do controle segundo uma ideologia de mercado.

Entretanto, o próprio Deleuze nos lembra que o individualismo subjetivo é, antes de mais nada, a relação do *(in)*divíduo, o ser dividido em si mesmo. Portanto, para uma análise mais precisa, é necessário considerar que o sujeito é uma representação significante para outro significante, não há exterior e interior, apenas a relação simbólica e imaginária de exterioridade e interioridade perante os limites da linguagem. Ou seja, não há como separar o funcionamento do psicopoder e do ciberpoder, estão intrinsecamente ligados pela formação de laço que a discursividade exige. Surge como mais uma tentativa de controlar os equívocos do sujeito, as expressões de linguagem congeladas em imagens de informação que alimentam bancos de dados na gramática de circulação digital.

Ora, com a mineração de dados, os algoritmos de *chat boots*, o *big data*, o metaverso e a tentativa de algoritmização de todos os processos, estamos diante do investimento técnico da ciência de solapar a incidência do famigerado acaso, daquilo que não consegue ser apagado ou previsto, daquilo que não cessa de não se escrever. Surge uma política pautada na intervenção tecnológica, uma tecnopolítica.

---

[173] *Ibidem*, p. 175.
[174] *Ibidem*, p. 175.
[175] *Ibidem*, p. 175.

A partir disso, a cibercultura vai se organizando cada vez mais como uma cultura digital algorítmica. A cultura da predição e da probabilidade organizada por inteligências artificiais. É justamente na tentativa de lidar com as inconvenientes irrupções do sujeito e do Real que as tecnologias e o mercado avançam. Ao desconsiderar a incidência dessa partícula faltosa, os teóricos da cibercultura que defendem tanto a utopia das realizações evolutivas humanas quanto o catastrófico apocalipse da revolução das máquinas incorrem no mesmo erro ideológico do qual o psicopoder parece nos advertir.

Lembremos que o Real lacaniano é o dique que nos protege do idealismo, mas também do materialismo pleno. Provavelmente não atingiremos a completa imersão digital que alguns teóricos da cibercultura preveem. Porém, a história nos mostra a faceta obscena dos efeitos e práticas que surgem como consequências da tentativa de criar uma política que possa aplacar o Real. Ou seja, não é por tratar-se de uma impossibilidade que os impactos de tais tentativas não serão traumáticos e devastadores para o modo de vida psíquico e social. Afinal, como já dizia George Orwell no clássico livro distópico *1984*: "Quem controla o passado, controla o futuro. Quem controla o presente, controla o passado".

Capítulo 5

CIBERCULTURA ALGORÍTMICA: (COM)DOMÍNIO DO CIBERESPAÇO

Seguindo a reflexão acerca do avanço da ciência e da tecnologia em comunhão com o mercado e dos possíveis efeitos das projeções da cibercultura no sujeito e no laço social é que proponho que rastreemos a trilha dos domínios do ciberespaço. Por definição, "nome de domínio" pode ser entendido como uma sequência de caracteres que designa o endereço de uma página na rede mundial de computadores, a *world wide web* (www), ou seja, os domínios territoriais da internet.

Em resumo, o domínio é o registro da tradução de uma sequência numérica inscrita em ao menos dois servidores DNS (*Domain Name System*, ou, traduzindo, Sistema de Nomes de Domínio) conectados à internet em um sistema de caracteres linguísticos comum ao país onde esse domínio é registrado.

Porém, a palavra "domínio" pode indicar dominação. Isto é, a supremacia em dirigir e governar as ações dos outros pela imposição da obediência ou o reconhecimento de propriedade e soberania de um ou mais indivíduos sobre outros. Uma dupla faceta que, como veremos, segue a lógica de mercado e as políticas de manutenção do *status quo* vigente em um tempo dominado pelo controle da informação, da manipulação de dados e da modulação algorítmica. Sigamos.

Quem domina o ciberespaço?

É nesse contexto que as grandes empresas de tecnologia do mundo atuam, com boa parte delas sediada no Vale do Silício, nos EUA, lideradas pelas cinco gigantes da tecnologia (Gafam). Essas empresas trabalham como serviços secretos que procuram conhecer os interesses dos seus utilizadores para lucrarem com seus comportamentos na internet e nas redes sociais[176]. O crescimento vertiginoso da Apple segue essa afirmação.

---

[176] Han, B.-C. (2019). *No enxame: Perspectivas do digital*.

Em agosto de 2018, a empresa fundada por Steve Jobs atingiu o patamar histórico de US$ 1 trilhão de valor de mercado na bolsa de Nova Iorque, o maior da história, segundo a revista *Forbes*[177].

O crescimento é tão absurdamente vertiginoso que, em 2020, durante o epicentro da maior crise da história contemporânea, a pandemia de Covid-19, a Apple dobrou seu valor de mercado, atingindo o patamar de US$ 2 trilhões. Para se ter ideia, o valor é maior do que o de todas as montadoras automobilísticas do mundo, juntas. Somente sete países têm o PIB maior que o patamar atingido pela gigante da tecnologia. O PIB brasileiro em 2020 foi de US$ 1,364 trilhão.

Aliás, a guerra comercial travada entre EUA e China é pautada, hoje, pelos alicerces que envolvem as bases e disputas tecnológicas entre a transparência e governança. Durante os quatro anos do governo Donald Trump, uma série de acusações de espionagem digital foi desferida em direção ao governo chinês por intermédio da parceria entre a gigante de tecnologia chinesa Huawei e as forças militares de Xi Jinping. Com o governo Biden nada mudou, ao contrário, a escalada competitiva do pós--pandemia ganhou novos atores na corrida tecnológica em inteligência artificial — com a OpenAI —, no desenvolvimento aeroespacial — SpaceX, de Elon Musk; Isro, do governo indiano; a japonesa Jaxa etc. —, entre outros setores de alta tecnologia.

Independentemente do setor tecnológico, a busca é a mesma: ampliação do poder de influência geopolítica. O mundo parece acompanhar uma nova Guerra Fria pela ubiquidade. Ou seja, um padrão universal, sem sombra de dados, que estará em todos os lugares, cobrindo todo o planeta. Esse é o pilar da polêmica corrida pela implantação da tecnologia 5G, cuja dianteira da disputa tecnológica é encabeçada pela chinesa Huawei — que já estuda novas tecnologias de comunicação e informação envolvendo as futuras 6G e 7G. A ciência de dados, com seu *dataminer* (mineração de dados), se torna uma das áreas de atuação mais promissoras na atualidade. Afinal, o *data* é o novo petróleo[178].

O movimento mercadológico do domínio dessas empresas foi nomeado pelo cientista da computação Eli Pariser[179] como bolhas de filtros. As bolhas invisíveis de filtros surgem com a criação da terceira

---

[177] Cf. https://forbes.uol.com.br/last/2018/08/apple-atinge-us-1-tri-em-valor-de-mercado.
[178] Silveira, S. A. (2018). *A noção de modulação e os sistemas algorítmicos*.
[179] Pariser, E. (2012). *O filtro invisível: O que a internet está escondendo de você*.

onda da internet, a *web 3.0*. Com o projeto de estruturar todo o conteúdo disponível na rede mundial de computadores dentro de conceitos como "compreensão das máquinas" e "semântica das redes", a *web 3.0* expande essa lógica ao que é chamado de "internet das coisas".

Em breve, bilhões de dispositivos estarão conectados à internet: veículos, sistemas de compras, automação residencial e industrial, eletrodomésticos, controle logístico e de tráfego, e até — projeto da Neurolink — cérebros humanos. É até comum encontrarmos nas residências de classe média dispositivos de controle e gestão domésticos da Amazon, Google e Apple, as líderes nesse mercado.

Estes dispositivos já são capazes de trocar dados sem que seja preciso ligar cabos, criar conexões e digitar senhas ou passar cartões, e sua escalabilidade deve baratear os custos para viabilizar o acesso de mais classes sociais nos próximos anos. Ou seja, dispositivos conectados por toda parte produzindo e coletando cada vez mais dados. Essa escalabilidade que pretende baratear os custos é a "boa mão" invisível do mercado trazendo mais pessoas para as benesses tecnológicas ou uma tentativa de coleta ainda mais massiva de dados com objetivos de domínio e controle?

Em expansão estão os objetos eletrônicos controláveis por meio da rede ou com autonomia gerada pelo desenvolvimento de inteligências artificiais que podem articular melhor os conteúdos de busca e integração de dados com base na análise do comportamento de meta-heurística[180], concentrados em nuvem, no que é chamado de *big data*.

Big data, por definição, segundo Amaral[181], é o fenômeno de massificação de elementos de produção e armazenamento de dados, bem como os processos e tecnologias, para extraí-los e analisá-los. De acordo com o pesquisador, o *big data* é um fenômeno, e não uma tecnologia, é uma mudança social, cultural, é uma "nova revolução industrial, sua 4ª fase"[182].

Assim, o *big data* envolve o uso de diversos tipos de conceitos e tecnologias, como virtualização, internet, estatística, infraestrutura, armazenamento, processamento, governança, gestão de projetos e computação nas nuvens, tendo o projeto de "internet das coisas" como o futuro ideal de obtenção massificada e universal de dados.

---

[180] Lotif, M., & Coelho, A. L. (2014). *Análise comparativa do comportamento de meta-heurísticas: Uma abordagem baseada em mapas auto-organizáveis*.
[181] Amaral, F. (2016). *Introdução à ciência de dados: Mineração de dados e big data*.
[182] Ibidem, p. 12.

Só que essa nuvem não está no céu. É, na verdade, um conjunto de torres e dispositivos de armazenamento físico que se parecem com estantes de uma grande biblioteca, onde se concentram e se hospedam volumes de dados coletados; são os *data centers*. O problema surge quando lembramos que esses *data centers* são localizados e controlados por alguma empresa, privada ou estatal, com acesso restrito, em algum lugar no planeta (que não sabemos exatamente onde).

Para a coleta desses dados, entra a resolução matemática dos algoritmos — códigos de linguagem de programação computacional que seguem uma sequência lógica predeterminada — assim como uma receita de bolo, por exemplo, escritas por uma inteligência humana. Com o avanço da computação, técnicas de algoritmização procuram seguir padrões conceituais muito complexos, a fim de solucionar padrões e escolhas inteligentes pelos dispositivos maquínicos.

Em um excelente estudo sobre a complexidade técnica da computação algorítmica, Lotif e Coelho[183] afirmam que há um paralelo entre quatro algoritmos bioinspirados de cunho meta-heurístico, uma das principais técnicas de resolução lógico-matemática de problemas computacionais. São eles: algoritmo genético; evolução diferencial; otimização por enxame de partículas; e busca harmônica. A combinação dessas quatro técnicas de concepção algorítmica busca traçar perfis de comportamento e definir *a posteriori* um padrão que possibilite análise mais detalhada das similaridades/dissimilaridades entre as abordagens e sua aplicabilidade no uso das inteligências artificiais, no uso de informações de banco de dados e segmentação das aplicações digitais.

Deixemos de lado as funcionalidades profundamente técnicas da informática e computação avançada e, em consonância com nossas articulações, adentremos no que Pariser[184] afirma. Segundo o autor, cada vez mais a tela de nosso computador, celular ou *tablet* é uma espécie de espelho que reflete nossos próprios interesses, baseando-se na análise de nossos cliques feita por observadores algorítmicos da *web 3.0*. Nos primeiros tempos da *world wide web*, quando o Yahoo imperava, o ambiente *online* parecia um continente ainda não mapeado, no qual seus usuários se consideravam descobridores e exploradores. Como citei, teóricos da

---

[183] Lotif, M., & Coelho, A. L. (2014). *Análise comparativa do comportamento de meta-heurísticas: Uma abordagem baseada em mapas auto-organizáveis.*

[184] Pariser, E. (2012). *O filtro invisível: O que a internet está escondendo de você.*

cibercultura desenvolveram teses robustas sobre a flutuação da informação e a pujança otimista do ciberespaço. "O Yahoo era a taberna do vilarejo onde os marinheiros se reuniam para trocar histórias sobre os monstros estranhos e terras distantes que encontravam no mar, um ambiente de navegação com mar aberto"[185].

Hoje, com a expansão tecnológica dos *hardwares*, os limites do ciberespaço se tornaram cada vez maiores, mas não para os usuários comuns, que não possuem conhecimento técnico computacional de profundidade. Para estes, o processo torna o ambiente menor, mais restrito. A ampliação do espaço de navegação da internet é aberta e os muros que definem os ambientes de navegação estão para além do horizonte visível dos usuários comuns. Entretanto, a forma como cada um usa a internet origina bolhas personalizadas de conteúdo, que existem graças ao conjunto de regras e formulações matemáticas para executar uma tarefa ou resolver um problema, os algoritmos computacionais. "A mudança da exploração e da descoberta para a pesquisa de hoje, que tenta adivinhar a intenção do usuário, era inconcebível"[186].

Jennifer Golbeck[187], renomada cientista da computação da University of Maryland, desenvolve suas pesquisas sobre *social web* e a distribuição algorítmica de informação e dados. Afirma que a existência das bolhas digitais é preocupante e, segundo a autora, não conhecemos toda a informação existente no ambiente digital, portanto não sabemos como são aplicados os filtros que chegam a nós, usuários.

Em seu laboratório, Golbeck pesquisa a interação entre humanos e computadores, desenvolvendo a tese do comportamento de colmeia dos usuários no ciberespaço. Assim, afirma que o grande risco da distribuição algorítmica é da invisibilidade de alguns usuários sem que tomemos conhecimento do que, de fato, ocorre nessas empresas.

Apresento um exemplo prático e cotidiano para a maioria de nós. Basta pesquisar por um tênis, um livro ou aquela viagem dos sonhos. Em seguida, somos atacados com informações, notícias e promoções que envolvam essa pesquisa por um longo período e em múltiplas plataformas de empresas, muitas vezes, concorrentes. Somos bombardeados por anúncios acerca de qualquer produto que pesquisamos no Google uma

---
[185] *Ibidem*, p. 71.
[186] *Ibidem*, p. 71.
[187] Golbeck, J. (2013). *Analyzing the social web*.

única vez, *cookies* são automaticamente instalados em nossos dispositivos sem que saibamos, coletando dados sobre nossas buscas, nossos gostos, traçando um perfil de usuário.

Como afirma Golbeck, uma coisa é recebermos a indicação de um restaurante, outra é ninguém nos encontrar ou uma empresa não nos contratar porque um algoritmo definiu que não somos confiáveis, ou quaisquer outras características, adjetivos e predicados de expressão singular e temporal que atravessam a questão humana.

Em 2015, estudantes da Indiana University Bloomington publicaram um interessante estudo acerca das bolhas digitais. Nikolov, Oliveira, Flammini e Menczer[188] realizaram um estudo de medição das propriedades das bolhas sociais *online* com base na análise quantitativa desse tipo de viés social no nível coletivo, explorando um conjunto de dados massivos de cliques na *web*. Justificam a pesquisa segundo a lógica que levantamos até aqui, pois sugerem que a filtragem social e algorítmica pode causar exposição a pontos de vista menos diversos.

Segundo os autores, os resultados forneceram, até então, a primeira comparação empírica em grande escala entre a diversidade de fontes de informação alcançadas por meio de diferentes tipos de atividade *online*. Para eles, a questão de saber se nossa dependência de tecnologia para acesso à informação está fomentando a polarização e a desinformação permanece em aberto. Afirmam que, mesmo com ampla evidência, ainda não é compreensível como a tecnologia atual influencia a exposição à informação.

A dinâmica das bolhas

Eli Pariser[189], em sua tese, é categórico ao aduzir que a bolha dos filtros não está projetada para promover a diversidade de ideias ou de pessoas. Não foi feita para nos apresentar novas culturas. Como resultado, vivendo dentro da bolha, talvez percamos parte da flexibilidade e abertura simbólica criadas pelo contato com a diferença. Seguindo as pistas de Pariser, o Google parece ótimo para encontrarmos o que sabemos que queremos, mas não para encontrarmos o que não sabemos que queremos.

---

[188] Nikolov, D., Oliveira, D., Flammini, A., & Menczer, F. (2015). Measuring online social bubbles. *PeerJ Computer Science, 1*(18), 1-14.

[189] Pariser, E. (2012). *O filtro invisível: O que a internet está escondendo de você.*

Esse movimento segue a premissa de base do desenvolvimento da cibernética, quando, na década de 1950, os primeiros passos dessa nova ciência criada por Norbert Wiener estavam sendo traçados por vários setores políticos e econômicos. Lembremos que a proposta de Wiener foi aceita com o interesse em saber como explorar e controlar as condições de vida coletiva numa economia de mercado em expansão. Seguindo esse princípio, se compreendermos e prevermos os interesses de uma pessoa, estaremos mais bem equipados para influenciar e modular seu comportamento. Essa é a premissa básica da segmentação hiperpersonalizada da informação que a *web 3.0* preconiza. Pariser diz que os filtros personalizados mexem com nossas partes mais compulsivas, criando uma "mídia compulsiva" para fazer com que cliquemos mais e mais, já que a tecnologia, em grande medida, não distingue uma compulsão de um interesse geral. Na verdade, parece se ancorar em estratégias de manutenção de comportamentos compulsivos para manutenção de engajamento e ampliação da rede de publicidade no interior de suas mídias — mais à frente deste livro, refletiremos sobre isso em termos psicanalíticos.

A novidade lançada pela *web 3.0*, nisso que Pariser chama de "bolha dos filtros", está em três novas dinâmicas com as quais nunca havíamos lidado até então[190]. O primeiro fato é que estamos integralmente sozinhos na bolha. Se tomarmos como referência uma tecnologia anterior, como um canal de TV a cabo que atenda a um interesse muito específico, como, por exemplo, um canal de esportes, observamos que, mesmo que atenda uma especificidade do usuário, o canal terá outros espectadores, com os quais partilharemos um referencial. Já um canal de *streaming* como a Netflix é um exemplo de serviço segmentado que nos coloca em uma bolha de interesses personalizados, mostrando-nos cada vez mais filmes selecionados segundo nosso suposto interesse "algoritmizado" pelas nossas buscas e visualizações. Em uma época na qual as informações partilhadas são a base para a experiência partilhada, a bolha dos filtros atua como uma espécie de força centrífuga que nos afasta uns dos outros.

A segunda dinâmica é de que "a bolha dos filtros é invisível"[191]. Por exemplo, espectadores de fontes de notícias de direita ou de esquerda, geralmente, sabem que estão assistindo a um canal com determinada inclinação política. No entanto, a pauta da Alphabet-Google, como afirma

---

[190] *Ibidem*, p. 11.
[191] *Ibidem*, p. 11.

Golbeck, não é explícita; a Alphabet não nos diz quem ele pensa que somos ou por que está nos mostrando o resultado que vemos. Não sabemos se as suposições que o *site* faz sobre nós estão "certas ou erradas". Isso se aplica à formatação de todas as redes sociais e mídias de obtenção de dados da internet. Cada uma a sua maneira, todas são construídas para nos manter transitando indiscriminadamente por suas vias digitais.

Seguindo essa premissa, Pariser conclui que, por não escolhermos os critérios que os *sites* utilizarão para filtrar os diversos assuntos, é fácil intuirmos que as informações que nos chegam por meio de uma bolha de filtros sejam imparciais, objetivas e verdadeiras, diferentemente do canal de notícias políticas sobre o qual temos a certeza da inclinação. Porém, na verdade, não são. Segundo o autor, quando as vemos de dentro da bolha, é quase impossível conhecer seu grau de parcialidade.

Já a terceira dinâmica da bolha dos filtros é de que "nós não optamos por entrar na bolha"[192]. Se tomarmos a radicalidade das observações de Pariser como base, podemos inferir que, quando assistimos a um canal, tal como Globo News, ou lemos algum portal de notícias, estamos fazendo uma escolha possível sobre o tipo de filtro que usamos para tentar entender o mundo. Assim, esse tipo de comportamento é um processo ativo. Porém, se levarmos para o espaço digital, a escolha é imperceptível, afinal não fazemos esse tipo de escolha quando usamos filtros personalizados na internet. "Eles vêm até nós – e, por serem a base dos lucros dos sites que os utilizam, será cada vez mais difícil evitá-los"[193].

Ao construir a figura do "dilema das fritas enroladas", Golbeck[194] segue o pensamento acerca dos filtros afirmando que as "curtidas" em mídias sociais dizem mais do que imaginamos. Seguir alguém no X (Twitter), YouTube ou no Instagram não garante que veremos todas as atualizações feitas por aquela página ou pessoa. Da mesma forma que uma busca no Google pode mostrar resultados completamente diferentes para o mesmo perfil ou indexador, dependendo da localização ou da máquina em que a busca seja feita. Essa seleção tenta entregar ao internauta aquilo que realmente faz sentido para ele. Ou, como diz uma frase atribuída a Mark Zuckerberg; "a morte de um esquilo, na frente de sua casa, pode ser mais importante para você do que pessoas morrendo na África"[195].

---

[192] *Ibidem*, p. 12.
[193] *Ibidem*, p. 12.
[194] Golbeck, J. (2013). *Analyzing the social web*.
[195] Pariser, E. (2012). *O filtro invisível: O que a internet está escondendo de você*, p. 6.

Porém, a algoritmização parece avançar e, assim, surgem as armas de destruição matemática (*Weapons of math destruction*). Este é o título do *best-seller* lançado em 2017 por Cathy O'Neil. A autora, doutora em matemática pela Harvard University e ex-analista de dados em Wall Street, convida-nos, em seu livro, a entrar no mundo sombrio do *big data* — "*welcome to the dark side of big data*"[196]. Seguindo inquietações semelhantes às de Golbeck, O'Neil afirma que vivemos na era dos algoritmos matemáticos e cada vez mais as decisões que afetam nossa vida não são tomadas por humanos, mas sim por algoritmos. Situações como em qual universidade estudar, se podemos ou não fazer empréstimo, quanto gastamos no cartão de crédito, quais empresas receberam nosso currículo, entre outras, estão sendo atravessadas por um conjunto de dados coletados e categorizados sobre nós.

Como Pariser coloca, os algoritmos não são programados para dar uma visão geral do mundo, mas sim para aumentar o tempo de permanência e o lucro dos *sites*. Aliás, os pacotes de *cookies* e dados de uma empresa podem ser comercializados e vazados. Lembremo-nos do famoso escândalo da empresa de consultoria britânica Cambridge Analytica. A empresa esteve envolvida em um escândalo — revelado em 2018 pelo *The New York Times* — por ter tido acesso a dados pessoais de 50 milhões de estadunidenses, obtidos irregularmente por meio de quebra de criptografia do Facebook e utilizados para fins eleitorais na campanha presidencial que elegeu Donald Trump e na saída do Reino Unido da União Europeia, que ficou conhecida como *Brexit*. Portanto, pela lógica, nossa bolha digital pode ser radicalmente alterada, manipulada e vendida.

Se a lógica algorítmica segue a formalização matemática da programação computacional, do aberto e fechado, do 0 e 1, os algoritmos funcionam como receitas criadas para que computadores possam analisar uma grande massa de dados de qualquer sistema computacional em rede. Segundo o estudo de O'Neil[197], o *big data* aumenta vertiginosamente a desigualdade e é uma ameaça à democracia, pois os algoritmos se baseiam em modelos matemáticos concebidos para reproduzir padrões e leituras sociais estáticas, ou seja, reproduzir preconceitos, equívocos e vieses humanos.

---

[196] O'Neil, C. (2017). *Weapons of math destruction: How big data increases inequality and threatens democracy*, p. 13.
[197] *Idem*.

A tese central de O'Neil é a de que a programação algorítmica não descreve a realidade social tal como ela é, interferindo, modificando, expandindo ou limitando nossas oportunidades. A autora utiliza um exemplo prático muito utilizado nos Estados Unidos e que é frequentemente visto em universidades brasileiras.

Algumas universidades utilizam um sistema de cálculo algorítmico de produtividade e desempenho conhecido como "modelo de pontuação do valor agregado do professor". Assim, uma série de variáveis é coletada e organizada para gerar um resultado numérico comparável. O índice de frequência e as notas dos alunos são parâmetros-base, em que os professores ganham pontos quando seus alunos atingem melhores resultados e vice-versa, entre outras variáveis parametrizadas por cada instituição. A situação problemática acontece justamente por ninguém entender de verdade como funciona o sistema e a impossibilidade de inclusão de variáveis não matematizáveis. Para a autora, o que ocorre, de fato, é que há muito "ruído estatístico", deflagrando a inconsistência dos algoritmos, fazendo com que muitos professores percam seus empregos por não se adequarem à lógica da produtividade algorítmica ou por uma própria falha nessa tecnologia.

Ora, a sociedade que preconiza a transparência produz informação que é consumida e veiculada como produto. Entretanto, não promove a transparência no interior das empresas e dos governos que utilizam a lógica algorítmica, obscurecendo o modo como organizam os dados e interferem em nossa vida, o que parece se aproximar de uma lógica segregativa. Sigamos.

Obviamente, não temos como dissociar a prática das grandes empresas que, direta ou indiretamente, utilizam a matemática algorítmica na construção de bolhas digitais, da política socioeconômica do domínio estatal. Faltay recorre a incoerências na governamentalidade algorítmica ao relacionar a passagem do poder do domínio soberano, que "fazia morrer e deixava viver", para a regulamentação do biopoder foucaultiano, "que consiste, ao contrário, em fazer viver e em deixar morrer"[198]. A questão, segundo o autor, se desenha menos em relação ao debate sobre a abrangência e tamanho, máximo ou mínimo, do poder estatal, bandeira frequentemente levantada pela nova direita liberal, e mais no julgamento da sua eficácia na economia política do controle sobre os corpos e no domínio do *status quo*.

---

[198] Faltay, P. (2017). Vigilância algorítmica, sujeitos algorítmicos. *X Simpósio Nacional da ABCiber: Conectividade, Hibridação e Ecologia das Redes Digitais*, p. 3.410.

Regulação algorítmica

Com efeito, se somos herdeiros de uma sociedade disciplinar já em uma nova modulação de controle por meio do que Han chama de psicopoder, Faltay parece acertar quando afirma que "o mote basilar do neoliberalismo é uma cultura do medo"[199]. Afinal, já que sua legitimação se estabelece justamente na promessa de produção da liberdade, temos tanto o recrudescimento da autoridade e do poder policiador e coercitivo do estado em direção a grupos considerados potencialmente perigosos — em especial minorias raciais, étnicas, imigrantes, orientações sexuais e identidades de gênero divergentes do padrão heteronormativo — quanto a necessidade da coleta e da mais intensa transparência e conhecimento de informações para a intervenção certeira no balanceamento de assimetrias que distorçam as leis de mercado.

Ora, não seria essa mais uma possível faceta da sociedade de risco? A disposição dos domínios do ciberespaço por megacorporações privadas, localizadas em sua maioria no Vale do Silício, alavanca a economia global em face da transparência. A partir disso, a segmentação de dados parece servir de orientação para o poder policiador em uma sociedade gerida por algoritmos que tem por premissa básica a customização, otimização e consumo.

Essas são as bases do que Morozov[200] chama de "regulação algorítmica". A regulação algorítmica resulta da transferência do poder decisório de autoridades e gestores públicos para os sistemas de tomada de decisões baseados ou operados por algoritmos. Logo, se o controle dos sistemas de automação está nas mãos das empresas privadas, o acesso democrático parece se tornar inviável. Afinal, a transparência da sociedade não acessa o viés algorítmico por trás das empresas que os dominam. Marca de um sistema econômico ditado pelo neoliberalismo que tem como premissa um discurso apolítico.

Em um panorama, não é contradição, portanto, aproximarmos as racionalidades neoliberais e neoconservadoras segundo a marca comum observada por meio de uma propensa desvalorização da autonomia política em três níveis característicos: (1) a produção da figura do consumidor cidadão disponível para um alto nível de governança e autoridade; (2) a transformação de problemas políticos em problemas individuais

---

[199] *Ibidem*, p. 3.410.
[200] Morozov, E. (2018). *Big tech: A ascensão dos dados e a morte da política*.

solucionáveis pelo mercado; e, por fim, (3) a validação de uma espécie de estatismo sem Estado. Características sintomáticas daquilo que Morozov diagnostica como a morte da política.

Outras controvérsias recentes do domínio político estatal e da regulação algorítmica nos chamam atenção. Recordemo-nos das denúncias feitas sobre a banalização da violência por meio do programa de uso de *drones* pelo governo estadunidense. Em 31 de março de 2017, *The New York Times*[201] noticiou a ação ajuizada pelo ex-chefe da sucursal da Al Jazeera em Islamabad, capital do Paquistão, Ahmad Zaidan, e do jornalista independente Bilal Kareem. Eles, juntos, entraram com uma ação judicial na corte distrital de Washington, D.C., contra o presidente Donald Trump e pessoas do alto escalão de seu governo por ambos figurarem na *kill list* do programa de vigilância *Skynet* da NSA (*National Security Agency*) — publicizado pelo WikiLeaks no caso Edward Snowden —, demandando a retirada imediata de seus nomes da base de dados da "lista da morte".

Isso mesmo, *Skynet*. A famosa empresa que começa uma rebelião das máquinas no clássico filme, estrelado por Arnold Schwarzenegger, *O Exterminador do Futuro*. Aqui, o futuro distópico em nada se assemelha com a invasão de robôs vindos do futuro. Os robôs já estão aqui e não os vemos, controles algorítmicos geridos por inteligências artificiais que servem ao interesse de um Estado controlado pela economia de mercado das *Big Techs*.

O jornalista Kareem alega ter sido o alvo — até a publicação da matéria em 2017 — de cinco ataques aéreos, que terminaram por vitimar dez pessoas, entre elas uma garota de 10 anos. Já Zaidan utiliza como base no processo documentos publicados pelo *The Intercept*[202] que revelam que o *software* americano o identificou como um membro da Al-Qaeda e da Irmandade Muçulmana.

Ambos os jornalistas atribuem a inclusão dos seus nomes na "lista da morte" ao algoritmo autodidata do *Skynet*, que teria interpretado o padrão de suas atividades profissionais, como contatos, viagens, deslocamentos a lugares de conflito e ligações, enquanto hábitos "suspeitos" e relacionados a grupos considerados terroristas.

---

[201] *Cf.* https://www.nytimes.com/2017/03/31/world/middleeast/united-states-kill-list.html.
[202] Portal investigativo de notícias responsável pelas matérias da #VazaJato no Brasil, envolvendo trocas de mensagens ilegais entre procuradores da força-tarefa da operação Lava Jato e o então juiz responsável pela condenação do então ex-presidente Lula, ministro Sergio Moro.

Outro caso emblemático foi tornado público em uma série de reportagens noticiadas no portal ProPublica nos EUA e pela UOL[203] no Brasil. A reportagem mostra, na prática, o que Cathy O'Neil denúncia. A justiça do estado americano de Wisconsin utiliza um sistema algorítmico que indica a probabilidade de uma pessoa cometer um crime ou reincidir. O algoritmo Compas (*Correctional Offender Management Profiling for Alternative Sanctions*) utiliza um questionário que é aplicado em pessoas acusadas, em que seus cálculos estatísticos e probabilísticos influenciam a tomada de decisões do Estado e na sentença do acusado.

O mecanismo teve seus resultados protestados a ProPublica apontar que pessoas negras têm 45% mais de chance de receber uma pontuação alta. Apesar de o sistema não possuir nenhuma pergunta de cunho diretamente racial, foi apontada uma gama de questões como: se a pessoa já teve algum parente condenado, se algum amigo pertence ou já pertenceu a uma gangue ou se a região em que mora/morou possui alta criminalidade. Bem, isto é suficiente para concluirmos que o viés algorítmico é claramente preconceituoso e potencialmente racista.

Sendo assim, apesar de se propagarem como imunes às tendências ideológicas humanas, casos de discriminação e preconceito dos algoritmos vão se avolumando à medida que eles passam a regular cada vez mais aspectos de nossa vida. São muitos os exemplos, como o algoritmo racista no Google que confundiu fotos de pessoas negras com macacos, e também o sistema de reconhecimento facial da Nikon que perguntou se asiáticos tinham piscado após uma foto.

Tanto as empresas quanto os programadores e desenvolvedores de sistemas afirmam que é impossível estabelecer claramente os meandros que levam à decisão dos algoritmos, já que estamos no campo do "incalculável" devido à vasta quantidade de dados e informações processadas. Em alguns casos, o argumento utilizado é de que os vieses discriminatórios estão impregnados na sociedade e os dados processados apenas os refletem e dão escala. Já em outros, há um reconhecimento de eventuais erros ou lacunas nos sistemas, porém a solução apresentada é um tanto paradoxal: aumentar o escopo de análise, reforçando e reivindicando ainda mais aspectos a serem monitorados e escrutinados.

---

[203] *Cf.* https://noticias.uol.com.br/tecnologia/noticias/redacao/2018/04/24/preconceito-das-maquinas-como-algoritmos-tomam-decisoes-discriminatorias.htm.

O'Neil defende que o objetivo do poder público é ter um sistema financeiro que não exacerbe as desigualdades atuais ou coloque pessoas em espirais de dívida. Assim, argumenta a pesquisadora, regida pela racionalidade neoliberal, a regulação algorítmica desenvolveria uma neoplasia do âmbito privado com consequente estrangulamento do debate, da esfera pública e do comum.

Dessa forma, segundo Morozov, a regulação algorítmica nos dará um regime político no qual todas as decisões serão tomadas pelas empresas de tecnologia e pelos burocratas estatais. Sua ideologia é pautada, segundo o autor, na otimização da nossa desenvoltura e resiliência individuais, afinal, com a gestão de dados e informações em uma sociedade transparente, o insucesso passa a ser responsabilidade individual. Assim, para nós, a inversão de papéis e discurso é marca dessa operação, cada um em sua bolha de meritocracia controlada.

Portanto, ao concordarmos com Periser, podemos inferir que o conjunto de bolhas individuais de filtros geridos por empresas que controlam os dados segue parâmetros estruturais de campos de domínios na internet. Logo, de bolhas a (com)domínios digitais[204]. Com isso, esferas do governo e empresas de tecnologia dominam as práticas nada ortodoxas no território digital. Com os domínios obscuros do ciberespaço, os usuários transparentes são efetivamente condominizados.

Ao ignorar a existência da bolha digital e da hipersegmentação algorítmica, muitos usuários acreditam que as informações que recebem ou atravessam sua *timeline* representam o conjunto de pensamento de todos os seus "amigos" ou perfis que seguem. O usuário pode acabar cercado por um contexto de informação específico e nem perceber isso. Ou pior, ser territorializado em muros algorítmicos que funcionam como campos de concentração digital — o que incide, aliás, na vida material e física do sujeito.

É na busca de operar uma tecnificação do mal-estar traduzida na tentativa de dominação do Real que os domínios digitais refletem o ideário tecnocientífico da cibercultura algorítmica: controlar, segmentar e dominar. De forma radical, a segmentação e a individualização seguem de maneira uniforme, universal, oferecendo objetos tecnológicos, *gadgets*, da mesma maneira que oferece objetos-informação de modo personalizado. Bem como a matematização algorítmica parece operacionar práticas de

---

[204] Apresentaremos essa ideia na terceira parte deste livro.

exclusão e segregação com base no ambiente digital. É importante frisar: "com base em". O digital está impregnado na vida material sensível, logo suas consequências também. O mal-estar na cibercultura algorítmica nos envolve em bolhas digitais dominadas pelo poder das megacorporações de tecnologia, as *Big Techs*.

Sendo assim, traremos na próxima parte deste livro uma discussão que problematiza a digitalização do laço social e as leituras psicanalíticas que aqui empreendemos sobre a hiperimersão do sujeito no digital. Para tanto, articularemos uma reflexão entre o "otimismo" científico freudiano diante das ilusões do processo civilizatório e o ceticismo lacaniano quanto aos efeitos de Real que a tecnificação discursiva da ciência produziria no sujeito. Afinal, o sujeito, o ser falante, será envolvido por esta operação?

PARTE 2

ENTRE A ALGORITIMIZAÇÃO DO LAÇO E O SUJEITO SUPOSTO DIGITAL

*"A realidade é aquilo que,
quando você para de acreditar, não desaparece."*

Philip K. Dick

"O desejo é a essência da realidade."

Jacques Lacan

Capítulo 6

O "OTIMISMO" FREUDIANO: O FUTURO, A CIÊNCIA E AS ILUSÕES DA CULTURA

O digital, como vimos até aqui, surge como uma construção técnica baseada no investimento econômico e cultural no imaginário científico cibernético e seus desdobramentos iniciados na segunda metade do século XX. Com isso, a cibercultura atualiza questões das mais variadas levantadas por Freud. Hoje, a algoritmização — como efeito discursivo da comunhão entre ciência, técnica e mercado — parece trazer novas formas de controle sobre os domínios individuais e sociais, configurando transformações no processo cultural e civilizatório.

O mal-estar estabelecido por Freud[205] está no cerne do movimento dos esforços civilizatórios e a tentativa de eliminá-lo criou recursos técnicos que visam à superação do desamparo. O investimento cultural na universalização por meio da técnica busca substitutos estéticos para o preenchimento do vazio existencial humano. Contudo, como vimos, as intervenções técnicas, ou tecnológicas, que nossa sociedade produz não eliminam o mal-estar. Longe disso, ao intervirem na humanidade com o objetivo de subjugá-lo, as tecnologias produzem angústia como subproduto de sua oferta de eliminação de sofrimento.

A busca incessante pela tecnificação do mal-estar segue, aqui, um duplo sentido na relação da humanidade com aquilo que acreditamos ser o progresso tecnocientífico. Enquanto a ciência e a tecnologia tornaram-se fortes aliadas nos esforços do processo civilizatório, passam a produzir mais uma ilusão, a possibilidade de construir uma civilização sem angústia, sem falta, sem mal-estar. As invenções e os avanços tecnocientíficos não cessam de procurar respostas aos temores da humanidade, isto é, a verdade sobre o sexo, o desamparo, a dor e a morte.

Entretanto, Freud, ao longo de sua obra, deixou claro que não compartilhava a ideia de que a ciência seria mais uma ilusão humana. Pelo contrário, Freud[206] acreditava que a tarefa da ciência seria indagar o mundo

---

[205] Freud, S. (1930/2020). *O mal-estar na civilização (1930)*.
[206] Freud, S. (1927/2020). *O futuro de uma ilusão (1927)*.

exterior, colocando o próprio humano como parte dessa investigação e limitando-se na busca demonstrativa de como o mundo se apresenta para nós em três gradientes estruturais. Assim, os resultados da ciência devem: (1) levar em consideração as consequências das características e especificidades de nossa organização, mas não ser condicionados apenas pela forma como nos organizamos; por consequência, (2) observar também o que agiu sobre essa organização; e, por fim, (3) colocar nessa equação o nosso aparelho psíquico perceptivo.

Com isso, Freud afirma conclusivamente: "Não, nossa ciência não é uma ilusão. Seria ilusão, isto sim, acreditar que poderíamos obter de outras fontes aquilo que ela não pode nos dar"[207]. De algum modo, Freud não estava equivocado, é por meio do método investigativo e da inquietação científica que nós, humanos, inventamos formas de descrever a realidade sensível e é justamente contra as "ilusões diante da verdade", ou seja, os dogmas religiosos, que Freud segue em defesa da iluminação científica. Dessa forma, o futuro promissor da humanidade percorreria o juízo da inteligência e colocaria à prova da verdade todos os processos observáveis e perceptíveis daquilo que Freud descreve como mundo interior e exterior.

O processo civilizatório e seu futuro

Assim, sigamos, portanto, a investigação freudiana sobre a ciência e o futuro, partindo de sua teorização sobre a origem do processo civilizatório e seu destino. Afinal, uma investigação em termos psicanalíticos de nossa atualidade tecnológica parte das reflexões e observações clínicas que o inventor da psicanálise descreve no início do século XX, mostrando-se de extrema importância para nosso empreendimento.

Freud se recusa a distinguir os termos "cultura" e "civilização". Aqui não estamos apenas no campo semântico, em que a recusa freudiana se resumiria em aproximação meramente terminológica, implica, na verdade, uma posição política. Esta posição se origina na importação de fonte etnográfica do debate filosófico empreendido pelos ingleses em relação à cultura, e a acepção alemã sobre civilização. Nesse sentido, seguindo a hipótese de Iannini e Tavares[208], a recusa de Freud à dicotomia

---

[207] *Ibidem*, p. 301.
[208] Iannini, G., & Tavares, P. (2020). *Para ler o mal-estar*.

dos termos é, em profundidade, recusar o *pathos* nacionalista germânico que serviria de combustível para os conflitos de 1914 e a mobilização que culminou no III Reich.

Assim, no entendimento freudiano, a civilização (que corresponde à dimensão material da vida social) e a cultura (correspondente à dimensão espiritual das instituições humanas) são articuladas entre si. Desse modo, Freud designa como cultura humana a interioridade de uma situação individual e a exterioridade de um código universal, subjacente aos processos de subjetivação e aos regulamentos das ações do sujeito com o outro.

Ao aplicar a teoria investigativa da psicanálise ao conjunto de saberes antropológicos e sociológicos, a análise cultural de um tempo se faz necessária para o caminhar da civilização. Parece ser isso que Freud sugere ao afirmar que, "quanto menos se sabe do passado e do presente, tanto mais incerto é o juízo acerca do futuro"[209]. Afinal, é difícil de avaliar como esse juízo intervém.

A gramática que circunscreve o psiquismo possui múltiplas variáveis. Estas compõem as expectativas de cada sujeito, fatores pessoais de sua vivência, as atitudes de esperança diante da vida, relacionando-se, na perspectiva metapsicológica freudiana, com o interior e exterior de cada um de nós[210]. Portanto, o homem que mostrou ao mundo a existência de um saber que não se sabe confessa que geralmente as pessoas vivem o presente de modo ingênuo e é preciso ganhar distância deste[211]. Ou seja, "o presente deve se tornar passado, a fim de fornecer pontos de apoio para se julgar o futuro"[212].

Para considerarmos as consequências do imbricamento dos sujeitos com as tecnologias e a discursividade científica contemporânea, olharemos para o passado a fim de julgar o contemporâneo, ou seja, o futuro das ilusões que Freud buscou analisar. Portanto, é necessário percorrer o arcabouço freudiano que trata de articular os processos de subjetivação como uma relação "dentro-fora" desde seu *Projeto para uma psicologia científica*, de 1895.

---

[209] *Ibidem*, p. 232.
[210] Lacan rompe com o dualismo "interior/exterior" utilizando a representação matemática presente nos objetos topológicos, demonstrando uma espécie de continuidade entre superfícies distintas. Para o francês, o interior e o exterior giram em um mesmo circuito.
[211] Fuks, B. B. (2011). *Freud e a cultura*.
[212] Freud, S. (1927/2020). *O futuro de uma ilusão (1927)*, p. 232.

Nesse trabalho, Freud[213], como neurologista de formação, esforça-se na descrição dos processos psíquicos em um arcabouço científico válido para sua época. Então, designa, desde já, como "complexo do próximo" o jogo que ocorre na emergência do humano. Freud descreve a cena em que o recém-nascido estabelece o primeiro e rudimentar laço social com o ser próximo[214], o primeiro Outro que atende seu grito de socorro, satisfazendo suas necessidades de sobrevivência: sede, fome, frio, livrando-o da morte etc. Porém, caso o bebê precisasse do outro apenas como instrumento adequado para reparar uma necessidade fisiológica, como acontece em geral no reino animal, tudo terminaria por aí. Para além da expressividade de uma demanda corporal, o grito do pequeno humano é um apelo de sentido à angústia e à impotência do desamparo original que o "projeto de ser" experimenta em sua entrada no mundo.

O pequeno ser, projeto de ser falante, é, então, introduzido no reino da linguagem, sem a qual ficaria fora da cultura. Nessa leitura, Fuks[215] afirma que uma primeira interlocução é estabelecida entre o bebê e o ser próximo que ocupa o lugar de Outro da linguagem. Esse Outro, esse ser próximo, significa e nomeia sua dor, incentiva-o a julgar e a reconhecer as excitações internas suscitadas pelas necessidades vitais com certo nível de abstração linguística, e a separá-las da fonte de excitações externas que fluem sobre si mesmo, o mundo externo. O ser falante é marcado por uma "ajuda estrangeira".

O que é estrangeiro corresponde ao não familiar, ao desconhecido, àquilo que é apreendido com horror. Entretanto, Freud descortina um paradoxo. Para o pequeno ser, o Outro é um desconhecido situado em uma relação de extrema proximidade.

Isidoro Vegh afirma que o próximo é, ao mesmo tempo, o primeiro objeto de satisfação, fonte da experiência mítica de prazer absoluto que o humano está condenado a tentar reproduzir posteriormente. Como é, também, o primeiro objeto hostil, presença estranha e ameaçadora que quebra a relação de indiferença que ele entretém com o mundo ao nascer, e única potência capaz de prestar socorro, aquele que acolhe e responde afetivamente ao seu desconforto, ordenando suas manifestações pulsionais.

---

[213] Freud, S. (1895/1990). *Projeto para uma psicologia científica*.
[214] Vegh, I. (2005). *O próximo: Enlaces e desenlaces do gozo*.
[215] Fuks, B. B. (2011). *Freud e a cultura*.

Como sugere Lacan, "o próximo é a iminência intolerável do gozo. O Outro é apenas sua terraplanagem higienizada"[216]. Esse ser estrangeiro, fora e dentro da cena, objeto ambíguo, visto que é polo de fascinação e repulsa, o outro, para Freud, constitui-se em um "estranho-familiar" — *Das Unheimliche*, no alemão, com problemas e discussões de tradução complexas em língua portuguesa.

Com isso, tanto Freud quanto os demais psicanalistas que contribuíram posteriormente ao campo teórico da psicanálise legitimam a prioridade do social na constituição do psiquismo humano e seus processos paradoxais de identificação com a imagem do semelhante. Os mesmos processos de inserção na cultura que erotizam a criança passam a frustrá-la com uma série de necessárias interdições educativas cujo objetivo é diminuir a força das pulsões sexuais e, mais tarde, impor repressões à realização das pulsões eróticas e agressivas.

Um conjunto de proibições é transmitido à criança, que, submersa na busca do impossível prazer absoluto, terá de se esforçar para encontrar, por meio do princípio do prazer submetido à realidade, a satisfação permitida pela cultura. No fim das contas, o fiel da balança econômica do psiquismo é fruto de dois processos antagônicos: um que acolhe e promove o desejo, e outro que reprime os processos da libido[217]. Daí toda sorte de formulações das várias posições de escolhe objetal, que sustenta a teoria da sexualidade, e da performatividade de gênero que estudos contemporâneos tensionam com a psicanálise, como as Teorias *Queer* e as revisões e reformulações da hipótese freudiana da predisposição bissexual inerente a todos os humanos.

Portanto, aquilo que determina a inclusão da criança na rede de normas que regem os laços sociais é, segundo Freud[218], o Supereu. Esta é a instância proibitiva que remonta à origem da cultura e compõe, com o Eu e o Isso, o aparelho psíquico da segunda tópica freudiana. Instância de dupla face, o Supereu regula o desejo e impede a dissolução dos laços sociais e, ao mesmo tempo, é responsável pelo paradoxo da consciência de culpa. Quanto maior a renúncia, mais ele se torna severo, cruel e sádico, aumentando nosso sentimento de culpa. Nesse sentido, Freud já construía as bases argumentativas para seu texto de 1927, a saber, *O futuro de uma ilusão*.

---

[216] Lacan, J. (2008b). *O seminário, livro 16: De um Outro ao outro*, p. 219.
[217] Fuks, B. B. (2011). *Freud e a cultura*.
[218] Freud, S. (1923/2011). *O Eu e o Id*.

Estejamos atentos quanto ao período histórico que o peso dessa afirmação guarda, compelindo a modernidade à organização repressiva que as observações freudianas buscavam descrever. Afinal, a vida é difícil de suportar, independentemente dos processos de ruptura da teia histórica, o desamparo permanece como a sina de todos os humanos.

Lembremos que, em 1930, Freud aponta que a fragilidade das normas que regulam as relações humanas é uma das três fontes primordiais de sofrimento. É precisamente a constituição do Supereu que rege as regras que a nossa entrada no mundo da linguagem organiza, permitindo, em outras palavras, a consistência do laço e, ao mesmo tempo, sua derrocada. Um paradoxo insolúvel e necessário.

Alguns anos antes, no trabalho de 1923, o segundo modelo do aparelho psíquico nos é apresentado — *O Eu e o Isso* —, e Freud descreve que o ideal do Eu satisfaz tudo o que se espera do "algo elevado no ser humano", ou seja, o gérmen do qual se formaram todos os sistemas religiosos e que pretendem suturar o desamparo primordial. Dessa maneira, o Supereu é transindividual, seguindo a concepção lacaniana do termo, em que esta instância é constituída menos pelas regras educativas do que pelos ideais inconscientes que as veiculam. Como coloca Fuks em termos freudianos, "isso significa que as versões inconscientes de proibições ao prazer serão sempre maiores que as do mundo externo"[219].

Nesse ponto, Freud introduziu a religião em sua análise, afinal, ao ressaltar o desamparo humano, podia vincular a necessidade de religião às experiências infantis. A religião, com a arte e a ética, está entre os bens mais prezados da humanidade, mas suas origens residem na psicologia infantil. A criança teme o poder dos pais, aqueles que incorporam o outro próximo, mas também confia na proteção deles. Por isso, ao crescer, ela não tem dificuldades para incorporar o que sente como poder parental em reflexão sobre seu lugar no mundo natural, ao mesmo tempo perigoso e promissor. Cada sistema religioso, a sua maneira, remonta e retroalimenta a forma como a cultura de seu tempo estrutura as dinâmicas sociais e como estas estão às voltas com as formações simbólicas e imaginárias do laço social, independentemente do modelo religioso, seja monoteísta, seja politeísta etc.

Sendo assim, para Freud[220], os homens inventam deuses, ou aceitam passivamente os deuses que sua cultura lhes impõe, exatamente por terem crescido com tal deus dentro de sua morada. Além de ser "verbo", ou seja,

---

[219] Fuks, B. B. (2011). *Freud e a cultura*, p. 14.
[220] Freud, S. (1927/2020). *O futuro de uma ilusão (1927)*.

estruturado com linguagem, "Deus está dentro de nós". Afinal, tal como as fantasias da criança, ao enfrentar o poder dos outros e seus próprios desejos, e seguindo a lógica das fantasias, a religião é fundamentalmente uma ilusão, uma ilusão infantil.

Peter Gay[221], na mais famosa biografia de Sigmund Freud, relata que, ao empreender sobre os sistemas de crenças, desmascarar as ideias religiosas como ilusões não é necessariamente negar-lhes toda a validade. O que interessava a Freud era o grau de influência que a origem das ideias divinas poderia manter, estabelecendo, assim, uma distinção clara entre o estilo científico de pensamento e o estilo do pensamento religioso carregado de ilusões.

Além disso, para Freud, a história demonstra largamente que, embora a religião tenha dado contribuições notáveis para a domesticação das pulsões agressivas da humanidade, ela não tem sido invariavelmente uma força civilizadora, nem sequer uma força a favor da ordem. Muito pelo contrário, com a experiência clínica, com a percepção histórica após várias guerras na Europa e em meio ao pós-guerra mundial vividos na década anterior — Primeira Guerra Mundial —, Freud observou que a religião não impedia que a maior parte da humanidade fosse infeliz em sua civilização. Para ele, existiam provas mais que suficientes de que os homens não tinham sido mais felizes em séculos anteriores, porém extremamente religiosos.

Ora, como herdeiro do Iluminismo, Freud acreditava que a religião se mostrara um fracasso, portanto talvez a ciência pudesse ser um êxito. Como analisa Peter Gay, a hipótese esperançosa de Freud diante da ciência é o complemento da crítica freudiana às ilusões passadas e presentes, em que, de fato, Freud se permitiu escorregar para um otimismo raro em sua obra.

Óbvio que Freud não era ingênuo. Apesar de seguir a ideia de ciência positivista e empirista, datada do fim do século XIX, ele sabia que a psicanálise não teria como aderir ao modelo de ciência de sua época. Assim, Freud[222] afirma que a psicanálise é um método de pesquisa, um instrumento imparcial, à semelhança do cálculo infinitesimal, que, apesar de não ter uma visão de mundo própria, valia-se da *Weltanschauung* científica. Para Freud, existem quatro visões de mundo hegemônicas em sua época: a religião, a arte, a filosofia e a ciência. Ele colocava entre esses poderes de disputa apenas a religião como um inimigo sério.

---

[221] Gay, P. (2012). *Freud: Uma vida para nosso tempo*.
[222] Freud, S. (1933/2010). *Novas conferências introdutórias à psicanálise*.

Afinal, a filosofia não se oporia à ciência, funcionando ela mesma como uma ciência, trabalhando com métodos de investigação racional da realidade, mas distanciando-se ao empreender na ilusão de que poderia produzir um desenho coeso e sem lacunas do universo. Já a arte se propõe, ela mesma, como uma ilusão, sendo quase sempre inofensiva e benéfica à humanidade. Já a religião, como expusemos, está imbricada no processo civilizatório há séculos, com uma forte influência sobre as massas, determinando um obscurantismo perante a verdade dos fenômenos da natureza.

As divindades da tecnociência

Por certo, vinculando-nos a Freud e acreditando que o método de investigação científico não é uma ilusão e que nós humanos desenvolvemos técnicas para lidar com as forças da natureza, o que podemos dizer do produto dessa equação? É aí que nos utilizamos da arte para descrever o futuro sobre o qual Freud parece ter se equivocado.

Tomemos o clássico romance de ficção científica fantástica *Deuses americanos*, de Neil Gaiman, publicado originalmente em 2001, e sua versão televisiva produzida por Bryan Fuller e Michael Green, lançada pelo canal de *streaming* Amazon Prime Video, em 2017. *Deuses americanos* é a história de uma disputa épica entre os deuses do passado e os deuses do presente. A trama se inicia com um personagem comum, Shadow Moon, um afro-americano, de classe média baixa — para os padrões americanos —, criado apenas pela mãe, que está saindo da cadeia após cumprir pena de três anos e, em meio à liberdade, perde sua esposa em um acidente de carro. O trágico início do protagonista parece revelar a natureza da trama de Gaiman, a abordagem cultural que a investigação freudiana demonstra, o desamparo humano.

Shadow, como o próprio nome sugere, busca se manter discreto, nas sombras da luz de um tempo em que tudo se transforma em espetáculo. Porém, no caminho de casa, um homem de meia-idade insiste diversas vezes em contratá-lo para serviços estranhamente suspeitos. Entra em cena Mr. Wednesday. Neil Gaiman, aqui, começa a explorar a origem das palavras que se referem a sistemas religiosos arcaicos na cultura anglo-saxônica. Afinal, trata-se do deus nórdico Wodan, Wotan, ou Odin, para quem o dia de quarta-feira é devotado na língua inglesa. Wednesday significa o "dia de Odin".

Sem ter o menor interesse nas motivações e objetivos de seu contratante, que aos poucos descobre ser, entre outras coisas, um habilidoso trapaceiro, Shadow Moon inicia uma jornada pelas regiões mais remotas dos Estados Unidos. Não só no plano físico, mas em estradas paralelas que atravessam os planos oníricos e espirituais daquele país, revolvendo as entranhas multiculturais que marcam a colonização das Américas. Ao mesmo tempo, de pouco em pouco, percebe a existência de forças antigas que há eras se alimentam da crença dos homens. E, conforme fica mais íntimo de Wednesday, é apresentado a outros velhos deuses que representam o arcabouço mitológico de vários povos, descobrindo que está em curso uma guerra.

Com a globalização e o desenvolvimento da técnica e da ciência, o futuro das antigas divindades está ameaçado e os deuses dos sistemas religiosos arcaicos passam a entrar em extinção. Mas como? Uma divindade só existe conforme o sistema de crença dos humanos. Quando uma divindade deixa de ser cultuada, automaticamente acessa a morte Real no plano divino.

Com isso, outras entidades, representantes do espírito da modernidade e da contemporaneidade, colocam-se a ocupar o lugar dos antigos deuses. Avatares do desenvolvimento tecnológico digital, das mídias de massa, do capitalismo e da digitalização crescente. Potências midiáticas conscientes que se escondem atrás do sorriso de um apresentador de TV, ou da interação com um aplicativo de *smartphone*. A única coisa que essas entidades desejam é o tempo humano sacrificado em seu altar, tal qual toda e qualquer entidade religiosa: sua existência está atrelada ao modelo de tempo de adoração e culto.

Ou seja, o sacrifício de famílias que passam horas adorando o deus Televisão. O sacrifício de jovens que passam a cultuar e adorar marcas do deus Consumo. Adoração a deidades automobilísticas e outras formas de veículos a motor. Um panteão inteiro que pretende reconfigurar a realidade divina segundo a organização de mercado, a ciência e a tecnologia. Nesta trama, temos de um lado os deuses do passado que vieram aos Estados Unidos na cultura e na crença dos imigrantes, do outro lado estão os deuses do presente, produtos do processo de massificação tecnocientífica.

A trágica jornada de Shadow resulta no encontro com criaturas mitológicas, como divindades egípcias, eslavas, de origem africana e judaico-cristã. Ao longo da narrativa, há certos capítulos independentes do enredo, que contam desde histórias sobre gênios oriundos da Arábia perdidos em Nova Iorque, a crônicas sobre pessoas em fuga da Europa para as colônias americanas, ou mesmo crianças separadas da família, vendidas como escravas. Em todos os casos, conta-se como os deuses e entidades atravessaram o oceano para serem esquecidos e substituídos pela tecnificação no Novo Mundo.

Neil Gaiman parece trazer à tona o futuro de uma ilusão que Freud pensara. Discute em forma de metáfora literária ficcional a transformação da investigação científica em uma máquina produtora de mercadoria, de uma forma discursiva de controle das crenças ou até mesmo veículo de difusão de uma roupagem neoliberal do cristianismo evangélico. Este último representado pelo crescente número de seguidores no Instagram, YouTube e X (Twitter) que perfis de personalidades da comunidade evangélica vêm alcançando, um efetivo arsenal de comunicação em massa que atinge milhões de pessoas só no Brasil, capazes de influenciar pautas sociopolíticas, como vimos nas eleições presidenciais de 2018, durante a pandemia e nas eleições de 2022.

Como afirma Fuks[223], Freud, em sua obra, esforça-se incansavelmente em identificar as manifestações do inconsciente fora do âmbito da clínica, na leitura dos fenômenos e sintomas culturais que mais chamaram atenção e mereceram sua aguda reflexão crítica. Os efeitos subversivos que marcam a psicanálise são o legado freudiano diante de um mundo que caminha, cada vez mais, na direção do apagar das diferenças e da homogeneização perversa e obscena. Assim, regidos por um narcisismo que ultrapassa o essencial à manutenção da vida, esses fenômenos vêm impondo maciçamente valores absolutos e autodevoradores à civilização, o que requer do analista abraçar com convicção seu lugar na cultura.

A visão otimista de Freud em relação à ciência não é deslocada de seu tempo. Como afirma Ulrich Beck, a visão de mundo na era moderna se baseava na chamada "fé no progresso". Uma espécie de "crença religiosa na salvação para as forças produtivas terrenas, seculares, da tecnologia e da ciência"[224]. Aqui, também, crença significa confiança em um futuro invisível. Nesse caso, na potencial capacidade dos seres humanos e de suas organizações para resolver problemas da existência com crescente precisão e eficácia.

---

[223] Fuks, B. B. (2011). *Freud e a cultura*.
[224] Beck, U. (2018). *A metamorfose do mundo: Novos conceitos para uma nova realidade*, p. 85.

Contudo, o século XX deixou claro que a ciência não traria o *a* mais de felicidade de forma definitiva. Guerras, fome, poluição, mudanças climáticas, entre tantos outros fenômenos produzidos pela intervenção técnica humana na natureza, bem como índices epidêmicos de suicídio, depressão e ansiedade nos servem de argumento. Com a chegada do século XXI, a ciência e a técnica seguem com a promessa de felicidade e a religião ganha nova força diante do nosso desamparo. Ambas, tecnociência e religião, munidas pela lógica de mercado, vendendo a sutura perfeita e personalizada para o mal-estar, o substituto ideal do Nome-do-pai, a estética divina e tecnológica de um deus. Ou seja, da verdade — basta ler a introdução do livro de Pasternak e Orsi[225] para se ter ideia de como o modelo científico positivista tenta anular a existência de outras epistemologias, outras formas de produção de ciência.

Sabemos que Freud conferia esperança em uma ciência investigativa que promoveria o esclarecimento reflexivo e interrogaria a ordem vigente, tal qual suas histéricas o fizeram no século XIX. Porém, o pragmatismo científico e técnico parece avançar na tentativa de desarmar a magia reflexiva humana, tal qual a defesa de um time de futebol tenta aplacar a genialidade e o drible de um atacante. Assim, uma pergunta retórica para a qual, obviamente, nunca teremos a resposta nos inquire: será que Freud, se hoje vivo, manteria seu otimismo em relação à ciência diante das ilusões dogmáticas religiosas?

---

[225] Pasternak, N., & Orsi, C. (2023). *Que bobagem! Pseudociências e outros absurdos que não merecem ser levados a sério.*

Capítulo 7

LACAN: ENTRE O SUJEITO, A TECNOCIÊNCIA E A AUTOMAÇÃO DOS DISCURSOS

No dia 1 de setembro de 1939, a Alemanha nazista invadiu o território polonês, dando início à Segunda Guerra Mundial. Vinte e três dias depois, o pai da psicanálise veio a óbito em decorrência de um câncer terminal. Sigmund Freud morreu em Londres, onde passou seu último ano de vida, saindo de Viena, que fora anexada por Hitler, fugindo do antissemitismo alemão.

O projeto de Hitler, entre outras coisas, estava respaldado no termo criado pelo geneticista, primo de Charles Darwin, Francis Galton: a eugenia. A ideologia de uma pureza racial e intelectual seria possível por meio de técnicas de intervenção provenientes de pesquisas científicas realizadas nos campos de concentração durante o holocausto. Para isso, os cientistas da Alemanha nazista encontram na segregação por meio da matematização, organização e algoritmização dos corpos biológicos de seres humanos a possibilidade de vitória da raça ariana.

O mês de setembro de 1939 parece ter marcado a morte não só de Freud, mas também a morte do futuro otimista que o pai da psicanálise empregava no esclarecimento científico ante as ilusões da religião. Como descreve Berardi[226], o projeto nazista atuava no corpo vivo, analógico, piloso, estriado e redondo de uma humanidade capaz de reagir de forma empática ao sofrimento dos outros, capaz ainda de solidariedade, de resistência. Por isso, o programa de Hitler foi aparentemente recusado em Stalingrado e aparentemente derrotado em 1945, aparentemente...

Ao estudar sobre a esperança do futuro que os intelectuais do século XX projetavam na ciência, o filósofo italiano Franco Berardi afirma que o projeto nazista não desapareceu da cena mundial. Ao contrário, reaparece no novo milênio com uma força ineludível.

Os alicerces do projeto nazifascista, como a hierarquia étnica e o extermínio dos inadaptados e o trabalho escravo em larga escala, foram experimentações em formas extremas do destino que hoje se apresenta

---
[226] Berardi, F. (2019). *Depois do futuro*.

necessário ao projeto de poder contemporâneo devido aos automatismos econômicos da competição. Isto é, a liquefação de um projeto de universalização discursiva que seja disseminado de forma gradual e massificada, a fim de modificar e reformatar o projeto cultural "segundo linhas fractais e passíveis de recombinação que impossibilitam a circulação de um fluxo empático"[227]. Desse modo, torna-se possível a circulação de uma substância de valor universal, a "verdade científica".

Ciência ou tecnociência?

Nesse sentido, Jacques Lacan, após ter vivido a Segunda Guerra e atento às ramificações epistemológicas da ciência de sua época, já não era tão otimista em relação ao futuro do progresso científico. Afinal, se não temos como saber o que perdemos com o progresso da ciência, não temos como avaliar o que ganhamos. Logo, para Lacan[228], não há progresso.

É importante marcar que o ceticismo de Lacan não era com a ciência de modo geral, mas sim com o modelo tecnicista da ciência que, como projeto, pretende produzir um discurso totalizante sobre a verdade. É justamente sobre a relação que a ciência mantém com a verdade que Lacan dedica boa parte de seu empreendimento intelectual em refletir sobre o objeto de estudo da psicanálise, aquilo que chamou de "sujeito do inconsciente".

Se Lacan não era otimista diante da ciência, tampouco podemos considerá-lo pessimista. Afinal, é impensável que a psicanálise como prática, que o inconsciente como descoberta, houvesse tido lugar antes do nascimento da ciência[229]. Portanto, foi precisamente em nome do prestígio que à ciência era conferido, no fim do século XIX, que Freud foi procurado por seus pacientes.

Então, no texto da aula inaugural do seu seminário de 1965, na École Normale Supérieure, sobre *O objeto da psicanálise*, Lacan[230] apresenta a relação entre o saber, a ciência, o sujeito e a verdade. Nesse texto, intitulado "A ciência e a verdade", publicado em seus *Escritos*, Lacan recorre aos textos freudianos da segunda tópica para mostrar que os termos Eu, Supereu e Isso não introduzem uma reformulação no aparelho psíquico, mas, na verdade, uma retomada da experiência segundo uma dialética

---
[227] Ibidem, p. 86.
[228] Lacan, J. (1992). *O seminário, livro 17: O avesso da psicanálise*.
[229] Lacan, J. (1998a). *A ciência e a verdade*.
[230] Idem.

que nos permite, valendo-nos da lógica, formular que o sujeito é tomado por uma divisão constitutiva. Uma divisão experimentada como divisão entre o saber e a verdade.

Seguindo a construção lacaniana, a lógica bem cabe ao pensamento dessa divisão. Com isso, "é a lógica que aqui faz às vezes de umbigo do sujeito"[231], sendo a lógica ligada às contingências de uma gramática que a expressa. Nesse sentido, a lógica moderna segue a consequência estritamente determinada de uma tentativa de suturar o sujeito da ciência, mostrando seu fracasso nessa empreitada. Ou seja, a justa posição e equivalência entre o saber da ciência e a verdade do sujeito é impossível. Como infere Marc Darmon[232], a construção lógica fornece o modelo de como produzir uma escrita do impossível, permitindo assim que Lacan avance na conceituação do impossível não mais como contrário do possível, mas como oposto do possível, o Real.

Equivale aqui dizer que o sujeito em evidência é correlato ao da ciência, porém correlato oposto, já que "a ciência se mostra definida pela impossibilidade do esforço de suturá-lo"[233]. Portanto, o sujeito está em uma exclusão interna ao objeto da ciência.

Ora, ao descrever cientificamente um fenômeno, seja físico, seja químico, biológico, neurológico ou qualquer um que seja, é preciso utilizar uma formalização lógico-gramatical para que seja possível correlacionar o objeto — ou seja, o fenômeno — com a qualificação categórica correspondente. É possível, então, a partir daí, reduzir a formalização lógica gramatical à correlação dos valores perceptivos em uma lógica combinatória numérica por meio da matemática dos significantes.

Essa nossa observação não é apenas baseada na percepção analítica de Jacques Lacan. Também é situada na diagramação científica que, como expusemos no capítulo anterior, atravessa o investimento intelectual desde o pós-Segunda Guerra, principalmente com o advento da cibernética, em 1947, com total influência na disputa bélica — ou seja, a Guerra Fria e os demais conflitos internacionais que se seguiram —, bem como nos processos de gestão que vemos hoje em dia, atingindo níveis de gestão radicais como nas ciências atuariais e no *data science*. Quer dizer, a busca de uma técnica que forneça controle, automação, probabilidade, previsibilidade e gestão de riscos.

---

[231] *Ibidem*, p. 875.
[232] Darmon, M. (1994). *Ensaios sobre a topologia lacaniana*.
[233] Lacan, J. (1998a). *A ciência e a verdade*, p. 875.

Assim, ao afinar e reduzir o fenômeno a padrões visíveis e observáveis, seja gramatical, seja matemático, a ciência não está se relacionando com a verdade, mas construindo um método — uma técnica de saber — que exclui o núcleo do sujeito da operação. Dessa forma, Lacan[234] afirma que a posição da psicanálise segue um dentro ou fora da ciência, uma extraterritoriedade científica, assim como a topologia demonstra com a garrafa de Klein.

Figura 1 - *Garrafa de Klein*

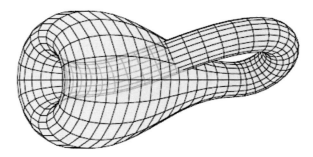

Nota. Adaptado de *Jean-Paul Brasselet* [Imagem], 2016, Research Gate (https://www.researchgate.net/figure/Figura-29-A-garrafa-de-Klein_fig8_310235221).

Portanto, o objeto da psicanálise não é outro senão aquilo que Lacan expunha sobre a função que nela desempenha o objeto *a*. É preciso esclarecer que o objeto de estudo da psicanálise não é o objeto *a*, mas a relação do sujeito dividido entre saber e verdade com esse objeto outro, do francês "*autre*". Com isso, a relação que o sujeito mantém com o objeto "causa de seu desejo" é uma relação de aproximação e repulsa, envolvido nas relações afetivas que a discursividade dominante segue na estruturação linguística do inconsciente como causa.

Já que o objeto *a* traz a marca da falta de objeto que a pulsão ($\$ \Diamond D$) porta, há uma constante familiaridade, sempre estrangeira, que permeia todo arrolamento humano, que mantém a relação do sujeito do inconsciente com o outro idealizado, o grande Outro. Esse objeto *a* é justamente um dos principais conceitos da obra de Jacques Lacan. Tal conceito lacaniano surge para demonstrar, pela lógica, aquilo que se perde na operação de linguagem em sua apreensão da verdade.

---

[234] *Idem.*

Em resumo, o inconsciente lacaniano, em sua primeira formulação, é estruturado como linguagem. Somos seres falantes porque somos causados a falar, assim como o erro do *cogito sum* cartesiano: "penso, logo existo". O que Lacan percebe ao afirmar que o inconsciente descoberto por Freud é linguagem é que não somos, no entanto, causa de nós mesmos. Ou seja, evidencia-se que o próprio *cogito* não é falado senão apoiando-se na causa, e essa causa acontece em um campo "êxtimo" ao interior do sujeito causado a pensar e falar. É preciso que exista um outro, tomado como objeto, que de tudo-não-diga, fazendo semblante de falta-a-ser, para que então sejamos causados a "algo-dizer", "de-falasser".

Parece complexo — porque, de fato, é —, mas não é tão complexo assim. Todo humano precisa, para acessar os símbolos, signos e significados com os quais nos comunicamos e transmitimos a cultura, de um outro que promova o acesso à linguagem. Tal acesso se dá por meio dos primeiros movimentos de nomeação e classificação das imagens que acessam o sistema de percepção do pequeno bebê — tomando a voz e o olhar como objetos — e irão compor a realidade particular deste, que, em termos lacanianos, chamamos essa realidade particular de fantasia ($\$ \lozenge a$).

Isso quer dizer que, ao falarmos, não descrevemos a verdade, o universal, o todo, nomes que Lacan utiliza para descrever o Real. Quando falamos, estamos falando de um saber sobre uma realidade particular e mediada por uma lente muito específica, a lente da fantasia, que utiliza o sistema universal da linguagem, com suas regras gramaticais, axiomas, verbos, predicados, substantivos etc. Nessa operação de linguagem, algo sempre escapará a possibilidade de representação simbólica, por isso Lacan utiliza do objeto *a*, como letra, para formular a queda do total acesso à verdade. Em última instância, o que a psicanálise de Lacan nos ensina é que o outro (a) causa o sujeito ($\$$) a falar, não existe "indivíduo", já que todos somos atravessados pela limitação do sistema significante de representação da realidade. Aos que se interessarem e quiserem saber mais sobre as formulações epistemológicas que sustentam a construção científica lacaniana, sugiro a leitura de alguns trabalhos de Alfredo Eidelsztein, como *A origem do sujeito em psicanálise* (2020) e *Outro Lacan* (2023).

Aqui nos arriscamos ao campo da abstração linguística em uma formulação que pode dimensionar um mal-entendido. Como Lacan observa, "as pessoas não se veem como são, e menos ainda ao se abordarem sob as máscaras filosóficas"[235]. Isso quer dizer, tomando o pensamento lacaniano, que tudo que há por dizer da verdade, da única verdade possível, é que não existe metalinguagem, ou seja, que nenhuma linguagem pode dizer o verdadeiro sobre o verdadeiro, uma vez que a verdade se funda pelo fato de que se fala, e não dispõe de outros meios para fazê-lo.

Isso nos lembra a formulação lógica do matemático Bertrand Russell ao pensar o paradoxo dos catálogos, conhecido como o paradoxo de Russell. Para o matemático, a linguagem pode muitas vezes encobrir distinções lógicas decisivas e, portanto, era preciso empreender sobre a máxima entre a lógica e a matemática para revolucionar o pensamento lógico-científico estabelecido desde Aristóteles, há mais de dois mil anos.

O problema é que Russell se deparou com o paradoxo que a noção classificatória demonstrava. A impossibilidade de total redutibilidade que empurrava o raciocínio a um *looping* paradoxal. O paradoxo de Russell consiste no seguinte problema:

> Imagine uma biblioteca que, além de suas estantes de livros, possui dois catálogos. O primeiro lista todos os livros que se referem a si mesmos – por exemplo, "como mencionado anteriormente no capítulo 2". O segundo catálogo lista todos os livros da biblioteca que não se referem a si mesmos. Em que catálogo seria listado o segundo catálogo? Se for listado em si mesmo, torna-se imediatamente um livro que se refere a si mesmo. Mas não pode ser listado no primeiro catálogo porque não se refere a si mesmo.[236]

Assim como não existe Um catálogo que consiga catalogar todos os catálogos sem catalogar a si mesmo, não existe uma linguagem que represente a linguagem fora do campo da linguagem. Portanto, o que nos interessa é a possibilidade de perceber que o núcleo de nós mesmos é posto em interação discursiva em um laço com o outro, preservando aquilo de verdade como causa. Por isso, Lacan[237] afirma que, da verdade como causa, a ciência não quer-saber-nada. Ou seja, do sujeito a ciência não quer saber.

Para Lacan, a ciência exerce uma "foraclusão" da verdade, uma exclusão interna. Isso quer dizer que a incidência da verdade como causa na ciência deve ser reconhecida sob o aspecto da formalidade causal. O que, para a psicanálise, ao contrário, segue uma formalidade material. Essa causa material é o que Lacan descreve como a forma de incidência do significante separado do signo que representa sua significação. Ou seja,

---

[235] Lacan, J. (1998a). *A ciência e a verdade*, p. 883.
[236] Strathern, P. (2003). *Bertrand Russell em 90 minutos*, p. 13.
[237] Lacan, J. (1998a). *A ciência e a verdade*.

o signo que representa o sexo existente do parceiro, seu signo biológico, não representa a verdade da posição sexual do sujeito — esta inacessível até para o próprio sujeito pelos mecanismos inconscientes. Daí pontos de ancoragem teórico-reflexiva para se pensar gênero em psicanálise, apesar de toda problemática que esse tema cause aos psicanalistas.

Aqui, encontramos o cerne da questão. Lacan formula que um sujeito ($) é veiculado pelo significante (S1) em sua relação com outro significante (S2). Devendo ser severamente distinguido tanto do indivíduo biológico quanto de um psicologismo classificável como objeto de compreensão. Com isso, a marca de um vazio que resta dessa operação incide no que Lacan teoriza sobre o objeto *a*. Essa teoria do objeto *a* é necessária para uma integração correta da função, no que concerne ao saber e ao sujeito, da verdade como causa.

O problema segue: a ciência, ao lidar com o Real, dele não quer saber. Isto é, os campos científicos que surgem da formulação epistemológica no fim do século XIX e no início do século XX são permeados de sistemas classificatórios que "foracluem" o sujeito da operação construindo uma realidade que não descreve o Real. O imperativo categórico da ciência é a busca de uma teoria que a tudo descreva, de uma técnica que a tudo controle. Nesse sentido, o Real lacaniano ganha sua força ao demonstrar essa falha na própria estrutura do discurso que se vincula à ciência, ou melhor, à tecnociência.

Lacan aponta que o discurso que opera a verdadeira ciência é a posição da histérica que questiona o saber como verdade instituído pelo mestre. Seguindo o pensamento de Lacan, o discurso que a ciência opera é tecnocientífico. Portanto, ao afirmar que apreender a verdade é impossível, Lacan[238] lança mão da relação indissociável entre verdade e gozo como aquilo que é impossível de ser tomado sob as rédeas da cultura. Assim, o que a ciência realiza é a formulação de um discurso, que constrói um saber possível sobre algo da verdade impossível que o próprio objeto porta.

Tecnificação do laço

Lacan, em seu seminário de 1969-1970[239], apresenta quatro fórmulas, ou matemas, de discursos que compõem a organização da cultura no laço social. São eles: o discurso do mestre, do universitário, da histérica

---

[238] *Idem.*
[239] Lacan, J. (1992). *O seminário, livro 17: O avesso da psicanálise.*

e do analista. A topologia dos discursos fundada por Lacan, iniciada no seminário 16 e exposta no 17, está marcada pela correlação entre saber e verdade, acrescentando um novo elemento, o gozo.

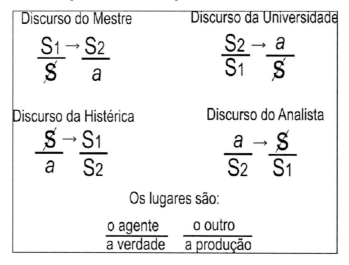

Figura 2 - *Fórmula dos quatro discursos do laço social*

O conceito de gozo em Lacan aparece muito antes, ganhando centralidade em sua obra a partir do seminário sobre *A ética da psicanálise*[240], entre 1959 e 1960. Surge para dar conta de uma insuficiência linguística em relação ao paradoxo em que as modalidades de satisfação do sujeito se apresentam. Por exemplo, aquilo que é sentido na consciência como satisfação pode ser tomado pelo inconsciente como insatisfação e vice-versa.

No Direito, gozo remete à noção de usufruto, de desfrute da coisa como um objeto de apropriação. Ou seja, pode-se gozar legitimamente apenas daquilo que se possui, e, para possuí-lo plenamente, é necessário que o outro renuncie às suas pretensões sobre esse objeto[241]. É dessa aproximação da psicanálise com o campo do Direito que a concepção lacaniana de gozo é tida como uma experiência da qual nos defendemos, não obstante ser uma experiência impossível. Acontece que, apesar de nos defendermos dessa experiência, a clínica demonstra que também buscamos aperitivos de satisfação que estão no nível do Outro, aquele

---

[240] Lacan, J. (2008d). *O seminário, livro 7: A ética da psicanálise.*
[241] Braunstein, N. (2007). *Gozo.*

que tem total acesso ao gozo que não possuímos. Em resumo, o gozo aponta para a pulsão de morte, para o excesso, o traumático, a angústia, o objeto *a*, para o Real.

Não é nossa pretensão aqui trabalhar as minúcias do conceito de gozo, mas é necessário trazer essa introdução para melhor compreendermos sua função nos discursos em Lacan. Esses discursos são posições operacionais de linguagem que funcionam como forma de aparelhamento social do gozo, trazendo em sua estrutura uma impossibilidade marcada precisamente pela presença inarredável do objeto *a* — visto que, de acordo como se articulam o saber, a verdade e o Real do gozo, temos um tipo de discurso específico[242].

Ora, partamos então da seguinte reflexão: se observamos que a tecnociência esteve presente nos ideais obscenos do discurso totalitário do nazifascismo; se percebermos que a resposta a essa obscenidade foi o investimento intelectual científico marcado pela pretensão da cibernética em buscar uma técnica matemática que retirasse as variáveis humanas da administração política; se, somado a isso, considerarmos que tal projeto visa à produção de uma linguagem automática que preveja os comportamentos humanos; temos, portanto, a formação de uma potência discursiva na centralidade do projeto.

Desse modo, para nossa investigação, torna-se necessária a exposição da construção lógica conceitual lacaniana dos discursos que operam o laço social. Estes que a técnica busca eliminar. Os discursos lacanianos, portanto, guardam as impossibilidades já anunciadas por Freud[243], pois é impossível governar, educar e analisar. A conclusão disso é que, quanto mais o sujeito se encaminha pelo lado da verdade, mais ele se torna siderado por ela. O que fica em evidência é o poder dos impossíveis em cada discurso, os quais Lacan[244] configura como o impossível governar do mestre, o impossível educar do universitário, o impossível fazer desejar da histérica e o impossível analisar do analista. Quanto maior o compromisso de um discurso com a verdade, mais ele se torna impossível. O discurso só se sustenta como possível na qualidade de semblante, como brincadeira de faz de conta dizer toda verdade, impondo ao humano a necessidade de a ele se submeter pelo semblante[245].

---

[242] Danziato, L. J. (2015). Saber, verdade e gozo: Da função da fala à escritura. *Tempo Psicanalítico*, 47(2), 208-224.
[243] Freud, S. (1937/2018). *Análise terminável e interminável*.
[244] Lacan, J. (1992). *O seminário, livro 17: O avesso da psicanálise*.
[245] Erlich, H., & Alberti, S. (2008). O sujeito entre psicanálise e ciência. *Psicologia em Revista*, 14(2), 47-63.

Como expõe Danziato, "com a linguagem não apenas se comunica, mas com ela se goza"[246]. Para o autor, em psicanálise, o campo da significação esteve atrelado às suas possibilidades e impossibilidades de sentido, mas fundamentalmente à sua incompletude e aos efeitos de gozo que daí decorrem. O gozo está sempre demonstrando a impossibilidade de um acordo significante ou mesmo semântico entre os seres falantes. Falta sempre um significante no Outro, que possa representar o sujeito e fornecer a ele um saber. É então nesse impasse que surge a possibilidade de entrada do sujeito no campo da linguagem. O sujeito precisa obter uma diferença, pois só se constitui ao se subtrair dessa submissão ao Outro, fazendo uma função de falta. "Aqui comprovamos o contraponto da máxima popular, constatando que 'quem se comunica também se trumbica', porque desconhece exatamente o patamar onde a interrogação ao desejo do Outro e a demanda do Outro se apresentam"[247].

É seguindo essa lógica que Lacan[248] faz uma retomada à clínica freudiana, retornando a Freud pelo avesso. A noção de discurso desenvolvida por Lacan vem constituir-se em uma condição que se especifica por ser um artefato não imposto ou abstraído de qualquer realidade, "é o próprio discurso que passa a fundar as realidades plurais do sujeito"[249]. Para o psicanalista Aurélio Souza, o laço social passa a organizar as relações que se estabelecem entre esses dois lugares, o sujeito e o Outro, em que as palavras só aparecem aí de uma maneira ocasional.

O laço social é então algo que se constitui além ou aquém das palavras, além da condição temporal e desprovido de qualquer necessidade de grupo para se firmar. "O discurso obedece a uma condição que vem fazer limite entre o Real e o Simbólico, através da noção de letra"[250].

Com isso, ao constituir os discursos do laço social como escrituras, Lacan busca ultrapassar a lógica freudiana edípica, pela qual o lugar do pai simbólico seria o operador do gozo. Os operadores são transformados em discursos, extrapolando assim a centralidade topológica do pai edípico freudiano: "se trata de coisa completamente diferente de saber se vai ou não trepar com a mamãe"[251].

---

[246] Danziato, L. J. (2015). Saber, verdade e gozo: Da função da fala à escritura. *Tempo Psicanalítico, 47*(2), 208-224, p. 213.
[247] *Ibidem*, p. 216.
[248] Lacan, J. (1992). *O seminário, livro 17: O avesso da psicanálise.*
[249] Souza, A. (2008). *Os discursos na psicanálise*, p. 110.
[250] *Ibidem*, p. 110.
[251] Lacan, J. (1992). *O seminário, livro 17: O avesso da psicanálise*, p. 117.

É uma denúncia à aderência de Freud aos ideais religiosos do pai, transpondo o mito em nome de uma estrutura topológica dos discursos. Segundo Danziato[252], para que Lacan propusesse a descolonização do Real habitado pelo pai simbólico, exigia-se a formalização de outro tratamento a ser dado ao Real, considerando a impossibilidade da significação e do sentido, revelado no dizer do aforismo: "não há relação sexual"[253], que mais tarde serviria como base para a construção da fórmula da sexuação. A redução lógica do Outro, operada no seminário *De um Outro ao outro*[254] e a consequente produção dos quatro discursos em seu seminário seguinte foi a resposta de Jacques Lacan nesse período de seu ensino.

Com isso, a construção da lógica dos discursos nos serve para entender que o laço social não é totalizante e engendra um outro que guarda a marca de um resto inacessível ao agente do discurso. Ou seja, seguindo a construção lógica do discurso do mestre e a concepção lógica de sujeito para Lacan, podemos afirmar: um significante (S1) representa o sujeito ($) para outro significante (S2). Esse segundo significante está sempre no campo do outro e dessa operação há sempre um resto (*a*), mais-de-gozar, o qual o $ não acessa pela impossibilidade que guarda essa relação. Por isso, em psicanálise, o sujeito não se confunde com o indivíduo da psicologia, muito menos com o cidadão da sociologia. O sujeito não é "só" e não é o "coletivo", mas o laço que é construído com a representação do Outro.

$$\frac{S1}{\$} \rightarrow \frac{S2}{a}$$

Nesse sentido, cada um dos quatro discursos opera uma relação específica com a verdade, o saber e o gozo. O discurso do mestre opera a dialética hegeliana do senhor e do escravo. O discurso da histérica questiona o saber do mestre. O discurso do analista, ao ocupar a posição de objeto *a*, põe o sujeito a trabalhar. E o discurso do universitário conjuga a racionalidade burocrática dos processos de regulação e gerência do saber.

---

[252] Danziato, L. J. (2015). Saber, verdade e gozo: Da função da fala à escritura. *Tempo Psicanalítico*, 47(2), 208-224.
[253] Lacan, J. (2012). *O seminário, livro 19: ...ou pior*.
[254] Lacan, J. (2008b). *O seminário, livro 16: De um Outro ao outro*.

Assim, retomando a questão, parece-nos pertinente elucidar a importância desse avanço teórico da psicanálise em nossa leitura sobre o poder da discursividade no digital, nos processos de algoritmização e, como Žižek[255] nos lembra, a nossa relação com as irrupções do Real no ciberespaço.

Portanto, "um discurso é uma escrita do impossível da relação entre o sujeito e o outro"[256] que, de forma paradoxal, organiza um laço social entre parceiros discordantes. Lacan situa o discurso como uma estrutura que ultrapassa a palavra e as relações de significação, porque estas estão diretamente atreladas à falta de significante no Outro. Danziato[257] certifica que as relações fundamentais do sujeito e da linguagem orbitam em torno do problema da correlação entre o saber, a verdade e o gozo.

Ora, o desenvolvimento tecnológico e a influência da cibercultura no avanço científico contemporâneo persegue a sutura total desse sujeito dividido. Persegue o desaparecimento do *gap* existente entre o saber e a verdade, incidindo diretamente em práticas obtusas que tecnifiquem o gozo.

A busca de uma verdade-toda centrada na visão de mundo clássica da fé moderna no progresso ainda guia a ação. "A crença no poder redentor da tecnociência, a ideia de progresso ilimitado, a inexauribilidade dos recursos naturais, a crença no crescimento econômico infinito e a supremacia política do Estado-nação"[258].

Tomemos como exemplo as guerras que se seguiram após a derrocada nazifascista em 1945. Elas não deixaram de tentar colocar em prática a intervenção tecnocientífica em corpos humanos. Tanto a invasão russa ao território ucraniano quanto a máquina tecnológica utilizada por Israel no território de Gaza nos servem de argumento. Além disso, entre os vários locais em que experimentos de tortura que não respeitavam os Direitos Humanos eram postos em prática, o mais conhecido é o "inferno de Guantánamo", local onde os EUA mantêm prisioneiros de guerra e acusados de terrorismo. Experiências de privação de sono, choques elétricos, entre tantos outros, foram vazados pela mídia no caso que envolve a agência de segurança nacional dos EUA (NSA) e Edward Snowden, ex-analista de sistemas da CIA e da NSA.

---

[255] Žižek, S., & Daly, G. (2006). *Arriscar o impossível: Conversas com Žižek.*

[256] Danziato, L. J. (2015). Saber, verdade e gozo: Da função da fala à escritura. *Tempo Psicanalítico, 47*(2), 208-224, p. 219.

[257] *Idem.*

[258] Beck, U. (2018). *A metamorfose do mundo: Novos conceitos para uma nova realidade,* p. 87.

SEGREGAÇÃO DIGITAL:
ENSAIO PSICANALÍTICO SOBRE OS EFEITOS DO ATUAL ESTADO NA INTERNET NO SUJEITO E NO LAÇO SOCIAL

O risco da liberdade digital vem à tona. Snowden descortinou algo para além dos absurdos humanos praticados em Guantánamo. Uma outra catástrofe real é percebida por meio do controle hegemônico e invisível em escala global. Dessa forma, "quanto mais completo e total é o controle global da informação, mais ele desaparece da consciência das pessoas e se torna invisível"[259].

Em contrapartida, segundo Ulrich Beck, pessoas no Vale do Silício estão convencidas de que estão promovendo não somente a distribuição de produtos, mas revoluções. O sociólogo alemão percebe o paradoxo que os "crentes na tecnociência" desprezam. Afinal, aqueles que ignoram os efeitos colaterais destrutivos dos triunfos da modernização e a crença no progresso aceleram o processo latente de destruição, intensificam-no e universalizam-no. Portanto, segundo o autor, as ameaças sociais e políticas devem ser claramente distinguidas dessa destruição e ameaça física. Por fim, analisar profundamente aquilo que chama de "sociedade de risco", uma sociedade pautada na gestão de crises. A mesma que condena a segregação nazista, mas prática às escondidas atrocidades aos Direitos Humanos — a questão palestina talvez seja a maior delas e é feita às claras, para que todos nós assistamos a ela.

Com isso, em paralelo, intervenções são realizadas por meio de técnicas que produzam uma forma de incidência discursiva capaz de falsear a impossibilidade de acesso ao gozo e a verdade no campo do outro. Como afirma Berardi, na contemporaneidade emerge um novo corpo, um "corpo digital zumbi, sem pelos, liso, modular, conectivo"[260].

O surgimento desse corpo não separa o sujeito do corpo pulsional que a linguagem porta. A intervenção não é na estrutura do sistema percepção-consciência. O surgimento desse corpo se dá na intervenção das modalidades de gozo que os discursos do laço social descritos por Lacan sustentam. Para Berardi, o corpo digital zumbi não deve oferecer nenhuma resistência à circulação da substância de valor universal tomada como verdade e torna-se incapaz de reconhecer-se como um corpo difuso, corpo genérico. A generosidade, segundo o autor, foi suprimida como inútil sentimento antieconômico. Porém, sem generosidade, a humanidade não consegue se reconhecer como pertencente ao mesmo gênero. A hostilidade e a violência se difundem ao longo de cada linha do corpo ressegmentado conectivamente, e desaparece a capacidade de resistir à totalidade antissujeito, o capital.

---
[259] *Ibidem*, p. 185.
[260] *Ibidem*, p. 86.

Se a circulação dos discursos acontece em torno da impossibilidade do tudo saber, do tudo gozar, já que a própria estrutura de linguagem tem a função de marcar na carne o Real e o gozo. A tecnociência, antes de mais nada, parece operar tentativas de invisibilizar e automatizar essa impossibilidade discursiva em um modelo político universalista, intervencionista e privado.

Capítulo 8

DA COISA AOS OBJETOS A... DOS *GADGETS* À INTERNET DAS COISAS

Lacan estava bem a par da constelação histórica da qual a psicanálise, como prática, poderia ter surgido, a sociedade capitalista. Sociedade que mantém as relações mediadas pelo acúmulo de capital e uma nova relação com o dinheiro. Aliás, é fundamentada na concepção freudiana sobre a função do dinheiro, em seus textos técnicos, que o ato de pagar o analista se faz necessário a fim de mantê-lo fora de circulação, de evitar seu envolvimento no embaraço dos afetos que estruturam a patologia do paciente. Vale lembrar que o papel do dinheiro na análise é funcionar como o impossível equivalente daquilo que não tem preço, o próprio desejo[261].

Desse modo, o que Lacan percebe no avanço de sua investigação sobre os movimentos históricos que marcam o início da década de 1970 é a modulação de um discurso que não cabe na topologia descrita nos quatro discursos que apresentamos. O objeto *a*, portanto, segue o movimento feito por Lacan da Coisa ao mais-de-gozar. Žižek[262] propõe que esse movimento é vagamente correlato à passagem do grande Outro ao pequeno outro.

Encontrando *a*-Coisa prometida

Retomando o seminário sobre *A ética da psicanálise* (1959-60), ministrado dez anos antes da exposição dos quatro discursos, Lacan[263] põe o gozo como o núcleo estrangeiro do impossível, irredutível à ordem simbólica, aparecendo como o terrível abismo da Coisa, *das Ding* freudiano. A Coisa é a matéria que compõe os heróis da tragédia grega, Édipo e Antígona. É aquilo do qual só se pode aproximar pelo ato transgressor, suicida e heroico, excluindo-se da ordenação simbólica.

---

[261] Žižek, S. (2013). *O amor impiedoso (ou: sobre a crença)*.
[262] Idem.
[263] Lacan, J. (2008d). *O seminário, livro 7: A ética da psicanálise*.

A Coisa é a descrição de um encontro com um espectro aterrorizante, o encontro com o horror e o pavor. Uma figura interessante para demonstrar esse aspecto de horror aparece no conto de Philip K. Dick intitulado "A coisa-pai"[264]. Aliás, o título é bem sugestivo. A história se passa no encontro de Charles, uma criança de oito anos, com uma versão replicada de seu pai por um alienígena que está executando um projeto de invasão planetária. Charles é o único a desconfiar que seu pai não é mais seu pai, que havia se tornado outra coisa com a mesma aparência corpórea de seu pai.

A centralidade da história vem da questão: o que fazer se a pessoa que você mais ama no mundo fosse, na verdade, um monstro? Basicamente é o processo de desidealização do Outro que a psicanálise, desde Freud, anuncia.

De forma heroica, Charles precisa enfrentar o medo para preservar a si mesmo. É a história de um garoto que, ajudado por seus amigos — lembrando o cenário de enfrentamento de outro famoso personagem, *It, a coisa*, de Stephen King —, rebela-se para lutar contra um mal inominável.

A coisa-pai é um verme alienígena que replicara o corpo de seu pai, matara-o e substituíra-o. Charles só sabe o que houve ao encontrar os pedaços do pai verdadeiro na garagem. Os objetos *a*, desprendidos do corpo, deixados pelo verdadeiro pai são os indícios do encontro com a coisa-pai. A imagem do encontro do sujeito com a Coisa. A passagem de um grande pai para um pai que deixou de existir. O objeto *a* que enoda o pai Real, o pai Imaginário e o pai Simbólico em Charles. Essa alegoria nos serve de ensejo para o entendimento da questão: a Coisa é o encontro com o traumático que passa aos pequenos pedaços de gozo sob a forma de objeto *a*.

Nos seminários que ocorreram entre 1972 e 1973, com o título *Mais, ainda*, Lacan[265] trata de outras modalidades de gozo, de *sinthoma* e de tiques que dão corpo ao gozo. Nas palavras de Braunstein[266], a enumeração dos três tipos de gozo — a saber, gozo-sentido, gozo fálico e gozo do outro — tem algo de excessivo ou de bizarro. É como a superposição de três substâncias heterogêneas, reunindo três coisas que não parecem somar-se, mas proceder de conjuntos diferentes. Assim, é do gozo, que está de acordo com a lógica, que dele fica excluído. Isso coloca toda a

---

[264] Dick, P. K. (2018). *PKD's electric dreams: Sonhos elétricos*.
[265] Lacan, J. (2008c). *O seminário, livro 20: Mais ainda*.
[266] Braunstein, N. (2007). *Gozo*.

dificuldade de apreensão com palavras de um discurso. Então, com a lógica de mercado e o capital, o encontro com o traumático é diluído em pequenos pedaços de gozo que assumem a forma dos *gadgets* com os quais as tecnologias nos bombardeiam diariamente.

Logo, os efeitos hegemônicos da modalidade discursiva que a tecnociência assume são tamanhos, podendo ser comparados apenas à revolução criada pela transição da cultura oral para a escrita na história. O universo digital é um dos efeitos técnicos dessa forma discursiva atual, seus efeitos sobre o mal-estar e o Real na atualidade podem ser uma pista sobre os rumos futuros de nossa cultura. Se tomarmos a tecnociência como causa de um discurso hegemônico na contemporaneidade, uma visão determinista ganha fôlego.

Embora possamos tomar decisões sobre como utilizar a tecnologia ou sobre quem tem ou não acesso a ela, isso não significa que no campo discursivo tenhamos muito controle sobre os avanços tecnológicos. Mais confuso ainda seria controlar os efeitos desse discurso que remodela a atividade humana e seu significado. A tecnociência não pode ser tomada meramente como auxílio à atividade humana civilizatória, mas como uma montagem de discurso que tem sua própria lógica e envolve um momento crucial para a civilização e suas formas de trabalhar com o mal-estar[267].

Badiou[268] apoia a ideia de que o século XX foi obcecado por mudar o humano e até mesmo criar um novo humano como projeto político. Entretanto, atualmente já não há mais essa preocupação com o novo humano. É paradoxal que, quando passamos a ter todo o aparato técnico, como as manipulações genéticas, o projeto do novo humano tenha caído em desuso. Badiou explica que é, pois, coerente que a condenação do projeto político prometeico (o humano novo da sociedade emancipada) coincida com a possibilidade técnica, e financeira em última análise, de mudar especificamente o humano, porque essa mudança não corresponde a nenhum projeto.

Aí se encontram os artifícios ideias para o que Lacan descreve em sua famosa entrevista no rádio publicada sob o título *Radiofonia*[269]. Lacan afirma que a lógica de mercado capitalista, sem projeto, exceto pelo escoamento de seus produtos, produzira o declínio do ideal e a ascensão do gozo ao âmago do social.

---

[267] Pinheiro, R., & Carneiro, H. F. (2013). http://pepsic.bvsalud.org/pdf/tpsi/v45n2/v45n2a11.pdf.
[268] Badiou, A. (2007). *O século*.
[269] Lacan, J. (2003). *Outros escritos*.

Sabemos que muitas intervenções passaram a ser possíveis, estudos de modificação corporal, de ajuste genético do envelhecimento, de nanotecnologias metabólicas, do desenvolvimento de estudos sobre o *upload* de consciência — a Neuralink anunciou o primeiro implante de *chip* em cérebro humano —, da imortalidade ou até mesmo a criação de superinteligências que superarão a humanidade[270]. E isso acontecerá justamente porque não é projeto, isso acontecerá no "automatismo das coisas"[271]. Assim, os próprios objetos tecnológicos passam a imergir na internet, passando a integrar toda uma rede de comunicação automatizada.

Segundo Badiou[272], vivemos a revanche do projeto científico sobre o político pela apropriação econômica da técnica, seguindo a proposição lacaniana, em que o saber científico e o mercado tornam-se aliados. O político, aqui, é descrito em seu sentido mais estrito, ou seja, quando o sujeito é convocado a assumir e escolher uma posição ética dentro da cultura, em uma conjuntura sociopolítica que a própria psicanálise assume[273].

A tecnociência convoca a uma constante avaliação sobre como o sujeito deverá responder quando chamado a assumir uma posição ética, que implique sua condição de sujeito falante, dividido entre saber e verdade, entre desejo e pulsão.

> A tecnociência, ao funcionar sob o primado da pulsão de morte, revela o que de não-humano há no seio do humano. O desenvolvimento da técnica e da racionalidade é fruto, em grande parte, da pulsão de morte modificada em sua meta de satisfação plena, isto é, o gozo do encontro com o objeto da pulsão.[274]

Lebrun[275] propõe que tais avanços tecnocientíficos colocam sistematicamente à prova as referências discursivas que fundamentam a antiga moral sexual civilizada. Ou seja, as referências entre masculino e feminino, a vida e a morte, as relações de parentesco, as diferentes formas de expressão do sexual, do gênero, a maternidade e o nascimento que sempre foram fruto do sexo em ato. Marcon[276] reforça essa ideia ao afirmar que os avanços da tecnociência e suas aplicações tecnológicas

---

[270] Bostrom, N. (2018). *Superinteligência: Caminhos, perigos e estratégias para um novo mundo.*
[271] Badiou, A. (2007). *O século*, p. 22.
[272] *Idem.*
[273] Rosa, M. D. (2016). *A clínica psicanalítica em face da dimensão sociopolítica do sofrimento.*
[274] Pinheiro, R., & Carneiro, H. F. (2013), p. 434. http://pepsic.bvsalud.org/pdf/tpsi/v45n2/v45n2a11.pdf.
[275] Lebrun, J.-P. (2008). *A perversão comum: Viver juntos sem outro.*
[276] Marcon, H. H. (2017). Os destinos do sintoma: psicanálise, ciência, religião e capitalismo. *Estilos da Clínica*, 22(3), 585-596.

revolucionaram os processos produtivos, as relações de trabalho e seu mercado, transformaram a relação do sujeito com os objetos e a própria possibilidade de reprodução humana.

A incidência de tal discurso sobre a forma como o sujeito se posiciona diante dos objetos que se apresentam à sua satisfação surge como ponto nodal de encontro do sujeito com sua finitude, no campo de sua experiência com o gozo e sua relação com a cultura. Neste sentido, o sujeito pode ser atingido precisamente em sua articulação sintomática. O sintoma deve ser tomado aqui como essa distância entre o Real e o semblante que pode sustentar o sujeito pela via da fantasia em montagens, ficções e máscaras. O sujeito, tornado tributário da verdade tecnocientífica, avança em sua paixão.

Capitalismo & tecnociência: rumo a um novo mestre

Para melhor analisarmos esta questão, é preciso que investiguemos aquele que é o discurso mestre atual, o discurso do capitalista em sua íntima afinidade com a ciência[277]. O discurso do capitalista foi formulado por Lacan[278] em uma conferência na Universidade de Milão, em 1972, com base em uma equivocação ao escrever na lousa o discurso do mestre. O quinto discurso surge em uma subversão entre a posição comum de agente (S_1) e de verdade ($\$$), impossibilitando o quarto de giro comum aos quatro discursos radicais.

Figura 3 - *Fórmula do discurso do capitalista*

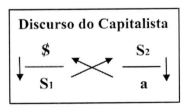

Esse "novo" discurso é o meio que contaminou a ciência no último século, tornando-a dependente do hibridismo feito de conhecimento (discurso do universitário) e suas aplicações tecnológicas (discurso do

---

[277] Lacan, J. (1992). *O seminário, livro 17: O avesso da psicanálise*.
[278] Cf. http://lacanempdf.blogspot.com/2017/07/do-discurso-psicanalitico-conferencia.html.

mestre). Como afirma Lacan, ainda em seu 17º seminário, "não se esperou, para ver isso, que o discurso do mestre tivesse se desenvolvido plenamente para mostrar sua clave no discurso do capitalista, em sua curiosa copulação com a ciência"[279].

> Alguma coisa mudou no discurso do mestre a partir de certo momento da história. Não vamos esquentar a cabeça para saber se foi por causa de Lutero, ou de Calvino, ou de não sei que tráfico de navios em torno de Gênova, ou no mar mediterrâneo, ou alhures, pois o importante é que, a partir de certo dia, o mais-de-gozar se conta, se contabiliza, se realiza. Aí começa o que se chama de acumulação de capital.[280]

Na modalidade discursiva do capitalista, pode-se considerar que o sujeito passa a ser comandado pela presença do objeto, "embora levando-se em conta a existência de certos limites"[281]. As regras e leis de mercado organizam e colocam limites nessa relação. A acepção lacaniana para o discurso do capitalista propõe que a relação do sujeito nesse discurso não mais engendra laço social com o outro, mas uma relação de retroalimentação entre desejo, gozo e objeto, modificando a relação entre saber, verdade e gozo.

Como afirma Souza, no discurso do capitalista, modifica-se a relação com a verdade. Desta maneira, como uma consequência desta propriedade discursiva, o "semidizer" natural da verdade na posição do laço é anulado e não sofre mais o efeito da divisão do sujeito. "Assim, a verdade passa a se constituir em algo potencialmente capaz de ser toda dita, de ser dita sem limites"[282].

Ora, a ciência encontra no discurso do capitalista a formulação perfeita para a execução de seu ideário, a possibilidade de acessar o impossível, de suturar o saber científico e a verdade do sujeito. Obviamente, como nos lembra Lacan[283], o saber e a verdade "com-padecem", sofrem juntos e um pelo outro. Paradoxalmente, desenvolve-se cada vez mais um conhecimento sobre os "objetos" do mundo, transformando o não saber sobre o Real do gozo, em "falta de informação". Entra em jogo a lógica individualista neoliberal e a gestão de risco.

Pois bem, é justamente o que a "sociedade da transparência" reclama, a relação com o saber e os impossíveis passa a ser abalada pela forma discursiva do capital em uma promessa de entrega da verdade. O mercado transforma o gozo em um capital *a* mais.

---

[279] Lacan, J. (1992). *O seminário, livro 17: O avesso da psicanálise*, p. 103.
[280] Ibidem, p. 169.
[281] Souza, A. (2008). *Os discursos na psicanálise*, p. 162.
[282] Ibidem, p. 162.
[283] Lacan, J. (2003). *Outros escritos*.

Deste modo, produzem-se bens de consumo, os *gadgets*, que visam ocupar o lugar de objeto *a* e se colocam como hipótese de satisfação. Já que o mercado produz uma oferta contínua e sempre renovada, fabrica-se a ideia de que um novo objeto-produto pode sempre ser melhor e entregar o *a* mais de satisfação ao substituir o anterior, abastecendo igualmente as leis do capital. Uma vez que no discurso do capitalista não há renúncia pulsional, impõe ao sujeito formas de indeterminações com a demanda, sem se dar conta de que, ao fazê-lo, sustenta a pulsão de morte.

Portanto, os *gadgets*, enquanto "objetos de gozo", proporcionam o mais-de-gozar. Lemos[284] afirma que esse movimento produz consumidores cada vez mais ávidos por comprarem aquilo que julgam preencher suas demandas. Assim, o discurso tem como consequência o consumo. São inumeráveis os exemplos de como isso funciona na prática, uma vez que as promessas se estendem para todas as direções, gerando consumidores de todos os tipos de ofertas, desde as tecnológicas, com centenas de celulares, *tablets*, televisões etc., até consumidores de "ciência", como os ávidos por correções de suas imperfeições, como no mercado dos tratamentos corporais ou a própria indústria psiquiátrica.

Lembremo-nos dos novos *Deuses americanos* produzidos pelo mercado na obra de Neil Gaiman. Neste contexto, a função das TICs pode aproximar-se ao recurso do aparato da fantasia, nisso de se estabelecerem igualmente como mediadores entre o Eu e o outro, ou seja, como uma espécie de escudo que resguarda o sujeito do outro. Porém, a clínica nos demonstra que, diferentemente dos atributos fantasísticos, as TICs reduzem o arcabouço simbólico do ser falante, não só resguardando o sujeito do outro, como impedindo seu acesso, encerrando-o em um inflacionamento imaginário.

A construção discursiva da tecnociência parece legitimar a lógica do discurso do capitalista, seja ao sustentar o estatuto de verdade, seja em seu próprio avanço. O discurso universitário, deste modo, corrobora o discurso do capitalista, já que "estamos falando do capitalismo, mas o capitalismo é, ele mesmo, condicionado pelo discurso da ciência"[285].

O capital não tem uma face, o que culmina, por exemplo, no fato de o trabalhador — que no discurso do mestre sabia ser explorado pelo senhor — agora não saber quem o explora. Cada sujeito se torna um explorador do outro

---

[284] Lemos, P. D. (2016). Amplificação do discurso do capitalista no sujeito e nos laços sociais digitais. *Psicanálise & Barroco em Revista*, *14*(1), 1-21.

[285] Soler, C. (2010). O estatuto do significante mestre no campo lacaniano. *A Peste*, *2*(1), 255-270, p. 261.

para que se tire vantagem, para que se possa acumular e, então, consumir. "Não há crise", segue o capital. Ou pior, como nos lembra Beck, a crise é pontualmente gerada como efeito colateral das práticas institucionais. Portanto, é preciso gerenciar o risco e cooptar formas de contingenciamento global.

Assim, o discurso do capitalista, em sua relação com a verdade e a linguagem no ciberespaço, alimenta a "ilusão de completude não mais com uma pessoa, e sim com um parceiro conectável e desconectável ao alcance da mão"[286]. Uma sucessão de acontecimentos inter-relacionais que podem ser alterados e modificados com apenas a disposição de um toque.

Como Žižek[287] expõe, a lógica dessa sucessão discursiva do capitalismo é, portanto, suficientemente clara: começamos com a ordem simbólica estável; prosseguimos com as tentativas heroicas e suicidas de dela sair; quando a própria ordem estiver ameaçada, forneceremos matrizes de permutações que expliquem como a revolta contra a ordem vigente é somente o operador da passagem de uma forma de laço social para outra melhor; por fim, confrontamo-nos com uma sociedade em que a própria revolta se torna sem sentido, uma vez que, nela, a própria transgressão é não só recuperada, mas diretamente solicitada pelo sistema como a forma mesma de sua reprodução.

A sociedade de mercado global do capitalismo tardio e da gestão de riscos não é, de maneira alguma, caracterizada apenas pelo domínio incontestável da abundância e da proliferação de objetos *a*. Essa mesma sociedade é simultaneamente assombrada pela perspectiva de confrontar *das Ding*, em suas diferentes formas. A ficção científica, que não é tão científica, nem tão ficcional, brinda-nos com aperitivos de possibilidades desses encontros por meio de catástrofes ecológicas, da devastação da humanidade por algum vírus desenvolvido em laboratório, da rebelião de uma consciência de máquina que subjugue a humanidade ou da colisão de um asteroide em rota com a Terra. O limite do imaginário apocalíptico é a própria linguagem.

A passagem da Coisa traumática aos pequenos pedaços de gozo proporcionados pelo apelo mercadológico dá o tom do discurso contemporâneo. Porém, nunca é inteiramente exitosa, a Coisa continua a lançar sua sombra. Portanto, a tecnociência segue sua empreitada em apagar as propriedades desse encontro, não só com os objetos *a*, mas com artifícios tentadores que a revolução digital criou.

---

[286] Quinet, A. (2012). *Os outros em Lacan*, p. 57.
[287] Žižek, S. (2013). *O amor impiedoso (ou: sobre a crença)*.

SEGREGAÇÃO DIGITAL:
ENSAIO PSICANALÍTICO SOBRE OS EFEITOS DO ATUAL ESTADO NA INTERNET NO SUJEITO E NO LAÇO SOCIAL

A internet sofreu *upgrades* até sua versão 3.0, espalhando-se em objetos como uma inteligência matemática que organiza o grande banco de dados de informações de que dispõe. Uma nova internet, uma internet interativa, a internet das coisas. O "novo" virou moda, a nova cerveja sem álcool, o novo café descafeinado, a nova política sem político, o partido Novo. O significante "novo" parece mascarar a ausência de substância, por um lado, e a conservação da antiga ordem simbólica, por outro.

Esse parece ser o caminho para a produção de um novo humano. Um humano adaptável às questões sociopolíticas do mercado. Um humano capaz de gerenciar uma sociedade de riscos. O problema de mudar o humano, de produzir um novo humano, tornou-se problema científico, ou melhor, um problema somente técnico. Não importam muito neste sentido as vantagens dos avanços tecnocientíficos, mas sua estrutura discursiva e efeitos decorrentes. As modulações discursivas provenientes da comunhão entre a técnica, a ciência e o mercado preconizam a produção, como uma espécie de mercadoria, de Um-sujeito sem substância, um novo sujeito. Será?

Como infere Berardi[288], o economicismo neoliberal produziu efeitos de mutação nas células de nossa cultura que são mais profundos do que aqueles produzidos pelo nazismo. Afinal, não atuam sobre as formas superficiais do comportamento, mas sobre o conjunto biológico, cognitivo, sobre a composição física e química da órbita social. Ora, a própria descrição do autor o coloca em contato com a matematização de tudo, a algoritmização do sujeito, a alocação segregativa das diferenças, desde a base, até a manifestação dos efeitos da linguagem.

Essas questões traduzem a formação de práticas e efeitos na circulação do laço social e nossas formas discursivas de sofrimento e sintoma que parecem definitivamente afetadas pelo digital. "Isso é tão Black Mirror" virou uma expressão cotidiana para o aparecimento de novas tecnologias que nos aproximam cada vez mais do imaginário da ficção científica.

Paradoxalmente, estamos encravados entre o otimismo da livre movimentação democrática no ciberespaço e o pessimismo da subtração subjetiva que as unidades tecnológicas infligem para além da própria noção de humanidade. É este justo e desproporcional paradoxo que nos leva ao cerne da questão levantada por Lacan em relação ao projeto da

---
[288] Berardi, F. (2019). *Depois do futuro.*

tecnociência: "como fazer para que as massas humanas fadadas ao mesmo espaço, não apenas geográfico, mas também, ocasionalmente, familiar, se mantenham separadas?"[289]

---

[289] Lacan, J. (2003). *Outros escritos*, p. 361.

PARTE 3

CONDOMÍNIOS DIGITAIS: O FUTURO DE UMA TECNOPOLÍTICA?

*"O futuro está lá... olhando para nós.
Tentando entender a ficção em que teremos nos tornado."*

William Gibson

"A verdade só pode ser dita nas malhas da ficção."

Jacques Lacan

Capítulo 9

AS FRONTEIRAS D'UM DISCURSO: SEGREGAÇÃO EM PSICANÁLISE

"Nosso futuro de mercados comuns encontrará seu equilíbrio numa ampliação cada vez mais dura dos processos de segregação"[290]. Essa frase de Jacques Lacan foi proferida em 1967, em sua famosa proposição sobre o psicanalista da Escola. De forma incisiva, essa é a primeira incursão do psicanalista francês sobre o tema. Então, o que é a segregação na perspectiva lacaniana?

No campo da psicanálise, falar de segregação implica falar em uma noção[291]. Essa noção foi apresentada por Lacan em um período de seu ensino marcado por uma virada na própria psicanálise. O diagnóstico freudiano acerca do mal-estar do humano na civilização é redobrado na perspectiva lacaniana pelas incidências do discurso da ciência moderna[292]. Então, Lacan lança mão da noção de segregação como um dos principais fenômenos ligados às consequências do movimento de universalização iniciado e instituído pela ciência.

> O discurso da ciência determina um processo paradoxal que, de um lado, efetua um "puro sujeito da ciência" que não existe em parte alguma e, por outro, faz ex-sistir, fora de seu domínio de definição e fora do universo de seu discurso, diferentes fenômenos que presentificam e suportam a protestação lógica do sujeito falante que devia foracluir por se constituir. É entre outros em torno desses fenômenos que objetam ao processo de Um-iversalização e ao Um-perialismo da ciência que vão se constituir os isolados, as concentrações, as novas repartições inter-humanas que propõe denominar efeito de segregação.[293]

Entretanto, é preciso tomar cuidado e marcar um certo distanciamento da noção de segregação em psicanálise com a utilização dessa palavra pelas ciências humanas. Fontenele, Souza e Lima[294], tomando

---

[290] Ibidem, p. 263.
[291] Fontenele, T. C. B., Sousa, L. B., & Lima, M. C. (2018). A segregação em Lacan cinquenta anos depois. *Psicologia Clínica*, 493-505.
[292] Askofaré, S. (2009). Aspectos da Segregação. *A Peste*, 345-354.
[293] Ibidem, p. 352.
[294] Fontenele, T. C. B., Sousa, L. B., & Lima, M. C. (2018). A segregação em Lacan cinquenta anos depois. *Psicologia Clínica*, 493-505.

como referência uma fala de Colette Soler, advertem-nos para o fato de que, quando Lacan falou sobre isso pela primeira vez, tal noção ainda não estava em evidência. Na década de 60, acreditava-se muito na ideia de subversão do capitalismo; assim, concluem que, talvez por isso, a perspectiva lacaniana da segregação não foi tão difundida.

O Real efeito da Um-iversalização: surge uma noção

Tomemos, portanto, o ponto de partida dessa noção. No fim da *Proposição de 9 de outubro de 1967 sobre o psicanalista da Escola*, Lacan[295] discute a questão do passe como testemunho de uma experiência de análise comunicado aos analistas da Escola. Aqui, trata-se especificamente da proposição de um instrumento que formalize a passagem de psicanalisante para psicanalista da Escola.

Antes de propor uma forma de fazê-lo, Lacan, valendo-se da topologia, indica que, no horizonte da psicanálise em extensão, ata-se o círculo interior da psicanálise em intensão — aumento de tensão —, expondo três pontos que perseguem esse horizonte. Cada um desses pontos pertence a um dos registros do nó borromeano — a saber, Real, Simbólico e Imaginário —, que indicam o atravessar da experiência de análise de forma heterotópica. Ou seja, articulam-se em condições não hegemônicas, não sobrepondo o valor de um pelo outro e muito menos se equivalendo. Vale salientar que, à época, Lacan ainda não havia descrito sua topologia do nó, que seria exposta de forma sistemática apenas em seu seminário de 1974. Porém, encontramos as estruturas da construção lógica de seu ensino já nesse período.

Assim, no registro Simbólico, encontra-se o mito edipiano. Portanto, abrir o problema da mitogênese edípica "permitiria restaurar ou mesmo relativizar sua radicalidade na experiência"[296].

Por essa ótica, Lacan segue: "retire-se o Édipo, e a psicanálise em extensão, diria eu, torna-se inteiramente da alçada do delírio do presidente Schreber"[297]. Utiliza dessa expressão para afirmar que a ideologia edipiana cumpre sua função ao que concerne à sociedade veiculada pela ciência na época de Freud, do valor da família pequeno-burguesa na civilização, e, de tal ideologia, o psicanalista deve dar testemunho de ser atravessamento.

---

[295] Lacan, J. (2003). *Outros escritos*.
[296] *Ibidem*, p. 261.
[297] *Ibidem*, p. 262.

Já no registro Imaginário, estão as identificações. Lacan afirma que, nesse ponto, as identificações imaginárias seguem ao tipo de unidade apresentada pela sociedade psicanalítica à época, que, com sua ironia e sua acidez características, parecia ser "encabeçada por um executivo de escala internacional"[298]. Ao molde dos CEOs de multinacionais que viriam encarnar o núcleo de poder do discurso do capitalista ou, de forma caricatural, a expressão estética dos "gestores de sucesso da contemporaneidade", chamados *coachings*.

A crítica segue a função. Tais identificações, traçadas pelo próprio Édipo, parecem definir a função do Pai Ideal. O que limitaria as considerações e o alcance da psicanálise em intensão. Aqui, abrindo parentes para a discussão, é curioso observarmos nos círculos das escolas de psicanálise lacaniana essa mesma postura da qual Lacan parece criticar e que Paul Preciado denuncia em novembro de 2019 acerca de uma suposta e observável postura reprodutora dos signos e imagens da pequena burguesia patriarcal heterocisnormativa, mas sobre isso trabalharemos em outro momento.

Por fim, seguindo, está o registro do Real. O fato é: a experiência mostra que o horror vem à tona com o que Lacan observa ser a "consequência do remanejamento de grupos sociais pela ciência"[299] e da universalização que ela introduz. Este ainda era um processo em construção, mas que, no horizonte que Lacan observava, apresentava-se como modelo.

Para o psicanalista francês, o que torna dizível o termo "campo de concentração" é uma violência da língua produzida pelo efeito de real que é introduzido pela tentativa da lógica científica em tudo controlar e remanejar. Afinal, sempre escapa algo à lógica. Logo, isso que escapa, que está fora da ordem, incomoda a própria organização lógica da universalização. Se há ao-menos-Um que não é *Um-iversal*, nessa lógica, é preciso retirá-lo de cena, apagando-o, invisibilizando-o, para que a hegemonia e homogeneidade do circuito de poder discursivo tenha prevalência.

O que Lacan parece indicar é que os processos de segregação que a humanidade sofreria, depois de 1967, seguiriam a lógica de mercado, aparelhada pela técnica científica, na tentativa de manter as massas humanas separadas em espaços geográficos específicos, como nichos

---

[298] *Ibidem*, p. 262.
[299] *Ibidem*, p. 263.

estruturais de controle, produção e consumo dos objetos *a* oferecidos pelo discurso do capitalista. Com isso, podemos pensar em campos de concentração de mercado para os que se encaixarem na ordem econômica do poder e figuras de extermínio para aqueles que incomodarem sua homogeneidade.

Logo, todos que estiverem submetidos à lógica de mercado estão no interior de um campo de concentração de consumo e das normas que regulem as categorias da figura hegemônica de poder, assim, de gozo. Aos que não se "enquadram", fazendo referência ao ex-presidente fascista do Brasil, "saiam ou sofrerão as consequências".

Essa é uma forte crítica que Lacan desfere aos, segundo ele, "cem psicanalistas medíocres"[300] membros da International Psychoanalytical Association (IPA) da Europa central que se "adaptaram" aos horrores do nazismo. Para ele, a "coexistência" desses psicanalistas com o circuito de horrores que assolava a geografia a qual eles pertenciam pode ser esclarecida por uma transferência e "cujo alcance é mais mascarado pelas tagarelices sobre o racismo"[301]. Com isso, o que Lacan parece alertar é: os psicanalistas da Escola devem estar atentos aos efeitos e práticas de segregação que a ciência e o mercado imporão às irrupções do Real e, não só isso, dar seu testemunho. Também afirma que "o analista está tão exposto quanto qualquer outro a um preconceito relativo ao sexo, a despeito do que lhe revela o inconsciente"[302], ciente de uma posição de advertência quanto às reproduções dos preconceitos estruturais os quais ele mesmo — ou qualquer um de nós — reproduziu.

É para os psicanalistas da Escola que Lacan apresenta pela primeira vez a breve noção que aqui estamos investigando. Como expõe Askofaré[303], o termo "segregação" não é de uso corrente e não faz parte do estatuto dos conceitos fundamentais da psicanálise. Askofaré indica que Lacan mencionou esse termo em três momentos de seu ensino: na supracitada *Proposição aos psicanalistas da Escola*, no *Pequeno discurso aos psiquiatras de Sainte-Anne*, proferido em 1967, e na sétima aula do seminário de 1970, intitulado *O avesso da psicanálise* (1992). Identificamos também mais duas menções de Lacan ao termo. Na *Alocução sobre as psicoses da criança*,

---

[300] *Ibidem*, p. 263.
[301] *Ibidem*, p. 263.
[302] Lacan, J. (1998). *Escritos*, p. 740.
[303] Askofaré, S. (2009). Aspectos da segregação. *A Peste*, 345-354.

proferida em 1967[304], e no resumo publicado no *Anuário da Escola Prática de Estudos Superiores*, em 1973. Este último trata do resumo das atividades do seminário ministrado no ano anterior, intitulado *...ou pior*[305].

Se tomarmos esses textos como indicações, seguindo Askofaré, "o tema da segregação surge no entrecruzamento de três problemáticas: o laço social e político, a instituição analítica e o passe e, enfim, o discurso da ciência e a foraclusão do sexo e do amor"[306]. Portanto, podemos dizer que há em psicanálise pelo menos dois conceitos de segregação que estão na base dessas três problemáticas: um como causa, princípio, e outro como efeito[307].

Segregação: princípio de todo discurso

O primeiro conceito pode ser estabelecido com o que Lacan discorre na sétima aula do seminário proferido em 1970 sobre o avesso da psicanálise. Lembremos que este é o seminário em que Lacan apresenta a teoria algorítmica dos quatro discursos que fazem laço social. Na aula sete, Lacan[308] afirma que a segregação é o princípio de todo discurso. O que determina a origem da fraternidade é a segregação, já que a fraternidade é o feito do significante desterritorializado. "Só conheço uma única origem da fraternidade – falo da humana, sempre o húmus –, é a segregação"[309].

É em para *Além do complexo de Édipo*[310] que Lacan retorna ao mito da horda primeva apresentado por Freud em *Totem e tabu*. Lacan aponta para a segregação não apenas como algo presente nas práticas e estratégias políticas, ou seja, como efeito político e social do discurso. Há também seu aspecto estrutural, fundamental e inerente ao humano. A segregação é a marca que carrega o princípio mesmo de todo discurso, uma articulação que opera, de acordo com Fontenele, Souza e Lima[311], uma espécie

---

[304] Lacan, J. (2003). *Outros escritos*, p. 361.
[305] Lacan, J. (2012). *O seminário, livro 19: ...Ou pior*, p. 232.
[306] Askofaré, S. (2009). Aspectos da segregação. *A Peste*, 345-354, p. 346.
[307] Fontenele, T. C. B., Sousa, L. B., & Lima, M. C. (2018). A segregação em Lacan cinquenta anos depois. *Psicologia Clínica*, 493-505.
[308] Lacan, J. (1992). *O seminário, livro 17: O avesso da psicanálise*.
[309] *Ibidem*, p. 120.
[310] *Idem*.
[311] Fontenele, T. C. B., Sousa, L. B., & Lima, M. C. (2018). A segregação em Lacan cinquenta anos depois. *Psicologia Clínica*, 493-505.

de "desnegativização" do termo. Isto é, a segregação está também no princípio e é marca fundante do ser falante, já que, em psicanálise, todo discurso produz segregação.

Ora, se a segregação está na origem de todo discurso que articula o laço social, lembremos o que Freud[312] assinala sobre o instinto gregário na formação das massas. Para ele, "o sentimento social repousa na inversão de um sentimento hostil em um laço de tom positivo"[313], com base nos processos de identificação. Portanto, o humano não é um ser gregário, mas precisa rebaixar sua agressividade para lidar com o paradoxo da angústia diante do desconhecido.

O psicanalista Fethi Benslama[314] faz duas observações interessantes sobre isso. Em primeiro lugar, a noção de gregário contém um significado pastoral, equiparando o agrupamento humano e seu governo ao dos animais. Não obstante, já temos essa aproximação no estudo de Freud sobre as duas estruturas de massas artificiais, o Exército e a Igreja. O pressuposto dessas estruturas é de que todos sejam amados igualmente por uma pessoa, a figura do líder, o pastor do rebanho. Mas, como nos lembra Freud, a exigência de igualdade fraterna vale apenas para aqueles que compõem a massa, não para o pastor. "Os indivíduos todos devem ser iguais entre si, mas todos querem ser dominados pelo líder"[315].

Nesse sentido, de acordo com Benslama, na estrutura pastoral há uma gestão integral da vida dos animais por parte do pastor, que lhes possibilita viver individual e coletivamente, o que quer dizer que há uma relação entre um "pastor-sujeito" e "animais-assujeitados". Assim, a noção de gregário supõe a passividade dos agregados.

Em contrapartida, existem aqueles que figuram entre os segregados. Estes seriam os que não se beneficiam dos cuidados prestados ao rebanho e são excluídos, abandonados da proteção do pastor. Como resultado, essa exclusão os coloca fora da dívida e, na medida em que não estão mais em dívida com ele por suas respectivas vidas, representam uma ameaça à sua soberania.

A segunda observação de Benslama é de que "a segregação, enquanto ato de separação, não é apenas o resultado de uma exclusão interna, senão condição fundamental à própria origem gregária e à formação

---

[312] Freud, S. (1921/2020). *Cultura, sociedade e religião: O mal-estar na cultura e outros escritos*. Autêntica.
[313] *Ibidem*, p. 83.
[314] Benslama, F. (2016). L'avenir de la ségrégation. *Cliniques Méditerranéennes*, 9-19.
[315] Freud, S. (1921/2020). *Cultura, sociedade e religião: O mal-estar na cultura e outros escritos*. Autêntica, p. 83.

de comunidades diferentes umas das outras", daí que "toda afirmação individual ou coletiva de identidade, qualquer que seja sua natureza ou forma, é segregativa"[316]. Ou seja, a segregação pertence à constituição totêmica, está na fundação do laço social. O totem segrega por ocupar, no grupo, o lugar de Outro.

Enfim, referimo-nos até aqui à acepção de segregação como princípio de todo discurso. Já a segunda perspectiva conceitual diz de seu efeito discursivo. "Tem relação com o laço quase exclusivo estabelecido entre a segregação e a emergência e a dominação do discurso da ciência"[317].

Ciência, técnica e segregação: por Um discurso

No *Pequeno discurso aos psiquiatras de Sainte-Anne* (aqui traduzido do espanhol, *Breve discurso a los psiquiatras*), Lacan[318] afirma que a ciência nasce da tentativa de circunscrever seu "sujeito puro" e que, seguramente, esse "sujeito puro" não existe em lugar algum, a não ser como o sujeito do saber científico. Trabalhamos essa articulação como o epicentro da discussão lacaniana na seção anterior. Afinal, é um sujeito em que uma parte necessariamente está encoberta e que se expressa na fórmula da fantasia, ou seja, que comporta a outra metade do sujeito dividido e sua relação com o objeto *a*.

Assim, segue Lacan, esse "sujeito puro", inapreensível pela estrutura desde a fundação dos discursos, tem despertado interesse sem ser conhecido por sua estrutura Real, a verdade. Mesmo que borrem as fronteiras e as hierarquias, mesmo que isso permaneça de alguma forma atenuado, quanto mais o discurso da ciência persegue a apreensão de um "sujeito puro", mais isso assume um significado muito diferente da proposta. Lembremo-nos da relação entre sujeito, saber, verdade e gozo. Ora, quanto mais a tecnociência avança, mais essa apreensão impossível se encontra submetida às transformações da ciência, "mais isto domina toda nossa vida cotidiana e até mesmo a incidência de nossos objetos *a*"[319].

Nas palavras de Lacan, "há um preço a ser pago pela universalização do sujeito, enquanto ele é o sujeito falante, o homem"[320].

---

[316] Benslama, F. (2016). L'avenir de la ségrégation. *Cliniques Méditerranéennes*, 9-19, p. 11.
[317] Askofaré, S. (2009). Aspectos da segregação. *A Peste*, 345-354, p. 346.
[318] Escuela Freudiana de Buenos Aires. http://e-diciones-elp.net/images/secciones/novedades/L-67-11-10.pdf.
[319] *Ibidem*, p. 29.
[320] *Ibidem*, p. 29.

> Isto é que, provavelmente por causa dessa estrutura profunda, os progressos da civilização universal se traduzirão, não apenas para um certo mal-estar, como já havia dado conta o senhor Freud, mas por uma prática, que vocês verão tornar-se cada vez mais extensa, que mostrará imediatamente sua verdadeira face, mas que tem um nome que, embora seja transformado ou não, sempre significará a mesma coisa e que acontecerá: a segregação. Os senhores nazistas, vocês poderiam ter por eles um reconhecimento considerável por isso, eles foram precursores, e ademais tiveram imediatamente imitadores, um pouco mais ao leste, em matéria de concentrar as pessoas – este é o tributo dessa universalização enquanto ela não resulta senão do progresso do sujeito da ciência.[321]

Assim, a preocupação de Lacan em 1967 estaria concentrada no que poderia ser dito com relação aos efeitos de segregação que seriam de níveis globais. Isso permitiria aos seus interlocutores dar uma forma diferente, ou talvez menos brutal, àquilo que veriam acontecer dali a uns 30 ou 50 anos.

Ora, trata-se de hoje! Como bem observam Fontenele, Souza e Lima, Lacan faz uma previsão precisa dos dias atuais. Para os autores, a tese lacaniana que faz da segregação, de seu desenvolvimento recente, um efeito, ou melhor, uma consequência inevitável daquilo que caracterizamos como sendo a universalização introduzida na civilização pela ciência, é traduzida em uma formulação lógica simples: "segregação, efeito de, consequência da universalização"[322].

É importante lembrar que a acepção lacaniana para o termo não se reduz às categorias sociológicas e políticas de discriminação e de exclusão. Isso porque a segregação, como efeito, é um processo histórico pertencente à mais superficial camada da estrutura sedimentar do desenvolvimento civilizatório. Acontece apenas no contexto da nossa civilização tecnocientífica na qual a universalização não passa pelo significante mestre, senão pelas leis do mercado.

Com a passagem progressiva do discurso do capitalista ao zênite da nossa civilização, nosso arranjo social ocidental e globalizado passa a obedecer a uma só lógica, um só modelo, o modelo neoliberal da técnica e do consumo. Com isso, quando se apresentam diferenças irredutíveis e resistentes, o que resta é a saída que Colette Soler chama de "espacial: cada um em seu devido lugar, ou seja, uma solução que poderíamos

---

[321] *Ibidem*, pp. 29-30.
[322] Fontenele, T. C. B., Sousa, L. B., & Lima, M. C. (2018). A segregação em Lacan cinquenta anos depois. *Psicologia Clínica*, 493-505, p. 500.

caracterizar como sendo pela via da repartição territorial"[323]. De modo que as concretas manifestações de segregação se inscrevem no espaço real e no laço com a comunidade, portanto essa inscrição não é causa, mas efeito[324].

Assim, Soler afirma que a distinção entre segregação, descriminação e exclusão se relaciona precisamente à universalização e à repartição geográfica espacial. Sobre esse tema, Fontenele, Souza e Lima aduzem que a discriminação implica uma distinção que põe em evidência a diferença entre um e outro pela via dos benefícios (ou falta deles) e das classes; no entanto, há a manutenção da convivência no mesmo espaço, a lógica do "viver com". Já na lógica da segregação, para os autores, o que está em jogo é um "viver como" o outro, mas não "com" o outro.

Nesse sentido, apesar da segregação como causa de discurso, é possível haver discriminação ou exclusão sem efeito segregativo. Temos exemplos de sociedades organizadas dessa forma na dialética hegeliana do senhor e do escravo ou na percepção marxista da divisão de classes e da mais-valia. Por exemplo, estar em um grupo, mas não pertencer a ele, não compartilhar dos mesmos pactos e de suas regras, porém pertencer ao mesmo espaço geograficamente organizado em classes que convivem. Por outro lado, como expõem os autores, em um contexto de segregação, a intolerância aumenta: há sempre uma repartição de espaços, de grupos; a prática segregativa se efetiva como produto de uma lógica discriminatória, uma discriminação operada pelo discurso da ciência.

Do efeito à prática: as figuras de segregação

A repartição espacial é a tecnopolítica do efeito de segregação. Segue o ideal da uniformização do espaço comum, criando, como produto prático dessa política, figuras que devem ser retiradas da convivência. Seguindo as reflexões de Fontenele, Souza e Lima[325], as figuras de segregação são as que, agrupadas como formas específicas, convertem-se em grupos de segregados, que são todos "uns como os outros". Portanto, a prática segue a abolição das diferenças, feita por duas vias: "primeiramente as diferenças são retiradas da convivência com o núcleo social dito comum";

---

[323] Soler, C. (1998). Sobre a segregação. Em L. Bentes, & R. F. Gomes, *O brilho da inFelicidade* (pp. 43-54), p. 45.
[324] Benslama, F. (2016). L'avenir de la ségrégation. *Cliniques Méditerranéennes*, 9-19.
[325] Fontenele, T. C. B., Sousa, L. B., & Lima, M. C. (2018). A segregação em Lacan cinquenta anos depois. *Psicologia Clínica*, 493-505, p. 500.

e, em seguida, "a criação de espaços de segregação implica que todos os que são forçosamente constituídos como figuras da segregação são iguais entre si, excluindo também as suas diferenças"[326].

Com isso, podemos nos servir da noção de segregação utilizada por Lacan, ao longo do seu ensino, para tratar dos efeitos que o discurso produz no laço. Quer seja no que diz respeito à situação de insularidade da comunidade psicanalítica, quer seja como processo resultante da política de mercado, o fato é que o tema da segregação está vinculado à tese lacaniana acerca dos ideais universalizantes introduzidos pelo discurso da ciência.

Em resumo, seguindo o gradiente lógico tomado por Askofaré[327] e apresentado por Fontenele, Souza e Lima, em psicanálise, a noção de segregação se divide em dois conceitos: *causa* e *efeito*.

A *causa* está no princípio mesmo dos discursos que estruturam os laços humanos. Portanto, todas as organizações sociais se sustentam nessa segregação fundamental e estrutural mediante a qual são constituídas.

Como *efeito*, produzem-se práticas segregativas delimitadas pela repartição espacial e o aparecimento de figuras que insistem em não seguir a lógica tecnopolítica hegemônica da determinação geográfica em que se concentram. Personagens tomados como problemáticos para a ordem sistêmica do discurso hegemônico. Aqueles que "teimam" em não se encaixar.

São muitas as figuras contemporâneas de segregação, desde as significações interseccionais do atravessamento de classe, raça e gênero, aos significantes recheados de classificações que buscam a homogeneidade de grupos, por exemplo: o autista[328], o bandido[329], o zumbi como figura do tratamento da morte na contemporaneidade[330], o imigrante[331], o trans, o homossexual, o preto, o louco, o drogadito das cracolândias[332], o "aidético"[333], bem como figuras características da partição política partidária contemporânea, como o "bolsominion", o "petralha" e o "esquerdopata" (sua adjetivação "psiquiátrica"), entre tantas outras.

---

[326] *Ibidem*, p. 501.
[327] Askofaré, S. (2009). Aspectos da segregação. *A Peste*, 345-354.
[328] Lima, M. C., Gaspard, J.-L., & Fontenele, T. C. B. (2018). O sujeito autista como figura da segregação. *Arquivos Brasileiros de Psicologia*, 113-127.
[329] Souza, L. B., Lima, A. G., & Lima, M. C. (2019). "O homem é o lobo do homem": O lugar do bandido na sociedade de risco. *Revista de Psicologia*, 105-110.
[330] Barros, L. (2020). *A politização da morte e a zumbificação da vida*.
[331] Rosa, M. D. (2016). *A clínica psicanalítica em face da dimensão sociopolítica do sofrimento*.
[332] Carneiro, H. F. (2012). Cracolândia: Hiper-realidade, droga e igualdade. *Polêm!ca*, 371-384.
[333] Carneiro, H. F. (2000). *Aids: A nova desrazão da humanidade*.

Ora, isso posto, nossa aproximação teórico-reflexiva entre a organização discursiva que orienta o digital e a noção de segregação em psicanálise ganha consistência. Afinal, o ideário cibernético é o projeto precursor das bases tecnocientíficas que alimentam o discurso do capitalista na contemporaneidade. Como vimos na primeira seção, a cibercultura constrói teias narrativas que se entranham no processo civilizatório do século XXI. O avanço da célula digital, em sua expressão técnica algorítmica, proporcionou a criação da internet; com isso, do ciberespaço; um espaço geográfico próprio que segue em atualização e interação com os espaços já existentes. As revoluções da ciência e do mercado seguem: engenharia genética, computação quântica, inteligência artificial, neurociências e novas tecnologias de informação e comunicação.

Como Žižek[334] nos lembra, o ideário tecnocientífico que propicia a criação do ciberespaço busca justamente "foracluir" o sujeito em sua dimensão corpórea, portanto sexual e pulsional. As formas discursivas tratadas pelos teóricos da cibercultura seguem aspectos da gramática política de nossos tempos, em que deveriam circular os discursos que engendram o laço social dentro do capitalismo informacional.

Nesse sentido, de acordo com Dunker[335], a consequência que se pode esperar da elevação do regime de igualdade neoliberal à condição de regra universal é o fenômeno da segregação. Ou seja, entre o fenômeno econômico do mercado comum e o fenômeno social da segregação percebido por Lacan, há uma medição adicional, representada pela anomalia do laço social prescrito pelo discurso do mestre, anomalia que Lacan chamou de discurso do capitalista, como expomos no capítulo 8.

Lembremos que, como já expomos, os matemas dos discursos sistematizados por Lacan não se reduzem a uma mera formalização. Lacan sistematiza os circuitos de circulação que enlaçam a posição do sujeito em relação ao outro diante das categorias saber, verdade e gozo. Logo, sustentamos que o digital é produção material e ideológica do discurso que, ao produzir um curto-circuito de acesso ao objeto, portanto do gozo, impossibilita o estabelecimento de laço.

Ao discutir sobre a atualidade do mal-estar no laço digital, o psicanalista e pesquisador da UFMG Márcio Rimet Nobre[336] propõe que o produto instrumental da imersão digital produza, como efeito, uma mutação no dis-

---

[334] Žižek, S., & Daly, G. (2006). *Arriscar o impossível: Conversas com Žižek*. Martins.
[335] Dunker, C. (2015). *Mal-estar, sofrimento e sintoma: Uma psicopatologia do Brasil entre muros*.
[336] Nobre, M. R. (2024). *Atualizando o mal-estar no laço digital: Da renúncia ao excesso*.

curso do capitalista. Tal mutação é efeito de um rearranjo das modalidades de acesso e giro do saber, verdade, gozo e da inequívoca relação da cultura digital com a "facilidade de acesso à informação" como falácia prometida.

Portanto, Nobre propõe um novo discurso, o discurso digital. Desde uma subversão do segundo campo do capitalista, o autor argumenta que a informação digital é um saber produto de uma nova linguagem articulada por um formato algorítmico numérico. Se o discurso do capitalista expressa a ideologia neoliberal do individualismo segundo a promessa do acesso direto ao gozo por meio do consumo, o discurso digital reforça essa estrutura. Se antes a verdade se dirigia ao saber no campo do Outro, no discurso digital a verdade está diretamente relacionada ao objeto, colocando o saber no lugar de resto.

Figura 4 - *Fórmula do discurso do digital*

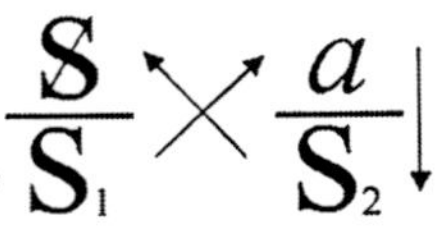

$$\left\downarrow \frac{\cancel{S}}{S_1} \times \frac{a}{S_2} \right\downarrow$$

A introdução da modalidade discursiva digital nos serve para ilustrar a modulação lógica que produz, com base na modalidade do capitalista, a segregação como técnica do nosso tempo. Seguindo essa lógica, podemos pensar que a segregação não acontece pelas tecnologias, mas, ela mesma, como prática, é uma tecnologia — uma técnica, como método científico, de controle e domínio sobre o Real, ordenada pela lógica discursiva do mercado, em forma de acúmulo e modulação de dados. Ora, não seria a segregação uma tecnologia do discurso do capitalista estendida e aprimorada mediante o digital como ferramenta?!

Valendo-nos da linha de força desse pensamento, nos capítulos seguintes, avançaremos articulando três aspectos de uma suposta "tecnologia de segregação" presente no espaço digital. Ora, se "tecnologia" está diametralmente relacionada à técnica, e se entendermos a técnica como uma aplicação prática de algo, ou a passagem ao ato de um efeito discursivo, a aproximação entre prática e tecnologia ganha força.

Ao seguir este raciocínio, a prática segue preceitos de uma política; logo, a segregação, em seu ato, pode ser entendida como uma tecnopolítica. Nesse sentido, a discursividade capitalista tem como efeito a segregação, produzindo tecnopolíticas de segregação que, obviamente, têm consequências — efeitos, portanto. Assentes nesta lógica, não confundimos efeito com prática, embora ambos girem em um mesmo circuito.

Assim, seguiremos, respectivamente, os domínios do ciberespaço e seu efeito de segregação sob a lógica discursiva que preconiza o digital, as práticas segregativas diante da intrusão do outro indesejável e, em nossa hipótese, uma figura particular produzida por meio do digital, o *deletável*. A última, em articulação com uma ilustração fílmica de episódios das séries antológicas: *Philip K. Dick's Electric Dreams* e *Black Mirror*.

Capítulo 10

DO CAMPO ALGORÍTMICO AOS CONDOMÍNIOS DIGITAIS: TECNOPOLÍTICA DE SEGREGAÇÃO

Entre todas as invenções tecnológicas criadas pela humanidade, desde a escrita, talvez a internet seja a que trouxe mais impactos em nossa cultura e civilização. A internet é constantemente representada por camadas desenhadas em um *iceberg* ou em uma cenoura. Essa representação nos serve como modelo imaginativo para pensarmos a internet em, pelo menos, dois planos: a superfície e a profundeza.

A área que disponibiliza os conteúdos que temos acesso por meio dos buscadores indexados na *world wide web* é conhecida como *surface web*, ou internet de superfície. Ou seja, o local onde são ancorados nossos perfis em redes sociais, páginas de notícias, caixas de *e-mail*, contas bancárias, portais de comércio eletrônico, revistas acadêmicas e, praticamente, tudo que temos acesso em nossos dispositivos. Essa é a internet constantemente rastreável.

Para além dos domínios da *www*, existe a *deep web*, ou internet profunda. Basicamente, toda internet faz parte do conjunto geográfico da *deep web*. Não se sabe ao exato a profundidade do universo ciberespacial para além dos domínios da *www*. Podemos fazer uma analogia utilizando o número de galáxias no universo para imaginar as possibilidades para além da internet de superfície. Com isso, a imprecisão no cálculo torna a escala do próprio cálculo impossível de determinar. Se tomarmos como referência a metáfora retirada de Shakespeare por Stephen Hawking ao representar o universo em uma brana, figurando uma casca de noz[337], podemos pensar o ciberespaço de forma semelhante. Logo, contendo parametrizações finitas e em *continuum* de expansão a um nível de complexidade que escapa à nossa descrição, não conseguimos enxergar no horizonte seus limites.

São inúmeras as possibilidades quando saímos do rastreamento dos protocolos de internet (*Internet Protocol*, ou IP) e da indexação de páginas da *surface web*. *Sites* que ficaram recentemente famosos pela

---
[337] Hawking, S. (2016). *O universo numa casca de noz*, p. 208.

criação e viralização de *memes*, como o 4chan e o 8chan, são considerados porta de entrada para o anonimato que escapa à internet indexada, portanto rastreável.

Em resumo, a *deep web* é, para além de seu conceito, na verdade, o conjunto todo do ciberespaço. Afinal, chamada de *arpanet*, a internet surgiu em 1969 como veículo de comunicação entre universidades e as Forças Armadas dos EUA. Nesse período, apenas quem tinha conhecimento técnico profundo acessava o canal de comunicação restrito para empresas e instituições governamentais. Lembremos que foi só 1989 que Tim Berners-Lee criou a *world wide web* e os primeiros parâmetros de indexação para a criação, desenvolvimento e popularização da superfície da internet, a *web*, *web 2.0* e, atualmente, a *web 3.0*, ou "*web* semântica". Logo, a *www* circunscreve parâmetros de fluxo e controle de protocolos de dados na própria internet profunda. Aqui, não nos interessa a definição de cada uma dessas fases, e sim sua representação quanto à quebra de paradigma na interatividade entre plataforma-usuário e seus efeitos.

Portanto, estamos há um pouco mais de 50 anos da criação da internet. Na terceira década da parametrização técnica que possibilitou a criação de um campo navegável e a popularização do ciberespaço. Coincidência ou não, estamos há um pouco mais de 50 anos da primeira menção de Lacan à noção de segregação em psicanálise como previsão do efeito da técnica e da ciência em conluio com o mercado. Como disse Lacan em 1967 aos psiquiatras de Sainte-Anne:

> ... o que vocês representam, se posso dizer, na história, e como as coisas andam rápido, o que se verá muito rapidamente, não sei, talvez em uns trinta ou cinquenta anos, é que já havia, antigamente, algo que se chama de corpo de psiquiatras, e que se encontrava em uma posição análoga ao que então terá que ser inventado para entender do que se trata as mudanças que vão ocorrer e em níveis sobre os quais vocês podem notar, que serão planetários, em que se produzirá ao nível dessas iniciativas constituintes de uma nova repartição [inter-humana] e será chamada: o efeito de segregação.[338]

É realmente impressionante a precisão com que Lacan profere essa fala. Em termos de tecnologia de informação e comunicação, é com a invenção de Berners-Lee que temos as primeiras cercas que limitam os domínios do campo algoritmo do ciberespaço. Ainda sem concentração,

---

[338] Escuela Freudiana de Buenos Aires, p. 30. http://e-diciones-elp.net/images/secciones/novedades/L-67-11-10.pdf.

o campo delimitado pela *www* define as estruturas geográficas do ciberespaço, tal como o plano diretor da infraestrutura de uma cidade.

Concentração no ciberespaço: campo algorítmico da *world wide web*

Para navegar nas águas escuras do ciberespaço, é preciso conhecimento técnico específico e um certo manejo da linguagem algorítmica de programação. Quanto mais profunda a navegação, mais avançado, normalmente é, o conhecimento técnico exigido em criptografia e códigos lógicos de navegação. Portanto, a maioria esmagadora dos usuários comuns está no interior da circunscrição espacial da *www*. Um grande volume de operações *online* e de acúmulo de dados ocorre nas camadas de superfície do campo de controle algorítmico do ciberespaço.

Ora, é seguindo essa lógica que propomos a aproximação entre a *world wide web* e a noção de "campo algorítmico de concentração". Afinal, a concentração de dados que a *web* semântica comporta é realizada por meio da identificação, construção e análise de perfis no interior das cercas parametrizadas da *surface web*.

Sendo assim, é sobre o que ocorre no campo de concentração da internet que nossa investigação reflexiva segue. Com isso, a desregulação da economia e a construção da internet são dois fatores que representam o salto tecnológico do capitalismo. Mas, como nos lembra Berardi[339], o projeto neoliberal e a circunscrição de um espaço tecnológico digital não são assimiláveis em si: aproximam-se, distanciam-se, entram em conflito, integram-se, parasitam-se mutuamente. O discurso do capitalista e os meios técnicos do espaço digital usam o mercado para aniquilar a percepção política. O neoliberalismo surge, então, com a promessa de salvação apolítica por meio da narrativa do "fracasso político" vivenciado no século XX. Ora, essa não é a realização do que Norbert Wiener propôs com a cibernética?

As tendências da evolução técnica que fundam um traço de civilização emergente da universalidade cultural, conforme os movimentos sociais propagados na cibercultura, têm formas estéticas e de relação com o saber específicas, trazendo novos paradigmas sobre questões políticas e de espaço urbano[340]. Com a velocidade da comunicação e a implicação global da desfronteirização cultural, saímos da era das relações pessoais e entramos

---

[339] Berardi, F. (2019). *Depois do futuro*.
[340] Lévy, P. (2010b). *Cibercultura*.

no que pode ser nomeado de sociedade em rede[341], ou ainda, sociedade da transparência[342], da digitalização dos contatos e da formatação do *big data*.

Nesse horizonte, assistimos à manifestação do avanço da ideologia neoliberal e seus incansáveis esforços em criar mercados com base em qualquer coisa. Quando indivíduos são concentrados em um espaço uniforme e controlável, encontramos no projeto cibernético e na assimilação cibercultural a expressão máxima do que Lacan parecia nos advertir. O efeito de segregação produzindo uma tecnopolítica que, ao retirar de cena a circulação de discursos que operam laço, tenta apagar da operação a desproporção entre o sujeito e o outro, "separando-se e se concentrando em si mesmas. A concentração está, para Lacan, sob a modalidade do campo – campos de concentração e não de extermínio – a marca da ultrauniversalização produzida pelas tecnociências na época moderna"[343].

Não é à toa que, na trilogia *scifi* do *Sprawl*, William Gibson, já em 1984, define o que viria a ser a assimilação simbólica e imaginária do ciberespaço em nossa realidade como uma alucinação experimentada cotidianamente por bilhões de mentes em todo lugar. Na definição do autor, uma representação gráfica extraída dos bancos de dados de todos os computadores do sistema civilizatório. Ora, a organização geográfica da internet em sua versão 3.0 e a formulação da indústria *big data* não seria o início desse processo? O que dizer, então, do Apple Vision Pro e do Meta Quest Pro — ambos óculos de realidade virtual e aumentada — interagindo com a possibilidade de expansão do ciberespaço em um metaverso[344] conforme o avanço das inteligências artificiais?

Logo, já que o campo de concentração da internet possui camadas e é estruturado por indexadores predefinidos até chegarmos à "semântica das redes" na *web 3.0*, pesquisamos vários teóricos da cibercultura em busca de um conceito que nos fornecesse uma definição de realidade objetiva do que é a internet para fundamentar nossa reflexão-crítica. Porém, com Evgeny Morozov[345], percebemos que, como conceito, a internet não é uma foto nítida e em alta resolução da realidade material. Nas

---

[341] Castells, M. (2016). *A sociedade em rede*.
[342] Han, B.-C. (2017). *Sociedade da transparência*.
[343] Benslama, F. (2016). L'avenir de la ségrégation. *Cliniques Méditerranéennes*, 9-19, p. 16.
[344] É o termo que indica um tipo de mundo virtual que tenta replicar/simular a realidade por meio de dispositivos digitais.
[345] Morozov, E. (2018). *Big tech: A ascensão dos dados e a morte da política*.

palavras do autor, a internet "se parece mais com uma das manchas do teste Rorschach"[346]. Assim, dependendo de quem contempla a imagem, e de qual é sua agenda política e ideológica, podem variar muito as lições que da internet podemos extrair. Como vimos na primeira seção, as várias tendências de interpretação da cibercultura nos servem de exemplo.

O "problema da internet", como conceito regulador no qual basear a crítica às megacorporações de tecnologia, desde o Vale do Silício à China, está no fato de ela ser ampla e ambígua demais — incluindo exemplos que levam a conclusões diametralmente opostas —, o que sempre vai permitir às megacorporações uma saída fácil em termos de negação do conceito que apresentarmos. Portanto, para Morozov[347], qualquer crítica efetiva requer que se evite o conceito de internet, e sim sua análise política e estrutural, portanto seus efeitos e práticas no laço social. Como expomos, aqui a psicanálise tem muito a contribuir.

O verdadeiro inimigo não é a tecnologia, mas a forma como o atual regime político e econômico incide enquanto ideologia hegemônica na produção e gestão de subjetividades no seio do neoliberalismo globalizado. Seguindo a lógica de mercado e o grande acúmulo de capital, as megacorporações de tecnologia têm conhecimento segmentado de cada um de seus usuários. O interesse não é conhecer uma pessoa individualmente, mas apreendê-lo de forma global. "Aqui está o *Um-iversal* derretido em tudo, o *parlêtre* se afogou durante a navegação nessa massa de informações"[348].

Concentrando as bolhas: os muros do ciberespaço

Desse modo, Morozov[349] afirma que a lógica universalizante produz uma sensação de individualismo e de guerra por propriedades por meio da regulação algorítmica. O conflito no campo de concentração da internet não surge por acaso, é produção discursiva para fortalecer ainda mais os muros invisíveis que sustentam os dutos do fluxo de dados que o mercado controla.

Então, resgatemos as três características das bolhas digitais descritas por Pariser[350]: (1) a bolha é individual; (2) invisível; e (3) não é uma escolha. Portanto, diferentemente da segregação como causa da entrada

---
[346] *Ibidem*, p. 21.
[347] *Idem*.
[348] Wolodarsky, D. (2017). Machines à ségréguer. *La Cause du Désir: Internet avec Lacan*, 97, 69-71, p. 69.
[349] Morozov, E. (2018). *Big tech: A ascensão dos dados e a morte da política*.
[350] Pariser, E. (2012). *O filtro invisível: O que a internet está escondendo de você*.

do sujeito na linguagem e o princípio mesmo de todo discurso, as bolhas digitais surgem como um princípio técnico do discurso do capitalista. Ou seja, a subversão lógica que fez com que Lacan percebesse a incidência de um discurso que não opera laço constitui a força argumentativa que lançamos acerca da bolha digital.

O campo de concentração algorítmica da internet fornece pontos de apoio para a navegação no ciberespaço. Porém, busca concentrar indivíduos em bolhas de dados personalizadas, produzidas pela lógica da transparência e de gestão de risco em células que vão sendo construídas e organizadas de acordo com os interesses das empresas que os controlam.

A formatação matemática de dados estatísticos das bolhas não quer saber da existência do sujeito. A lógica discursiva da gestão e regulação de subjetividades parece objetivar o esvaziamento de toda e qualquer partícula que dê condições ao aparecimento do sujeito. Este sujeito, em sua versão 3.0, seria a ausência efetiva da divisão que o constitui. O que, pela lógica estrutural, apresenta-se aqui uma impossibilidade. O paradoxo é que o "novo sujeito" seria sua aniquilação.

A construção algorítmica de muros invisíveis que segmentem e concentrem ainda mais o fluxo de dados e informação do conjunto das bolhas digitais é prática, ou seja, técnica segundo o efeito segregação produzido pela confluência da economia de mercado e da tecnociência por meio dos domínios do campo da internet. Ora, como vimos, quem domina as tecnologias e os investimentos do capitalismo contemporâneo, em grande escala, são as empresas do Vale do Silício, tendo a concentração do domínio de poder nas mãos da Gafam, mesmo com a entrada de novos atores como a OpenAI, os conglomerados de Elon Musk etc.

Mas o que significa esse muro invisível na prática? Morozov[351] descreve um excelente exemplo. Suponhamos que alguém está pensando em virar vegetariano e então resolve acessar o recurso de busca no Google ou *Graph Search* no Facebook a fim de saber quais são os restaurantes vegetarianos favoritos dos seus amigos ou os que têm uma maior pontuação nas proximidades. Tanto a Alphabet Inc. quanto a Meta entendem que esse alguém está considerando tomar uma decisão importante que vai afetar diversas indústrias: seria uma ótima notícia para os produtores de soja e tofu e péssima para a seção de carnes do supermercado.

Estas empresas possuem dados em escala de busca, em tempo real, em suas plataformas e seriam ingênuas se não capitalizassem e lucrassem

---

[351] Morozov, E. (2018). *Big tech: A ascensão dos dados e a morte da política*.

com isso. Portanto, organizam um leilão de anúncios para verificar se a indústria da carne tem mais interesse nesse bloco de dados construído em seus bancos do que a indústria da soja. É nesse ponto que o destino e as escolhas não são tão programadas e seguem o fluxo combinatório da análise algorítmica por trás do processo.

Parece simples e irrisório, até que se entra no supermercado e recebe no celular a notificação de que a seção de carnes está oferecendo descontos de 30%. No dia seguinte, ao passar por uma churrascaria local, o celular vibra com outra oferta de desconto. Após uma semana de deliberação e muitas promoções para o consumo de carne, talvez a opção de virar vegetariano mude. Esse é só um exemplo da política de consumo baseada em dados e da importância algorítmica que as empresas do Vale do Silício detêm. Essa organização segmentada é aparelhada pelo conjunto de bolhas que cercam a bolha hipersegmentada do usuário em nosso exemplo, reforçando assim sua decisão.

Dessa forma, a operação é dividida em três aspectos: controlar visualizações, encurtar a realidade e violar massivamente a privacidade. Uma decisão que parece autônoma, na verdade é modulada, no sentido deleuziano, pela economia de mercado. Esse processo altera todo fluxo de informação, previsibilidade, engenharia de dados e controle sobre a visibilidade ou não de anúncios e postagens dentro do bloco de dados que é exposto no interior dos muros que o cerca.

O algoritmo das inteligências artificiais quer nos pegar sempre no próximo passo, prevendo ou modulando o futuro. Encontramos aqui mais um exemplo da regulação algorítmica formulada por Morozov. Nesse sentido, a bolha digital pode mudar de proprietário, basta que os interesses de um anunciante sobreponham os interesses de segmento de mercado de outro. Assim, nosso exemplo poderia ter passado a receber anúncios massivos de tofu em vez de carne. Nunca saberemos; pois, como alerta O'Neil[352], a lógica matemática por trás dos algoritmos é invisível para nós. Nesse caso, a ordem dos fatores altera o resultado para o usuário em nosso exemplo, mas reforça nossa análise.

Esse bloco de dados que concentra o conjunto de bolhas digitais no campo da internet é, seguindo nossa hipótese, o que chamamos de *condomínio digital*. Isto é, a internet só pôde ser difundida, mercantilizada e latifundiada a partir da criação de um campo de concentração de usuários comuns nos domínios do ciberespaço pela *www*. Com o avançar

---

[352] O'Neil, C. (2017). *Weapons of math destruction: How big data increases inequality and threatens democracy.*

da tecnociência de dados e das linguagens de programação, surge a *"web semântica"*, ou 3.0, auxiliando as empresas de tecnologia na formulação de uma métrica de organização hipersegmentada dos usuários em bolhas individuais, concentradas espacialmente em seus domínios, o *big data*.

Nossa argumentação lógica ganha força com o trabalho do neurocientista brasileiro e professor da Duke University Miguel Nicolelis. Em pesquisa publicada no livro *O verdadeiro criador de tudo: como o cérebro humano esculpiu o universo como nós conhecemos*[353], Nicolelis conta como, em toda a história, abstrações mentais criadas pelos humanos se transformaram em algo mais importante que a própria vida humana. Assim, a criação das religiões, dos sistemas econômicos, ou seja, toda a cosmologia humana tem seu epicentro nessas abstrações mentais.

Saímos da cosmologia divina para o domínio lógico do capital. Miguel Nicolelis faz uma análise do que vem acontecendo com nossa civilização nos últimos 50 anos com base nas inovações da microeletrônica e invenção dos sistemas digitais.

Segundo Nicolelis, com os sistemas digitais, há um processo de crescimento exponencial da automação. O problema da automação, entre outras coisas, é sua influência sobre a microestrutura cerebral humana. Nas palavras de Nicolelis, devido à plasticidade cerebral, os seres humanos estão submetidos a um processo de transformação da lógica de pensamento; com isso, estamos começando a copiar a lógica de funcionamento das máquinas que nos acompanham no dia a dia.

Desse modo, já que nosso cérebro é como uma espécie de camaleão, ou seja, tenta imitar a estatística do mundo, estamos criando um tipo de adaptação específico ao ambiente gerado pela automação das máquinas digitais. Quais as consequências disso? Nicolelis relata três fatos importantes: (1) houve uma redução média de 10% no coeficiente intelectual de sociedades avançadas ao longo dos últimos 20 anos; (2) houve uma redução de 30% do vocabulário medido em adolescentes nos EUA nos últimos 40 anos; (3) houve uma redução significativa na capacidade de escrita e compreensão de texto. Com isso, a dinâmica cerebral é modificada pela redução do volume das áreas do cérebro que não são utilizadas. Nesse sentido, Nicolelis afirma que há uma atrofia das regiões cerebrais que não são mais utilizadas, alterando a forma como neurônios se conectam, como trocam informações.

---

[353] Nicolelis, M. (2020). *O verdadeiro criador de tudo: Como o cérebro humano esculpiu o universo como nós conhecemos.*

Há ainda um aspecto interessante analisado pelo neurocientista. Com a hiperconectividade digital, trazida pela explosão da internet, a utopia da aldeia global em uma Ágora digital não se confirmou, muito menos a criação de inteligências coletivas, como Pierre Lévy previa. Na verdade, o digital é organizado de forma oposta. Há, nas palavras de Nicolelis, uma "tribalização do mundo".

Esse processo de tribalização digital, segundo Nicolelis, do ponto de vista das minorias, é uma excelente notícia, pois os excluídos passam a se organizar e dialogar com pares que dificilmente se encontrariam em outro espaço. Por exemplo, uma pessoa que mora em uma remota cidade no interior do Ceará e experiencia sofrimento por inadequação diante das normas sociais acerca de seu desejo/sexualidade e de sua identificação/gênero pode encontrar no ciberespaço pontos de apoio em grupos que compartilham de processos semelhantes.

Porém, como percebe o neurocientista, uma "tribo" não dialoga com a outra, são fechadas em seus mundos, cercados pelo conforto intramuros, diminuindo, no médio e longo prazo, contato com a diferença. Um paradoxo inerente à forma como as plataformas digitais são arquitetadas. Ora, nessa perspectiva, articulando com nossas ideias, as "tribos" digitais são resultado do aparelhamento de muros de dados organizados pela hipersegmentação individualista neoliberal, ou seja, tecnopolítica de segregação.

Pela lógica, podemos aproximar à nossa proposta o que Nicolelis aponta. Porém, reflitamos: tribos são organizações ancestrais de comum unidade, sem muros, com hierarquias definidas e estruturação de laço estabelecido. O que os autores das ciências computacionais que aqui expomos, como Eli Pariser, Cathy O'Neil, Evgeny Morozov, Shoshana Zuboff, entre outros, observam é a criação de muros invisíveis de dados que mantêm os usuários em bolhas digitais individuais, portanto a organização coletiva dessas bolhas se aproxima da organização espacial de condomínios.

Em nosso horizonte de análise, é possível afirmar que, ao interesse do mercado, a bolha digital é o receptáculo quase perfeito para a lógica neoliberal. Afinal, são individuais, hipersegmentadas, definidas pelo reflexo dos próprios interesses transparentes em rede e reforçadoras de identidades que, como define Han[354], não se identificam com outras bolhas, não formam uma massa, e sim um enxame.

---

[354] Han, B.-C. (2019). *No enxame: Perspectivas do digital*.

Alguns podem contra-argumentar utilizando exemplos de movimentos de grande escala organizados conforme a internet, como a Primavera Árabe, as manifestações brasileiras de 2013 e a quarta onda do feminismo, caracterizada pela circulação de *hashtags* como #metoo e #niunamenos. Porém, *a posteriori*, percebemos que a movimentação desse conjunto de pessoas não constituía uma massa identificada com um líder, apesar de seus efeitos de realidade material e política. Lembremos que o efeito de massa analisado por Freud[355] surge com os processos de identificação, portanto a massa é um movimento político clássico por excelência.

Os movimentos que surgiram da internet, na verdade, constituem-se — em sua grande maioria — em coletivo de pessoas desidentificadas, com posições difusas e uma espécie de apoliticismo discursivo. Claro que o apolitismo é um dos pilares ideológicos de uma extrema direita que surfa muito bem a atual onda da internet, organizando-se geopoliticamente com lideranças no Brasil, EUA, Hungria, Itália, Polônia, entre outros.

Acontece que o enxame no digital equivale à multidão nas ruas. Já que o discurso do capitalista e sua essência neoliberal se propõe como apolítico, a organização de massa é um problema para seu engendramento narrativo. Por isso, seguindo as observações de Morozov[356], a ascensão dos dados e seu domínio pelo Vale do Silício busca a morte da política. O *Homo digitalis* é definido por sua bolha ciberespacial.

Então, para que serve pensar a organização geográfica do ciberespaço em condomínios? Se tomarmos a fórmula lacaniana do discurso do capitalista, teremos um circuito que é preconizado pelo encerramento em si mesmo. Com isso, é preciso que haja um espaço geográfico onde se concentre o conjunto de bolhas algoritmicamente moduladas em uma universalização narrativa. O apagar das diferenças e o fechamento do circuito do outro retira do condomínio digital a possibilidade de uma assimilação de massa. Assim, concordamos com Han ao pensar o enxame, já que este serve para confirmar verdades por meio de um discurso que promete formatar o Um, o Um-iversal.

Assim, muros organizam geograficamente as bolhas que partilham dos mesmos interesses, modulados segundo *cookies* que coletam a exposição voluntária de cada bolha que habita o condomínio digital. Ou seja, o apagar das diferenças e a Um-iversalização no ciberespaço organizado

---

[355] Freud, S. (1921/2020). Psicologia das massas e análise do Eu (1921). Em S. Freud, *Cultura, sociedade e religião: O mal-estar na cultura e outros escritos* (pp. 137-232). Autêntica.

[356] Morozov, E. (2018). *Big tech: A ascensão dos dados e a morte da política*.

sob a "lógica do condomínio", noção proposta pelo psicanalista brasileiro Christian Dunker[357].

A lógica do condomínio: aproximações e subversões digitais

O muro dos condomínios serve, de acordo com Dunker[358], como uma forma de determinar o espaço como território, o muro seria uma estrutura de defesa. Mas defesa contra quem ou o quê? Na lógica do condomínio, o muro seria uma mensagem de indiferença contra o outro. Um outro que não produz, em sua gramática, símbolos e imagens de identificação, deflagrando o completo fracasso na necessária articulação da diferença. Como efeito, o muro constitui uma estrutura de defesa contra figuras da exclusão e da segregação.

"A lógica do condomínio tem por premissa justamente excluir o que está fora de seus muros"[359]. Portanto, seja em um condomínio físico residencial onde podemos escolher deixar "o que não nos interessa" do lado de fora dos muros, seja intramuros algorítmicos que universalizam nossos interesses e gostos, o condomínio não deveria, supostamente, ser ambiente de tensão.

É justamente aí que a psicanálise nos ensina a suspeitar de ambientes que produzem uma certa passividade harmônica. Dunker afirma que são quatro os tempos do processo de condominização. Três tempos da fantasia: (1) o mal-estar real que suspende a divisão do sujeito; (2) a repetição de uma mesma rotina como recalcamento simbólico desse mal-estar; e o (3) reposicionamento da fala em uma construção imaginária. Lembremos que a circulação pelos três tempos da fantasia segue o que já expomos com Guyomard[360], podendo se resolver pela formação de uma espécie de estrutura estável que reúne, em uma mesma montagem, seus três tempos, temos aí a estrutura do sintoma. Portanto, o quarto tempo da condominização, de acordo com a construção lógica de Dunker, segue o tempo do sintoma neurótico que articula e orienta a ligação entre Real, Simbólico e Imaginário.

---

[357] Dunker, C. (2015). *Mal-estar, sofrimento e sintoma: Uma psicopatologia do Brasil entre muros.*
[358] *Idem.*
[359] *Ibidem*, p. 52.
[360] Guyomard, P. (1996). *O gozo do trágico: Antígona, Lacan e o desejo do analista.*

Então, a segregação surge do fracasso em articular a diferença e a divisão. O autor articula essa lógica em quatro figuras da patologia social de nossa época: o ressentimento, o cinismo, a degradação do sentimento de respeito e o sentimento de exílio e isolamento. Dunker descreve que tais patologias do social surgem na lógica do condomínio envolvendo algumas distinções específicas.

Primeiro, "as que procedem da experiência de divisão do sujeito e da esquizoidia narcísica que a desdobra"[361]. A referência aqui é tida como a expropriação do território que funda o condomínio como espaço apartado do espaço público e regidos por leis de exceção. Para Dunker, esse estado particular de exceção engendra patologias da perda da experiência, que se mostram como anestesia e violência, como sentimento da inautenticidade e irrelevância.

Porém, na perspectiva do espaço digital de condominização algorítmica, encontramos a percepção imaginária de exceção e suspensão das regras sociais que o autor engendra com as patologias descritas, mesmo com ausência de um espaço dito apartado do espaço público. Afinal, Turkle[362] já nos adverte que a noção entre público e privado é borrada no ciberespaço. Nesse sentido, a formatação do condomínio digital surge na possibilidade de abertura para a regulação algorítmica atuar sem uma percepção real de sua atuação.

A distinção segue uma segunda característica. Dunker afirma que "derivam da perda da unidade do espírito e que se apresentam como aspirações de identidade – de gênero, de estilo, de modo de vida"[363]. Esta falsa unidade é construída pela simbologia do muro. Assim, essa nova unidade adquirida entre muros é composta em contraste com a anomia que é deixada em seu exterior. Uma autossegregação organizada para lidar com os efeitos de culpa que retornam sob forma de intolerância.

Dessa maneira, ao construir a noção da lógica do condomínio, Dunker parece referir-se ao que Colette Soler[364] define como "segregação voluntária". Ou seja, na segregação voluntária, o sujeito optaria por uma espécie de autoexclusão do laço, retirando-se da cena compartilhada e partindo para um outro espaço — espaço no qual as diferenças seriam minimizadas, evitando o contato com a angustiante presença indesejada do outro que destitui verdades e certezas.

---

[361] Dunker, C. (2015). *Mal-estar, sofrimento e sintoma: Uma psicopatologia do Brasil entre muros*, p. 56.
[362] Turkle, S. (2015). *Reclaiming conversation: The power of talk in a digital age*.
[363] Dunker, C. (2015). *Mal-estar, sofrimento e sintoma: Uma psicopatologia do Brasil entre muros*, p. 56.
[364] Soler, C. (1998). Sobre a segregação. Em L. Bentes, & R. F. Gomes, *O brilho da inFelicidade* (pp. 43-54).

Porém, como afirmamos, a terceira característica das bolhas digitais é definida pela ausência de escolha, "não optamos por entrar na bolha"[365]. Pela lógica, a organização do conjunto de bolhas em muros de condomínios digitais não acontece de forma voluntária. Diferentemente dos condomínios urbanos aos quais Dunker se refere, no espaço digital a lógica do condomínio é subvertida, não é apropriada pelo discurso do sujeito no laço.

Como vimos, o laço social se dá diante da impossibilidade lógica operacional de se ter acesso direto à verdade do outro; há sempre um resto, *a* mais de gozo, que sobra dessa operação. No digital, a lógica do condomínio segue a influência de engendramento de um circuito em curto. A fórmula do discurso digital proposta por Nobre[366] — observada no capítulo anterior — demonstra esse funcionamento.

Assim, Dunker segue com a terceira característica, afirmando que a distinção "se organiza ao modo de impostura imaginária da autoridade simbólica. São os sofrimentos derivados de um pacto sintomático"[367]. O autor utiliza a figura do síndico condominial. Este representaria tanto a lei mal formulada quanto o gozo excessivo do vizinho, o protótipo da figura de líder da psicologia das massas. Aí se encontram as formações de ideais de vida, de gozo e de ordem, que se exprimem como sentimento de impostura, de falso reconhecimento e de conflito entre promessa e realização. Segundo Dunker, esta é a localização do mal-estar interpretado como violação de um pacto de obediência, o fracasso de uma lei mal realizada.

O problema diagnosticado pelo autor é que a figura de síndico condominial não engendra nem a situação de uma pequena comunidade, como a família, nem a situação de uma massa, como o Exército ou a Igreja. Ou seja, por constituir-se em uma "comunidade protética", o condomínio é uma comunidade fracassada, que tem sua unidade na representação simbólica de muros que não formam uma massa.

Ora, se a figura do síndico está para o condomínio urbano como a representação do fracasso da lei social e uma impostura imaginária da autoridade simbólica, no digital temos a ausência total dessa figura. Conforme vimos, assim como o condomínio urbano, no exame de bolhas digitais não temos a formação de massa, o processo de condominização é formado por muros de contenção invisíveis e regulados por megacorporações privadas.

---

[365] Pariser, E. (2012). *O filtro invisível: O que a internet está escondendo de você*, p. 12.
[366] Nobre, M. (2024). *Atualizando o mal-estar no laço digital: Da renúncia ao excesso*.
[367] Dunker, C. (2015). *Mal-estar, sofrimento e sintoma: Uma psicopatologia do Brasil entre muros*, p. 57.

Se no condomínio digital não temos a figura do síndico como encarnação mal engendrada da lei, nos condomínios digitais a experiência de desregulação jurídica impera. Mesmo com a lei brasileira de 2018 que regula a proteção de dados, conhecida como LGPD[368], em um rápido passeio pelas vias digitais do Instagram, X ou TikTok, é fácil observar movimentos de ataque e violência de gênero e raça — para ficar apenas nesses — por perfis, muitas vezes, sem identificação clara contra população LGBTQIAP+ e preta. Se a figura do síndico representa o fracasso regulador de um pacto de obediência, a ausência dessa figura expõe uma obscena abertura para experiências de gozo que destituem a figura do outro ao alcance de um clique — abordaremos isso no próximo capítulo.

Finalmente, Dunker articula a quarta característica "como correlato do momento de formação dos sintomas, as patologias que se apresentam como anomalias de gozo"[369]. Entre elas, o autor descreve: a fobia, como temor a um objeto intrusivo na realidade; a neurose obsessiva, como angústia de um objeto intrusivo no pensamento; e a histeria, como defesa contra um objeto intrusivo no corpo. Portanto, a lógica do condomínio, seguindo o pensamento do autor, pode ser compreendida como a "cidade por projetos" de Boltanski e Chiapello, baseada na orientação da produção para a forma de redes e da informação para o modo de conexões.

Assim, segue Dunker, podemos navegar por todos os universos paralelos e digitais, "tendo acesso livre a todos os lugares, mas com a garantia sólida de que na vida real temos nosso próprio condomínio que nega, ponto a ponto, todos os aspectos da vida virtual, em rede e hiperconectiva"[370]. Com isso, o emprego se torna precário, a produção é deslocalizada, a segurança social declina, e a exploração se combina com a exclusão.

Nesse sentido, a lógica do condomínio segue a face familiar, privada e íntima do processo de desespacialização (na concepção Estado-nação), sem instância de representação, nem posição preeminente, dominada pela exigência de ampliação ilimitada das redes. Além disso, há uma exigência de autonomia e o ideal individualista de autoengendramento e autorrealização como forma superior de sucesso. É esse o processo que contribui para tornar "o homem das redes" pouco atento à dívida como fonte legítima do laço social. O encontro entre o "auto" indivíduo e a "hiper" sociedade. Dunker define então a construção da lógica do

---

[368] Lei Geral de Proteção de Dados Pessoais, Lei n. 13.709, de 14/08/2018.
[369] Dunker, C. (2015). *Mal-estar, sofrimento e sintoma: Uma psicopatologia do Brasil entre muros*, p. 57.
[370] *Ibidem*, p. 58.

condomínio como: "Um lugar fortemente delimitado (muros), no qual a representação é substituída pela administração funcional (síndico) que cria uma rígida lei própria (regulamentos) conferindo suplemento de identidade moral a seus habitantes"[371].

Ora, encontramos no digital a formação de espécies específicas de condomínios, regulados e regidos pelas leis particulares das empresas que administram a organização dos muros invisíveis do ciberespaço e a ausência da internalização de limites que regulem o trânsito digital, variando de plataforma para plataforma. Em última instância, a lei própria que organiza as regras algorítmicas do ciberespaço é a lógica do discurso do capitalista em sua versão neoliberal, mesmo com as tentativas locais de regulação legislativa, as *big techs* parecem sempre encontrar brechas em uma disputa de forças entre as empresas e as leis nacionais.

Lembrando a preocupação de Lacan, afinal se tem um preço a se pagar pelo racionalismo de uma sociedade neoliberal. Segundo Rosa, Penha e Ferreira[372], a ameaça de uma falta de referência, do atual desbussolamento, de um possível território comum, possibilita a constituição de uma territorialidade circunscrita por uma demanda fixa e sem possibilidade de dialetação, alienada no Outro.

Esta vertente coloca o mestre antigo, do discurso do mestre, em oposição ao mestre moderno, do discurso do capitalista. Enquanto um preza pela regulação, para que os sujeitos vivam de acordo com suas leis, estabelecendo a relação entre senhor e escravo, portanto entre soberano e súdito, o outro clama pela satisfação, transpondo as linhas de barreira e declamando o imperativo do gozo. Neste sentido, Antônio Quinet indica:

> O discurso do capitalista não é regulador e instituinte como o DM, ele e segregador. A única via para tratar as diferenças na sociedade científico-capitalista é a segregação determinada pelo mercado: os que têm ou não acesso aos produtos da ciência. E um discurso que não forma propriamente laço social, ele segrega – daí a proliferação dos sem: terra, teto, emprego, comida etc.[373]

Porém, quando esses muros condominiais são criados pelo Outro sintético encarnado em diluições tecnológicas digitais representadas pelas empresas que controlam o ciberespaço, essa articulação necessita de uma precisão maior dentro de nossa proposta investigativa. Afinal, é muito difícil, como nos lembra Morozov, preservar valores como solidariedade

---

[371] *Ibidem*, p. 58.
[372] Rosa, M. D., Penha, D. A., & Ferreira, P. D. (2018). Intolerância: Fronteiras e psicanálise. *Revista Subjetividades*, 105-113.
[373] Quinet, A. (2012). *Os outros em Lacan*, p. 58.

em um ambiente tecnológico que prospera com base na personalização e em experiências únicas e individuais. A ideia de coletividade sucumbe. O Um-iversal está (im)posto. A vida no condomínio digital cria muros de indiferença baseados na seletividade de oferecimentos, filtrados por *gadgets* e *big data*, que repetem escolhas anteriores, tornando cada vez mais invisível a diferença[374].

Não basta limitar a liberdade a tudo aquilo que não é proibido e, nesse sentido, levar as bordas da cultura para os limites da lei. De fato, a melhor expressão do sofrimento de indeterminação[375] é a cultura da gestão do risco[376]. Reencontramos aqui esse modo de subjetivação que Dunker[377] chama de lógica do condomínio, ou seja, a estratégia apoiada em privatização do espaço (internet), seguida da hipernormalização de seu funcionamento e do incremento de políticas de identidade (bolhas) baseadas na conformação do gozo.

Portanto, seguindo nossa reflexão, guiada pela proposição de Dunker, o condomínio digital é uma tecnopolítica que emerge do efeito discursivo da lógica neoliberal, isto é, da incidência técnica do discurso do capitalista. Afinal, tomamos a segregação em psicanálise como a tecnociência do discurso do capitalista. Portanto, a promessa do discurso do capitalista ganha força no digital ao retirar, ou melhor, borrar a imagem do outro na cena. Daí a abertura que nos possibilita analisar a internet de acordo com as categorias de espelho, Outro, semblante e objeto *a*.

Isso não quer dizer que a mensagem de indiferença contra o outro não exista no condomínio digital, mas essa mensagem não é a causa da condominização, e sim sua prática segregativa intramuros algorítmicos. A transparência do outro diante do espelho negro que reflete apenas "os próprios interesses", cercada por muros de contenção de bolhas, é, portanto, invadida, algo escapa, fazendo emergir aquilo que Freud[378] chamou de narcisismo das pequenas diferenças.

---

[374] Dunker, C. (2017b). Intoxicação digital infantil. Em A. Baptista, & J. Jerusalinsky, *Intoxicações eletrônicas: O sujeito na era das relações virtuais* (pp. 117-145).

[375] Dunker, C. (2015). *Mal-estar, sofrimento e sintoma: Uma psicopatologia do Brasil entre muros*.

[376] Beck, U. (2018). *A metamorfose do mundo: Novos conceitos para uma nova realidade*.

[377] Dunker, C. (2015). *Mal-estar, sofrimento e sintoma: Uma psicopatologia do Brasil entre muros*.

[378] Freud, S. (1930/2020). *O mal-estar na cultura*.

Capítulo 11

PROBLEMA NO CONDOMÍNIO: PRÁTICAS SEGREGATIVAS INTRAMUROS E O CANCELAMENTO

A questão da datificação algorítmica — ou seja, gestão algorítmica de dados — no modelo *big data*, que forma os condomínios digitais, segue um paradoxo interessante. A matemática que organiza a lógica digital tem que ver com a customização, com acessos mais simples, mais fáceis, com tipos de experiências digitais com pouca flexão, com poucos obstáculos, com tudo pronto e na mão. Em troca do "maravilhoso" mundo do conforto, entregam-se os dados pessoais.

Sem um custo bem definido do efeito da datificação, a abertura de acesso a dados pessoais parece inofensiva, sem perigo. No curto prazo não parece ter custo algum, mas no longo prazo não há visibilidade dos males que o acesso totalizado dos dados pode causar. Esta visão transforma, como já vimos, o usuário da internet em objeto de um mercado gigantesco de produção e extrativismo de dados, em um mercado que encapsula e condominiza grupos de comportamentos diferentes para vender a setores de publicidade e *marketing*, com cada vez mais informação e potencial de influência e modulação. O escândalo envolvendo a Cambridge Analytica e o Facebook nos serve de argumento, entre outros que passaram a ocupar espaço semanal na mídia.

Ao mesmo tempo que os muros invisíveis dos condomínios digitais organizam a lógica espacial da internet, nunca foi tão fácil acessar informações para confrontar, acarear e checar a veracidade do conteúdo que surge nas telas. Com quatro ou cinco cliques, é possível acessar visões de mundo completamente distintas e que, durante muito tempo, foram mantidas na invisibilidade e excluídas. Tanto pela limitação física espacial de acesso a outros povos e culturas quanto por políticas de manutenção do *status quo* e do poder. Porém, o domínio hegemônico de uma forma discursiva que preconiza o individualismo com base na universalização do consumo impera.

As diferenças não foram apagadas; estão, em sua grande parte, fora do alcance facilitado pela hipersegmentação algorítmica. O problema da manutenção de formas de contenção hipersegmentada em muros invisíveis dos condomínios digitais segue o encurtamento e o isolamento do laço social.

Com isso, percebemos que no ciberespaço o universo de possibilidades e de novas manifestações de linguagem podem ser percebidas em ao menos dois atos. No ato de evitação dos contatos físicos, mediando e controlando todas as conversações pelas telas dos dispositivos, e no ato de entrar em uma conversa em rede e de participar de um ambiente que é sentido como hostil, acentuando a diferença. Estes atos parecem trazer e colocar o sujeito em contato com um dos predicados do Real, que é a diferença. O outro, esse de quem o desejo depende, é sumamente um diferente. Porém, se o contato com a diferença é retirado de cena, a mensagem de indiferença surge.

O Real é, como vimos, o nome para uma experiência perdida, como o objeto, a Coisa, a relação sexual, a totalização do gozo, mas que incide na constituição do sujeito traumaticamente, excedendo seu potencial de simbolização e imaginação. Apresentando-se, portanto, na forma de angústia, no ato, em experiências de estranhamento ou na condição existencial e mais genérica do mal-estar atualizado na cultura digital.

Com isso, o condomínio, seguindo a lógica proposta por Dunker[379], expressa uma espécie de nova montagem entre a inscrição da lei e a fantasia. Uma nova política de manejo da alteridade e do antagonismo social, em cujo epicentro podemos colocar o "mal-estar na *a*-violência"[380]. Reações da irrupção do Real intramuros são percebidas pelos autores que aqui estudamos e em nossa própria experiência transitando pelas vias do digital.

Quando surgem as pequenas diferenças

O problema segue o que Dunker adverte. Nos condomínios urbanos, mesmo com o processo de autossegregação, surgem pequenas diferenças entre os grupos que aparentemente são iguais. Essa lógica poderá ser aplicada à nossa hipótese dos condomínios digitais, se utilizarmos como exemplo alguns dos vários estudos sobre a constante manifestação de ódio

---

[379] Dunker, C. (2015). *Mal-estar, sofrimento e sintoma: Uma psicopatologia do Brasil entre muros.*
[380] *Ibidem*, p. 106.

e violência nas redes sociais, como nos trabalhos *O discurso do ódio em redes sociais*, de Moura[381], e *Haters e o discurso de ódio: entendendo a violência em sites de redes sociais*, de Rebs e Ernst[382].

De acordo com Dunker[383], nós sofremos os terríveis efeitos gerados pela descompressão narcísica em face da diferença no mundo digital. Segundo o autor, os efeitos de nossa experiência deformativa do Eu diante da linguagem digital ocorrem em três momentos, que podem acontecer de forma simultânea: (1) quando saímos da bolha e damos de cara contra o muro; (2) quando nos sentimos infinitamente pequenos diante de um mundo infinitamente maior e cheio de perigos invisíveis; e (3) quando nos sentimos cada vez mais irrelevantes perante ideais mais e mais superficiais e empobrecedores.

Tal mecanismo nos coloca diante daquilo que Freud[384] chamou de "narcisismo das pequenas diferenças". Essa noção surge em Freud para dar conta da análise de tensão entre o amor e o ódio que surgem no interior de grupos. Sob a égide do ideal de supremacia, a intolerância ao outro é exibida muito mais intensamente contra as diferenças próximas do que contra as fundamentais[385].

A concepção freudiana de narcisismo das pequenas diferenças está, segundo Fuks[386], na base da constituição do "nós" e do "outro", na fronteira que tem por função resguardar o narcisismo da unidade. Trata-se de um fenômeno que ocorre na tensão que existe entre povos vizinhos, entre indivíduos de estados diferentes de um mesmo país, ou até mesmo dentro do zoneamento urbano de uma mesma cidade. São pequenas diferenças reais que impedem que o outro seja um perfeito semelhante, assim, o ódio não surge da distância, mas da proximidade. No digital, esse fenômeno parece surgir exatamente porque não se trata de uma diferença qualquer que produz o estranhamento, que detona os impulsos hostis[387] contra aqueles que estão apenas a alguns cliques ou furam os muros de contenção algorítmica.

---

[381] Moura, M. A. (2016). *O discurso do ódio em redes sociais*. Lura Editorial.
[382] Rebs, R. R., & Ernst, A. (2017). Haters e o discurso de ódio: entendendo a violência em sites de redes sociais. *Diálogo das Letras*, 24-44.
[383] *Huffpost Brasil*. https://www.huffpostbrasil.com/2018/07/07/a-reflexao-do-psicanalista-christian-dunker--sobre-como-a-interacao-nas-redes-deforma-a-nocao-do-eu_a_23459405.
[384] Freud, S. (1930/2020). *O mal-estar na cultura*.
[385] Fuks, B. B. (2011). *Freud e a cultura*.
[386] *Idem*.
[387] Freud, S. (1930/2020). *O mal-estar na cultura*.

Ao levar o fenômeno que comporta a noção de narcisismo das pequenas diferenças ao extremo é que desaguamos em práticas de segregação. Lembremos que Fontenele, Souza e Lima[388] nos advertem de que, em contextos de segregação, a intolerância aumenta, formando repartições de espaços e de grupos. Surge a prática segregativa como produto de uma lógica discriminatória.

Nesse sentido, é preciso ressaltar que Freud constrói essa noção no epicentro da formação identificatória das massas. Nós nos identificamos, reconhecemos, baseados em um excluído interior, uma orientação gramatical que produz a escansão de signos de diferença que separam a primeira da terceira pessoa do plural — "nós" x "eles" — enquanto interior e exterior da formação de grupos. O processo de formação das massas exige assunção da figura do líder como o representante significante que unifica a imagem de igualdade. Porém, em uma sociedade pautada pela discursividade individualista neoliberal (discurso capitalista) e regulada algoritmicamente (discurso digital) pelo setor privado de tecnologia, a noção freudiana ganhará novos contornos, se utilizarmos a lógica dos condomínios. Aqui não surge sob o efeito de retorno da culpa analisado por Dunker, mas na total ausência de alteridade por meio da montagem das bolhas digitais.

Assim, tal como a psicanálise a define, a repulsa excessiva do sujeito ao que lhe é mais íntimo é tomado pelo Eu no enxame de bolhas digitais condominizadas como objeto externo, a quem se endereça o ódio: o estranho-familiar, como já discutimos. Esse potencial de segregação, situado para além de uma diferenciação entre o "eu" e o "outro", que o espaço digital parece promover, visa, justamente, toda eliminação da diferença. A discriminação não é apenas uma forma de preconceito, mas uma classificação que segue a lógica de delimitação de espaço, seja físico-geográfico, seja simbólico-linguístico. A segregação é uma forma que a discriminação toma, a classificação é elevada ao nível da eliminação do contato Real com a diferença.

Alguns podem pensar que isso é contraintuitivo. Tentemos pensar de outro jeito. É tomando o outro como um diferente que nos articulamos em laço segundo giro discursivo que conhecemos como separação. Uma separação constitutiva que podemos definir — como já dissemos em outro lugar — como segregativa. Nasce a imagem de Eu.

---

[388] Fontenele, T. C. B., Sousa, L. B., & Lima, M. C. (2018). A segregação em Lacan cinquenta anos depois. *Psicologia Clínica*, 493-505, p. 500.

Porém, para que o outro seja lido como um diferente e nos convoque enquanto Eu, uma neblina paira turvando as fronteiras e tomando outro como parte de nós mesmos. Essa operação, que conhecemos como alienação, é *sine qua non* para o acesso ao campo da linguagem e a articulação simbólica das representações imagéticas como produção de realidade.

Logo, o problema da segregação enquanto efeito é dado por meio do tratamento do Real. O Real é o campo da não representação, um desafio lógico que escancara a diferença. Portanto, a segregação, como efeito, surge na tentativa de apagar as diferenças segundo um movimento de exclusão dos diferentes e de homogeneização desse grupo em um espaço territorial controlável simbolicamente. Em um espaço construído materialmente graças à promessa individualizante, homogênea e pacífica, o que ocorre quando a diferença surge?

Segundo Fuks, "o horror ao não-familiar tornou-se, na modernidade, uma arma política do ideal de normalização da sociedade"[389]. Sobre isso, podemos ir mais além. Em uma sociedade em que a dicotomia entre o "normal x patológico" foi elevada ao sentido "normal x ótimo"[390], a política exercida pela discursividade capitalista segue a otimização meritocrática, afinal não basta ser normal, é preciso ser ótimo. Com isso, o horror ao não familiar é elevado ao extremo da passagem ao ato violento no digital, por meio dos muros de contenção algorítmica, como analisa o trabalho de Rebs e Ernst.

No estudo realizado por Rebs e Ernst[391] sobre os perfis *online* que chamam de *haters* — "odiadores", em tradução literal do inglês —, as autoras percebem que é por meio das noções de falta, excesso e estranhamento analisadas no discurso que o *hater* constrói uma imagem de si e do outro, capaz de disseminar ideias de violência sem, necessariamente, sofrer agressões pelo seu discurso. As autoras dividem os "odiadores" em dois grupos. Os humilhadores, composto por usuários que desenvolvem o discurso de ódio com o intuito unicamente de ofender certos grupos sociais, não se preocupando com a capacidade arguitiva ou de justificativa de suas ações. E os disseminadores, que constroem o discurso um pouco mais trabalhado (ainda que repleto de estranhamentos), mas buscam

---

[389] Fuks, B. B. (2011). *Freud e a cultura*, p. 49.
[390] Sibilia, P. (2015). *O homem pós-orgânico: A alquimia dos corpos e das almas à luz das tecnologias digitais.*
[391] Rebs, R. R., & Ernst, A. (2017). Haters e o discurso de ódio: Entendendo a violência em sites de redes sociais. *Diálogo das Letras*, 24-44.

disseminar a sua ideologia por meio da atribuição de certa autoridade ao seu perfil. Assim, concluem que é por meio de discursos odiosos e intolerantes que se dá a elaboração e o reconhecimento do perfil destes usuários.

Assim, seguindo os apontamentos de Betty Fuks, alguns anos depois de ter escrito sobre a psicologia das massas, Freud indagava-se sobre a intolerância orientada em direção do estrangeiro. Nesta indagação está contida, mesmo que Freud não tivesse se dado conta disto à época, a percepção de futuro que a humanidade estava por viver. Soler percebe que os processos de desenlace causados pelo discurso tecnocientífico estão espalhados em nosso tempo, afirmando que a nossa queixa atual traz dois significantes, solidão e precariedade. A psicanalista fala do "triunfo do individualismo cínico, do declínio de valores universais e da fragilidade dos apegos, quer sejam de casal, de geração ou de vizinhança"[392].

Nisso a análise de Lacan ganha força, afinal o discurso do capitalista vinculado à tecnociência se empenha em alcançar a unidade, todos iguais a Um, a soberania tecnocientífica caminhou para formas de segregação não tão visíveis quanto na Segunda Guerra Mundial. Nesse sentido, a vontade de uniformização dos indivíduos manifestada pelo nazismo, pelo fascismo e pelo stalinismo se inscreve para além da tendência de apagar as diferenças no interior do grupo e passá-la para fora. Está colocada a proposição do pior: a eliminação de qualquer diferença, mesmo quando fora do conjunto. Afinal, como Berardi[393] nos lembra, o projeto nazifascista não foi abandonado, está atrelado a uma formação discursiva digital, que penetra de forma mais palatável no núcleo da formação social presente.

Entre a transparência e a opacidade do outro

O que vemos nos condomínios digitais, com fundamento nos estudos sobre a disseminação da agressividade e violência no ciberespaço, é a tentativa de fechamento do circuito narrativo por algoritmos que seguem a lógica das bolhas[394], produzindo e retomando a cultura de disseminação de preconceitos de toda ordem — étnico-racial, classe, gênero, sexual etc. O escândalo da manipulação democrática por meio dos pontos de perfis traçados pela Cambridge Analytica, nos EUA e no Reino Unido, a formatação de campanha mediante as plataformas digitais de Jair Bolsonaro, no

---

[392] Soler, C. (2016). *O que faz laço?*, p. 9.
[393] Berardi, F. (2019). *Depois do futuro*.
[394] Pariser, E. (2012). *O filtro invisível: O que a internet está escondendo de você*.

Brasil, em 2018 e 2022, o uso de IA na eleição de Javier Milei na Argentina, das investidas antidemocráticas de Elon Musk, entre outros movimentos digitais que estão acontecendo e amplificando dão o tom do debate.

Assim, parece-nos que a formação intramuros dos condomínios digitais segue o que, do ponto de vista da psicanálise, custeia uma compulsão violenta e opressiva de impor critérios ideais à maioria e esgotar a alteridade do outro. Em termos freudianos, ao legitimar a violência social contra a diferença, as manifestações políticas perfeitamente racionalistas, seja de Estado, seja de mercado, fazem uso de um dispositivo passional fora da consciência, obrigando o sujeito a "escolher" — por óbvio, a escolha, como vimos, não é nada consciente — seu objeto de amor no interior dos muros, ficando abolido, de imediato, as proibições simbólicas. Esta poderia ser uma leitura aproximativa ao que Han[395] chama de psicopoder.

Essa estratégia de burlar a castração imposta pela lei simbólica marca um revés fundamental: a lógica do condomínio digital fica ordenada sob a espinha dorsal de um regime plantado sobre o que nos esclarece Žižek[396], a denegação da morte e o narcisismo ilimitado. Ou seja, tentativas de aplacar o Real que retorna em forma de violência, agressividade e ódio contra a insuportável diferença que surge no espelho escuro dos dispositivos digitais. A prática é posta em forma de retirada de cena, de apagamento da opacidade do outro que ousa invadir o conforto do condomínio digital.

No acesso à linguagem do ciberespaço, alguns falantes, enquanto sujeitos divididos, são expostos a um nível de diferença que não conseguem elaborar, não conseguem tratar, não conseguindo se situar nesse universo. Deflagra a enorme falta de simbolização das narrativas que compõem as diferenças no ciberespaço. Eis que o *Homo digitalis* produz uma nova figura de segregação, a qual chamaremos aqui de os *deletáveis*.

Nossa hipótese é que o ato de deletar o outro equivale ao ato de matar digitalmente. Deletar não é simplesmente excluir, equivale a bloquear todo acesso daquele outro, o impedimento total do acesso ao outro, tomado como diferente. Em nosso horizonte, deletar não tem implicações apenas no plano digital, estendendo-se às demais figuras do plano físico. Afinal, no atual estado tecnológico, o digital e o material se confundem.

Deletar é um ato, essa agressão toma conta do ódio do outro, na medida em que é extraído de si mesmo. Assim aparece uma figura de estranheza perturbadora, a agressividade do *Homo digitalis*. Deletar é

---

[395] Han, B.-C. (2019). *No enxame: Perspectivas do digital.*
[396] Žižek, S. (2013). *O amor impiedoso (ou: sobre a crença).*

ser o ato de banir para além de seu território ciberespacial a presença opaca, não transparente, do outro que não brilha como a existência no condomínio digital. O ato de aniquilar esse outro invasivo, que penetra a própria entidade substancial dos filtros. A agressividade e a violência do ódio seguem caminhos da indiferença e da segregação.

Um fenômeno social amplamente discutido na era digital que ficou mundialmente conhecido nos últimos anos esboça algumas das principais características dos movimentos de segregação digital: a *cultura do cancelamento*. Tal fenômeno é caracterizado pela prática de retirar apoio a perfis digitais, seja pessoa, seja empresa, após estas terem tido algum movimento pelas vias do digital que é considerado ofensivo, inaceitável ou que fere as expectativas do grupo de seguidores. A mobilização digital é alimentada pelas redes sociais para expressar desaprovação, com campanhas de linchamento virtual, muitas vezes resultando em campanhas de boicote, pedidos de demissão ou apagamento digital. O curioso desse movimento fica a cargo da expressão "cultura" como uma reflexão de mudanças nas normas sociais e na forma pelas quais estas lidam com a responsabilização, condenação ou redenção, atuando como tribunais sem júri.

Cancelar alguém nesse cenário transcende a mera interrupção de um serviço; implica reduzir o outro a um objeto descartável. Essa conduta não só prejudica reputações, mas igualmente promove um clima de temor e reticência, atenuando a participação efetiva em conversações. Ademais, sinaliza uma tendência à "condominização" do espaço digital, caracterizada pela predominância da exclusão de opiniões e diferenças que desafiam nossas perspectivas e que somos incapazes de assimilar.

O gesto de cancelamento parece trazer uma satisfação distinta, particularmente potente contra indivíduos aos quais nos sentimos ligados. Contudo, o que de fato implica essa identificação? Como nos lembra Dunker, em campos como a psicanálise e a teoria social, estabelecer uma ligação pode sugerir uma proximidade, porém, no âmbito do cancelamento, pode também indicar uma ruptura, uma desidentificação, em que a competição emerge como uma maneira de interação. A indiferença, contrariamente ao que se poderia presumir, é o verdadeiro oposto da identificação e do amor.

O espaço digital opera sob a presunção de que nossa presença é sempre desejada, o que torna o cancelamento uma forma de "justiça" narcísica. Ele nos permite sentir uma pureza e superioridade moral, mitigando, ao menos temporariamente, nossa sensação de insignificância — um subproduto do narcisismo digital.

A cultura do cancelamento, então, é vista como um sintoma de um mundo que talvez tenha esgotado seu projeto egocêntrico e particularista, refletindo uma crise mais ampla de identidade e pertencimento na era digital. Torna-se crucial interrogar a configuração e a operação das plataformas de redes sociais, que frequentemente promovem a polarização e o antagonismo, em vez de fomentar o entendimento mútuo e a cooperação. Essa análise pode abranger desde a reavaliação dos algoritmos que selecionam o conteúdo exibido na internet até a formulação de diretrizes que incentivem a disseminação de informações benéficas e reprimam atitudes nocivas.

Algumas categorias que nos ajudam a pensar esse fenômeno cultural contemporâneo desenvolvem características próprias. Temos os movimentos de cancelamento por declarações consideradas preconceituosas, como, por exemplo, o caso do ator Kevin Hart, que desistiu de apresentar a premiação do Oscar em 2019 após alguns *tweets* antigos terem exposto um comportamento digital homofóbico. Alguns movimentos de cancelamento ocorrem por comportamentos ou ações antiéticas, como o caso do cineasta Harvey Weinstein, que, por meio do movimento #MeToo, foi demitido de sua própria empresa e entrou em ostracismo na indústria do entretenimento após múltiplas acusações de assédio sexual e abuso.

O cancelamento de empresas por práticas consideradas prejudiciais ou injustas, como a campanha #DeleteUber de 2017, quando usuários deletaram o *app* da Uber em protesto à resposta da empresa a uma greve de taxistas em Nova Iorque relacionada ao banimento de viajantes por parte do governo dos EUA. Outra categoria é o cancelamento por declarações ou ações que contrariam valores sociais dominantes, em que o mais famoso caso é o da autora das obras de Harry Potter, J. K. Rowling, que foi "cancelada" por muitos fãs devido a seus comentários transfóbicos. Já o movimento para "cancelar" personalidades ou entidades que apoiam legislações ou políticas controversas, como foi o caso de várias marcas que anunciaram durante programas de TV que promoviam discursos de ódio ou desinformação, pode ser chamado de cancelamento como forma de protesto político ou social. Por fim, como a autossegregação descrita por Soller, temos o autocancelamento como medida preventiva, a exemplo de celebridades ou figuras públicas que se afastam das redes sociais ou do espaço público temporariamente após reconhecerem que suas ações ou palavras poderiam gerar controvérsia pelo próprio medo do cancelamento massivo.

A cultura do cancelamento é um tema complexo e multifacetado. Por um lado, representa uma forma de responsabilização em uma era em que muitas vezes parece haver impunidade para comportamentos prejudiciais. Por outro lado, é criticada por sua tendência ao julgamento sumário, falta de espaço para redenção e potencial para alimentar o *cyberbullying*.

A discussão sobre a cultura do cancelamento é essencial para entender as dinâmicas de poder, gozo, responsabilidade e mudança social na era digital. Este fenômeno reflete tanto a capacidade das redes sociais de mobilizar para mudanças de agregação ética e respeito às diferenças quanto os riscos associados ao julgamento público sem o devido processo legal ou oportunidade de defesa.

Como afirmam Rosa, Ferreira e Alencar[397], confundir o discurso de uma sociedade com o discurso simbólico facilita a produção de uma dicotomia entre bons/civilizados e maus/bárbaros. Os autores entendem que nesse processo há um deslocamento dos ideais civilizatórios propostos por Freud para os ideais do eu, "centrados no narcisismo de um grupo que naturaliza a segregação"[398]. Já que o ato de não reconhecimento do outro, ou tratá-lo somente como uma ameaça a ser exterminada, no nosso caso cancelado e sua expressa figura aqui tratamos como *deletado*, nada mais produz que não seja segregação, além de afetos como os que descrevemos, especialmente o ódio.

Em tempos de extrema polarização política, radicalidade agressiva contra o diferente, no ciberespaço, as minorias tornam-se alvo de ataques e discursos de ódio. Movimentos da extrema direita, das feministas radicais e de membros de comunidades LGBT que reproduzem transfobia nos servem de argumento. A título de ilustração, *posts* no Instagram da revista *Cult* que tratam de discussões de gênero e transexualidade foram massivamente atacados por grupos *radfem*, bem como o perfil da ativista trans Helena Vieira, e, em janeiro de 2024, o perfil desta que vos escreve — eu mesma fui massivamente atacada com comentários homofóbicos, transfóbicos e xenofóbicos. Essa narrativa digital parece se espalhar pelo mundo; poderíamos citar centenas de casos parecidos. A lógica de eleger esse "inimigo" que impede de ter, ser, conquistar, viver a felicidade e tudo que "desejo", nada mais faz que desenlace[399].

---

[397] Rosa, M. D., Penha, D. A., & Ferreira, P. D. (2018). Intolerância: Fronteiras e psicanálise. *Revista Subjetividades*, 105-113.
[398] *Ibidem*, p. 87.
[399] *Idem*.

Como afirma Beck[400], em tempos de comunicação digital, a sociedade construída sob a tutela do risco é responsável por uma importante dinâmica estrutural, pela qual os riscos globais criam novas formas de "comunidades". O problema é que essas comunidades às quais Beck se refere não são com unidade. A unidade é o discurso que prega a universalidade de Uns que não forma Um. Seguindo o pensamento do autor, "a catástrofe real seria o controle hegemônico invisível em uma escola global. Quanto mais completo e total é o controle global da informação, mais ele desaparece da consciência das pessoas e se torna invisível"[401].

Ora, mas não vivemos esse cenário nos dias de hoje? Afinal, questões sobre a privacidade e liberdade na contemporaneidade ainda não foram solucionadas no debate sobre governabilidade. No âmbito sociopolítico e clínico, os efeitos das repartições espaciais construídas no digital já são, como vimos, visíveis e causam preocupação. No capítulo seguinte, vamos nos dedicar a analisar o surgimento de uma figura de segregação de nosso tempo que chamamos de *deletáveis*, seguindo a ilustração fílmica de tecnologias de segregação e extermínio pensadas em duas séries distópicas: *Philip K. Dick's Electric Dreams* e *Black Mirror*.

---

[400] Beck, U. (2018). *A metamorfose do mundo: Novos conceitos para uma nova realidade*.
[401] *Ibidem*, p. 185.

Capítulo 12

DELETÁVEL: FIGURA DE SEGREGAÇÃO DIGITAL

Antes de adentrarmos este capítulo, cabe ressaltar algumas questões metodológicas que dizem respeito à escolha da forma como tal percurso será traçado, tomando como referência os trabalhos de Leo Barros[402], que analisa o cinema zumbi em seu livro, e Nobre, Lima e Couto[403], que analisam um episódio de *Black Mirror* no segundo capítulo do livro *Corpo e cultura digital: diálogos interdisciplinares*. Assim, também interessa problematizar a pertinência do cinema como recurso metodológico a fim de pensar a respeito das vicissitudes do social em busca de articular nossa hipótese.

Como orienta Barros, embora o trabalho com filmes não seja algo inédito, alguns cuidados são necessários e bem-vindos. A forma como nosso tempo é marcado pelas artes não é a mesma de Freud ou de Lacan. "A televisão, o cinema e a internet fazem parte do cotidiano do humano comum, e através dessas mídias também chegam a ele os discursos em vigência sob a forma de informações, notícias e fatos"[404]. Desse modo, o cinema, as séries e outras expressões de linguagem têm uma presença marcante nos dias de hoje e constituem elementos que mostram algo a respeito da cultura.

Nesse sentido, Gerbase aponta que "um bom filme recria o mundo dramaticamente, enquanto uma boa psicanálise desvenda o drama para entender o mundo, que não se deita no divã"[405]. Sempre foi um grande interesse de Freud pensar, por meio da arte, em alguma medida, o que se passa na sociedade tomando aquilo que a psicanálise nos permite interrogar.

Por intermédio do cinema, como afirma Barros, a cultura pode operar um tratamento do Real, "fornecendo ao impossível uma borda imaginária e simbólica que o inscreve no campo da linguagem"[406]. Portanto, seguindo a proposta do autor, com o cinema, seria possível imaginarizar o simbólico

---

[402] Barros, L. (2020). *A politização da morte e a zumbificação da vida*.
[403] Nobre, M. R., Lima, N. L., & Couto, J. (2018). *Corpo e saber em Black Mirror: O que se transmite na realidade virtual*.
[404] Barros, L. (2020). *A politização da morte e a zumbificação da vida*, p. 103.
[405] Gerbase, C. (2011). *Cinema: o divã e a tela*, p. 8.
[406] Barros, L. (2020). *A politização da morte e a zumbificação da vida*, p. 106.

do real, compor uma imagem — uma figura — que reúne elementos não simbolizados pela cultura. Nesse sentido, tomamos o *deletável* como uma figura[407], aquilo que se mostra aos olhos: "uma pluralidade de aspectos, aparências e manifestações através das quais se pode reconhecer uma mesma forma"[408].

Para pensarmos em sujeitos que representem uma imagem categórica específica e sejam veiculados como figura de segregação em um mundo tecnologicamente pautado por nossa interação com o digital, utilizaremos as críticas tecnopolíticas presente nos respectivos episódios: "Kill all others" (Mate todos os outros), da série *Philip K. Dick's Electric Dreams*, do canal de *streaming* Amazon Prime Video; e "Nosedive", da série *Black Mirror*, da Netflix. Assim, para nós, o *deletável* surge, em ambas as séries, como alegoria da aplicação tecnológica discursiva sobre a experiência diante da irrupção do Real, da diferença, que marca o laço social. Vejamos.

A crítica social em Philip K. Dick: análise de "Kill all others"

O episódio "Kill all others" (2018) está disponível no canal de *streaming* Amazon Prime Video. Faz parte da série *Sonhos Elétricos de Philip K. Dick*, que compila dez adaptações dos contos de um dos maiores escritores do gênero ficção científica. Philip K. Dick (1928-1982), também conhecido como PKD, foi autor de livros e contos que inspiraram filmes de sucesso mundial, tais como: *Blade Runner* (1982), de Ridley Scott, e *Minority Report* (2002), de Steven Spielberg. Aliás, é autor do conto a que fizemos referência no segundo capítulo, *A coisa-pai*.

"Kill all others" foi adaptado pela cineasta e roteirista estadunidense Dee Rees do conto "O enforcado desconhecido", escrito por PKD em 1953, inserida numa antologia que explora temas futuristas e distópicos, refletindo sobre a condição humana, tecnologia e poder. Esse episódio, em particular, destaca-se por sua abordagem crítica sobre a manipulação política, a perda de individualidade e a conformidade forçada dentro de uma sociedade futurista. Optamos por analisar o episódio, e não o conto, por dois motivos: o episódio insere elementos políticos e críticos referentes à base temporal atual; e as tecnologias embarcadas no episódio vislumbram um futuro que está em nosso horizonte.

---

[407] Benslama, F. (2016). L'avenir de la ségrégation. *Cliniques Méditerranéennes*, 9-19.
[408] *Ibidem*, p. 10.

O ano é 2054, a formatação geopolítica da América do Norte é outra. Um grande Estado-nação composto pelo que hoje é o México, EUA e Canadá havia sido formado. Surge a meganação de MexUsCan. O episódio se passa em meio ao pleito presidencial da eleição unipartidária do país, com as entrevistas televisivas da Candidata (Vera Farmiga) marcando o principal acontecimento do momento.

MexUsCan parece a realização dos sonhos cibernéticos atuais, completamente automatizada e embarcada em tecnologias funcionais de uma aplicação generalizada da internet das coisas. Sistemas de coleta de dados, transporte totalmente autônomo, telas enormes por todas as partes, casas populares automatizadas e controladas por voz, segmentação de consumo personalizada com propagandas holográficas que surgem em todos os ambientes da casa. O imperativo geográfico da lógica do condomínio segue, a população é constantemente bombardeada por mensagens publicitárias e políticas, visando manter todos sob um controle ideológico rígido.

Nesse cenário, Philbert Noyce (Mel Rodriguez) é um trabalhador de controle de qualidade pouco motivado em uma fábrica de carros automatizada. Alguns problemas da automatização de tudo e do avanço das tecnologias são tematizados: precarização do trabalho, excesso de controle e consumo. A fábrica em que Phil trabalha tem apenas quatro funcionários, mas com um grande espaço desocupado, um vazio que indica um possível processo de demissão ou realocação em massa recente.

Consumir é o mantra universalizante da época. Comprar é o remédio para a apatia e a tristeza. Os hologramas publicitários que surgem inesperadamente nos cômodos da casa parecem ser a máxima realização da coleta de dados e da regulação algorítmica. Afinal, seduzem, literalmente, com assertivas personalizadas, baseadas nos interesses coletados do personagem-alvo. Cenário que descreve o triunfo do hiperindividualismo capitalista banhado por dispositivos de modulação tecnocientífica.

Em meio ao cenário político eleitoral de MexUsCan, Philbert assiste atentamente a mais uma entrevista da Candidata única à Presidência. Em meio às promessas de campanha sobre educação pública, a Candidata promete, em suas palavras: "renovar o compromisso com a educação e investir nas escolas públicas. Como eu sempre digo, precisamos examinar nossa infraestrutura. Temos que matar todos os outros (*kill all others*)".

Surge então a pergunta que ronda todo o episódio e que nos inquire: quem são os outros? Quem são os que devem ser mortos? Poucas pessoas atentam à mensagem que surge no "debate", fazendo com que não tenham comentários substanciais nas redes sociais e nenhuma atenção da mídia televisiva para o assunto. Philbert, um trabalhador comum e inicialmente apolítico, começa a questionar a realidade ao seu redor, enfrentando a indiferença ou hostilidade de todos com quem tenta compartilhar suas preocupações.

À medida que Philbert se preocupa com a mensagem direcionada aos "outros", ela aparece com mais frequência. Não demora para diversos *outdoors* com as inscrições *kill all others* invadirem a cidade. Então, Phil tem um "ataque de pânico" no metrô e passa a ser monitorado por um aparelho digital semelhante aos atuais relógios inteligentes. Tal aparelho é mais um objeto ancorado na rede digital que monitora e coleta dados para mapeamento de informação sobre o usuário.

A preocupação de Phil com a fala da Candidata passa a segmentar as análises de dados e de perfil sobre ele. É quando surge um *outdoor* que, além da mensagem, tem um corpo enforcado. Aparentemente nenhum cidadão dá importância a isto; nem seus amigos, nem sua mulher. Todos dão de ombros dizendo que é um "exagero" de propaganda, apenas um boneco. Mas a pergunta continua: e quem são os outros?

Durante uma das entrevistas da Candidata, Phil resolve fazer uma videochamada para o programa, a fim de questionar os *outdoors* e o discurso facínora — usando, contudo, um nome falso, capuz, óculos de sol, enfim, todo o aparato do qual dispõe para que não seja identificado. Porém, melhor sorte não socorre o personagem, pois, por meio de reconhecimento facial, voz e todo o mecanismo tecnológico de dados, o sistema o "desmascara" e mostra o seu nome verdadeiro na tela, expondo a sua real identidade.

Esta exposição faz com que o personagem assuma um papel de risco: agora que resolveu se insurgir contra o discurso e a uniformização de papéis imposta, Phil assume, forçadamente, o lugar do "outro". O sistema diagnostica Phil como "outro", tornando-o uma figura que não é mais bem-vinda e que, portanto, não será tolerada. Assim, ao questionar a mensagem e agir fora dos padrões algoritmicamente organizados sob o ideário de sociedade proposto por MexUsCan, Philbert tenta provar que não é delírio e que não é "outro", indo até o *outdoor* para mostrar ao mundo que se trata, ali, de uma pessoa morta, não de um boneco pendurado. Logo, Phil percebe que, ele mesmo, é um "outro". Surge, então, enforcado no lugar do anterior desconhecido.

Como esclarece Dunker[409], o diagnóstico de um tempo reconhece, nomeia e sanciona formas de vidas entendidas como perspectiva provisória e montagem híbrida entre exigências de linguagem, de desejo e de trabalho. "Kill all others" tem todos os elementos para uma profunda crítica às formas de vidas constituídas com a elevação e o imbricamento potencial do discurso do capitalista com as tecnociências.

Uma sociedade extremamente desenvolvida do ponto de vista tecnológico é paradoxalmente precarizada do ponto de vista simbólico e imaginário ao valer-se da segregação como tratamento ao real. A Um-i-versalização de uma forma de vida baseada na regulação algorítmica e no apagar, literalmente, das diferenças. Assim, na medida que a cultura se torna inócua no que diz respeito à sua eticidade, e que esta se torna expressão de uma política identitária, o resultado estrutural é a hipótese permanente de que outras formas de vida detêm um fragmento de gozo que está na raiz de nossas disposições de preconceito e segregação[410].

Ao furar e questionar a ordem vigente, Philberg perfura os muros condominiais algorítmicos da universalização discursiva, posiciona-se como sujeito em direção a um outro que não faz laço. Os impactos de suas ações no digital são sentidos no plano físico. Esse outro lê o sujeito não como próximo, mas como uma espécie de forma identitária que é, seguindo Fontenele, Souza e Lima[411], engendrada no e pelo discurso, tornando-o um *deletável*, um "matável".

A radicalidade desse episódio, em nossa análise, está na tensão tecnopolítica e sua extensão na passagem ao ato da violência e agressividade em uma figura de segregação percebida e compilada digitalmente. O discurso da Candidata, gerido pela base tecnológica do *big data* e da internet das coisas, produz categorias como formas de organização das manifestações problemáticas da subjetividade de um tempo que, facilmente, se confunde com o hoje.

Com afirmam Fontenele, Souza e Lima[412], cada forma de resistência, cada modalidade de subjetividade que se apresenta como uma nova dificuldade ao funcionamento da lógica civilizatória corresponde à produção de uma figura da segregação, uma categoria que coloca cada um no seu

---

[409] Dunker, C. (2015). *Mal-estar, sofrimento e sintoma: Uma psicopatologia do Brasil entre muros.*
[410] Idem.
[411] Fontenele, T. C. B., Sousa, L. B., & Lima, M. C. (2018). A segregação em Lacan cinquenta anos depois. *Psicologia Clínica*, 493-505, p. 500.
[412] Idem.

lugar. O lugar, nesse caso, é um lugar fora do espaço comum a todos. Afinal, como sugere Philip K. Dick, em um cenário de intolerância e segregação, somos todos potencialmente "outro".

Espelho negro sem reflexo: segregação em *Black Mirror*

Chegamos, portanto, seguindo nossa proposta de ilustração fílmica, a *Black Mirror*. Trata-se de uma antológica série inglesa de ficção científica criada por Charlie Brooker, originalmente exibida pelo Channel 4, comprada pelo canal de *streaming* estadunidense Netflix. Está entre as séries de maior sucesso no mundo, trazendo cenários críticos, catastróficos e apocalípticos sobre questões éticas do uso e desenvolvimento das tecnologias digitais.

A série é conhecida por sua descontinuidade, ou seja, não há uma sequência lógico-temporal entre as temporadas e os episódios. Traz roteiristas, escritores e atores diferentes em cada um dos cenários tecnológicos de *Black Mirror*. Utilizaremos, para mostrar a alegoria de nossa hipótese, o episódio "Nosedive", escrito por Michael Schur e Rashida Jones. Lançado em 2016, este é o primeiro episódio da terceira temporada da série. Vamos nos deter às referências críticas que mostram, em nossa leitura, um possível representante tecnopolítico da figura de segregação que aqui tratamos, o *deletável*.

O episódio funciona como o espelho partido de uma sociedade em estágio paródico em que situações que poderiam ser consideradas improváveis, farsescas ou hiperbólicas se tornam possíveis e se efetuam, não sem produzir uma perplexidade geral. Descreve uma sociedade na qual as pessoas avaliam umas às outras por meio de um aplicativo que gerencia o nível de popularidade dos cidadãos. Uma espécie de Instagram com sistema de pontuação semelhante ao utilizado pela Uber, seguindo um padrão que varia de uma a cinco estrelas.

Esse sistema de pontuação é utilizado por quase todos os serviços, funcionando como um sistema de vigilância massiva e participativa, consentida. Quanto maior a avaliação no aplicativo, maiores as possibilidades de acesso a produtos e serviços segmentados e exclusivos. Desde o aluguel de uma casa em um condomínio à compra de passagens aéreas, o sistema de avaliação de "Nosedive" dita o ritmo da universalização em um contexto controlado pela categorização digital.

A protagonista, Lacie Pound (Bryce Dallas Howard), tem índice de popularidade de 4.2, nota bem acima da média, mas abaixo da pontuação dos *digital influencers*, que têm acesso aos produtos personalizados e exclusivos. Ironicamente, a protagonista mora com seu irmão, Ryan (James Norton), que tem índice de aprovação consideravelmente inferior, contudo isto não o preocupa.

Lacie está morando em um local cujo contrato de aluguel está perto de expirar, e deslumbra-se com a possibilidade de se mudar para um condomínio de luxo, o *Pelican Cove*. Porém, Lacie não tem recursos suficientes para custear a operação e sua atual pontuação não lhe dá acesso ao desconto exclusivo, disponível apenas para quem tem pontuação superior a 4.5. Assim, começa a caçada da protagonista por melhores avaliações que a qualifiquem com a nota necessária.

Em "Nosedive", a popularidade nas redes torna-se moeda social em tempo real. Para ter acesso a um imóvel, a relacionamentos e trabalho é preciso se capitalizar com a moeda dos *likes*, ser amável, sorridente, educado e comportado 24 horas por dia, sob pena de despencar na bolsa de valores dos comportamentos e receber punições.

Como a avaliação depende da aprovação do outro, uma provável solução seria relacionar-se com pessoas influentes que pudessem alavancar seu índice. Aparece, então, Naomi (Alice Eye), a amiga de infância de Lacie, que a convida para ser dama de honra em sua festa de casamento. Ao perceber que a noiva tem uma classificação de 4.8 e muitos dos amigos que estarão presentes possuem uma pontuação alta, Lacie ensaia um discurso forte e comovente, com a intenção de receber notas altas e elevar sua pontuação. O problema é que todas as interações sociais estão sujeitas a uma avaliação em tempo real, que pode ser convertida em mais acessos e vantagens sociais ou em segregação. Assim, começa a queda livre de Lacie.

Chegando ao aeroporto, descobre que o voo foi cancelado e entra em várias discussões — cada desentendimento resulta em avaliações negativas. Então, a jovem protagoniza uma cena de frustração no aeroporto, e a segurança, a fim de puni-la, temporariamente baixa sua classificação em uma estrela e dobra as punições de todas as notas baixas que receber.

Com uma pontuação baixa, resta-lhe a opção de alugar um modelo de carro antigo para uma viagem de nove horas até o local onde ocorrerá o casamento de Naomi. A partir deste ponto, tudo que potencialmente poderia piorar piora. A bateria do veículo descarrega e não há meio de carregá-lo novamente, já que o adaptador elétrico não é compatível com a estação de energia encontrada. Lacie empenha-se em pedir carona, mas os motoristas passantes recusam-se a dar carona, por causa de sua baixa pontuação.

Em dado momento, a personagem consegue uma carona com Susan (Cherry Jones), uma motorista de caminhão. Susan revela que já fora obcecada por pontuações e índices, até que seu marido faleceu por não receber um tratamento experimental contra o câncer por "ser um 4.3" — o beneficiado foi escolhido por ter 4.4. Aqui temos a dimensão real da segmentação digital.

Em "Nosedive", a demanda de amor é convertida no extremo da polidez, portanto a hipocrisia e a reciprocidade forçada criam muros de imaginarização e anomia, uma normatização universalizante. Afinal, se alguém cai em "baixa" como a personagem Lacie, terá de mendigar estrelinhas e simpatia ou será aos poucos penalizada até ser expulsa do sistema, ou seja, segregada.

Assim, ao tomar conhecimento da nova nota, Naomi liga para Lacie e diz-lhe que não mais será bem-vinda no casamento, uma vez que sua classificação caiu para 2.6. Transtornada, Lacie persiste e decide que irá de qualquer maneira à festa de casamento. O acesso ao condomínio de luxo em que acontece o casamento também é condicionado ao índice de pontuação. Desse modo, já que a classificação está muito baixa para entrar oficialmente, a protagonista tenta infiltrar-se pelos arredores. Ao pular o muro do condomínio, Lacie prontamente executa seu discurso e de repente ameaça o noivo de Naomi, Paul (Alan Ritchson), com uma faca quando ele tenta tomar-lhe o microfone.

Lacie acaba sendo presa e tem a tecnologia de classificação confiscada. Ao chegar à cela da prisão, Lacie começa a trocar insultos com um prisioneiro, e a raiva inicial transforma-se em alívio, na medida em que ambos percebem que agora estão livres para falar o que desejam.

Nesse sentido, o sistema de pontuação de "Nosedive" realiza uma clara demonstração da segregação com prática de repartição espacial mediada por tecnologias digitais. Representa a máxima potência de práticas discriminatórias e excludentes que constroem uma figura que deve estar fora de circulação. Assim, a alegoria do *deletável* é representada pela figura que não homogeneíza, furando a expectativa generalizada e universalizante.

O episódio, lançado em 2016, encena o presente do futuro, mostrando como essas questões já existem em potência em nosso cotidiano. Afinal, um sistema de pontuação semelhante está sendo implantado pelo governo chinês desde 2020[413]. Torna-se uma política pública na China o uso de dados pessoais coletados por um grande sistema de vigilância implantado por todo o país, catalogando cidadãos e empresas.

O sistema de crédito social chinês é uma iniciativa governamental abrangente projetada para avaliar o comportamento de indivíduos, empresas e organizações governamentais, promovendo práticas consideradas positivas e penalizando aquelas vistas como negativas, conforme os padrões estabelecidos pelo governo. Este sistema visa fomentar uma sociedade mais confiável e harmoniosa, utilizando uma combinação de monitoramento, tecnologia de dados e análise para influenciar e controlar o comportamento público e privado.

A ideia de um sistema de crédito social começou a ser discutida na China no início dos anos 2000, mas foi em 2014 que o governo chinês, liderado pelo Partido Comunista, iniciou a implementação de programas-piloto. O objetivo era desenvolver um sistema nacionalmente integrado até 2020, embora diferentes regiões tenham adotado abordagens variadas para sua implementação.

Durante a pandemia, o sistema desempenhou papéis adicionais, relacionados principalmente ao monitoramento e controle da disseminação do vírus, bem como à promoção de comportamentos de saúde pública. A expansão do uso do sistema de crédito social em resposta à pandemia de Covid-19 intensificou debates sobre privacidade, liberdade individual e os limites do controle estatal. Assim, a pandemia proporcionou ao governo uma justificativa para acelerar a coleta de dados e o monitoramento de cidadãos, aumentando as capacidades de vigilância e controle sob o pretexto de saúde pública.

Por outro lado, o sistema aponta para sua eficácia em promover a conformidade com medidas de saúde pública, contribuindo para o controle relativamente eficaz da pandemia na China, em comparação com outras partes do mundo. O sistema de crédito social, com outras medidas de vigilância e controle, desempenhou um papel crucial na rápida resposta do país à crise.

---

[413] *Cf.* https://www.dw.com/pt-br/como-funciona-o-sistema-de-pontos-que-a-china-quer-implementar/av-48805564.

A ideia chinesa é dar compensações para quem tiver um bom comportamento e punir quem não tiver uma pontuação alta. O sistema recolhe dados de saúde, comportamento, finanças e acesso à mídia. Assim, ser catalogado como mau cidadão implicará castigos tão diversos como a proibição de se alojar em alguns hotéis, viajar da forma mais confortável ou a possibilidade de que os filhos estudem em escolas melhores. A prática segregativa digital sai do plano *online* para o *offline*.

Como em "Nosedive", as consequências de sistemas de "crédito social", como o Uber, Airbnb ou do projeto tecnopolítico chinês, demonstram-se assimétricas. Como nos perguntam Miller e Milner[414]: "você quer mesmo ser avaliado"? Afinal, ao não sabermos como são construídos os algoritmos que segmentam os dados e o método de qualificação de notas, essas tecnologias surgem como técnica prática de segregação em nome da otimização de Um discurso. O espelho negro sem reflexo é esse que encontramos em cada parede, em cada mesa, na palma de cada mão; a tela fria e brilhante de um celular, um monitor ou uma televisão.

---

[414] Miller, J-A & Milner, J-C (2006). *Você quer mesmo ser avaliado?*.

CONSIDERAÇÕES FINAIS

Ao nos depararmos com os inúmeros caminhos abertos pelo desenvolvimento das tecnologias digitais, devemos estar sempre atentos ao horizonte reflexivo do potencial efeito de tais tecnologias no sujeito. Decorrente do abismo cada vez maior entre gozo, poder e política, vivemos a perda completa da esperança de alcançar a felicidade em algum lugar idealizado no futuro, passamos então ao encantamento da retrotopia[415], a utopia do passado, o que leva à glorificação de práticas e projetos de tempos idos.

Com isso, diante de algo novo, tendemos a fazer pelo menos dois movimentos contínuos na esfera ideológica. A percepção otimista das esferas da novidade como resposta para nossa infeliz vida. A ideia catastrófica e apocalíptica do juízo acerca das esferas que constituem os nossos modos de vida vigente. Portanto, ao tecermos um pensamento crítico-reflexivo acerca dos efeitos no sujeito das tecnologias digitais, estejamos sempre atentos para não cairmos nas armadilhas da retrotopia.

Podemos, então, apostar na tecnologia como panaceia para a resolução histórica dos problemas da humanidade? Podemos acreditar na sutura perfeita para o mal-estar promovida pelo ideário libertário que as soluções matemáticas digitais prometem? Seguindo a construção de nosso trabalho, nossa resposta para isso é não! E, ao acreditar em questões como essas, abrem-se possibilidades realmente desoladoras sobre o futuro das bases que compõem a coletividade, o comum e a relação do sujeito com o outro em laço.

Como sabemos, a matemática é uma escrita do Real, mas não deixa de ser uma linguagem. Então, pela lógica, é impossível unificar as propriedades do sujeito e do outro. Só que aí vem o problema: a lógica cibernética representa a radicalização última da racionalidade iluminista. A criação de parâmetros e predição para tudo. A estatística produzindo a menor partícula da probabilidade. Aproximando-nos dos argumentos de Žižek[416] ao demonstrar o erro dos teóricos da cibercultura, tanto otimistas quanto pessimistas, acreditamos que o sujeito, o outro, o Real, o sexo e a morte continuarão resistindo. Porém, sob que condições?

---

[415] Bauman, Z. (2017). *Retrotopia*.
[416] Žižek, S. (2013). *O amor impiedoso (ou: sobre a crença)*.

Já que é impossível zerar e totalizar, é possível reduzir isso a uma partícula tão pequena quanto um fóton, aniquilando o laço. Os processos computacionais e a aprendizagem de máquina fazem com que a racionalidade extrema assuma uma figura totalizante.

Assim, seguindo a noção lacaniana, segregação em psicanálise é, portanto, efeito de discurso e, sobretudo, uma forma de organização do social, uma "via de tratar o insuportável, o impossível de suportar"[417]. Vimos com Fontenele, Souza e Lima[418] que esse termo, elevado à sua condição de significante, surge tanto como princípio quanto como efeito de um ideal universalizante. Portanto, é preciso, guiados pela psicanálise, distanciarmo-nos do referencial predominantemente moral do significante, levando em conta a dualidade que surge com a entrada do humano na fala e a atual tomada vinculante do discurso do capitalista com as tecnociências, para, assim, empreendermos uma análise do fenômeno seguindo a lógica que o discurso instaura.

Desse modo, seguindo os trabalhos-referência sobre o tema, a segregação digital é mais um dos efeitos do discurso universalizante do capitalismo neoliberal sobre o real da diferença. Sua prática é uma técnica socioeconômica acerca da política de sofrimento e amplitude da modulação simbólica e imaginária no mundo contemporâneo. Os processos de desinformação e questionamento de bases científicas pacificadas, que não deveriam mais levantar dúvidas — por exemplo, os quase 13 milhões de brasileiros que acreditam no terraplanismo[419] —, encontram sua força em espaços que reforçam ainda mais as crenças imaginárias e míticas. A tentativa de suturar o desamparo pela gestão e técnica efetivamente aponta para o cinismo, a obscenidade, a violência, entre outros diagnósticos a serem observados com o avançar do tempo e em futuras pesquisas.

A resposta para esse fenômeno surge em sua figura: o *deletável*. Como expomos em nossa ilustração fílmica, o deletável é a figura de segregação que fura a lógica do condomínio[420], em nossa leitura digital, como expressão narcísica da diferença. Nos episódios trabalhados, tanto em *Black Mirror* quanto em *Philip K. Dick's Electric Dreams*, temos a exposição de vertentes

---

[417] Soler, C. (1998). Sobre a segregação. Em L. Bentes, & R. F. Gomes, *O brilho da inFelicidade* (pp. 43-54). Contra Capa, p. 46.

[418] Fontenele, T. C. B., Sousa, L. B., & Lima, M. C. (2018). A segregação em Lacan cinquenta anos depois. *Psicologia Clínica*, 493-505, p. 500.

[419] *Cf.* https://www1.folha.uol.com.br/ciencia/2019/07/7-dos-brasileiros-afirmam-que-terra-e-plana-mostra--pesquisa.shtml.

[420] Dunker, C. (2015). *Mal-estar, sofrimento e sintoma: Uma psicopatologia do Brasil entre muros.*

distintas de possibilidades que as tecnologias digitais, a discursividade universalizante e a regulação algorítmica concentram em seu núcleo: o social sem laço como imperativo universalizante no apagar das diferenças e na evitação da evanescência do sujeito.

Assim, o *deletável* equivale ao "matável" no plano digital, o apagar do sujeito que fura os muros universalizantes da lógica discursiva organizada pela algoritmização e matematização de tudo. Esta figura que aqui propomos não tem rosto; sua expressão é Real segundo a lógica simbólica organizada digitalmente no *online* com implicações no *offline*. Deflagra consequências políticas, técnicas e práticas no plano físico. Em nosso tempo, o digital é a realidade material mediada pelas telas e modulada por algoritmos e inteligências artificiais. Portanto, concluímos que o *deletável* equivale ao conjunto de figuras de segregação organizadas e matematizadas por meio das tecnologias digitais. Pode ser o negro, o autista, o homossexual, o transgênero, o pobre ou qualquer sujeito que fure a lógica discursiva do Um.

Tal constructo reflexivo torna-se possível com nossa leitura da construção técnica que originou o espaço digital da internet. Muitas análises podem ser tomadas com base nesse fenômeno, mas o que propomos aqui é a estruturação do ciberespaço. Assim, valendo-nos das leituras sobre a cibercultura e a origem histórica da cibernética, organizamos o ciberespaço em quatro tempos lógicos que se engendram em um percurso temporal.

Temos, então, a invenção da internet, em 1969; a concepção do que chamamos de campos algorítmicos organizados pela criação da *world wide web*, em 1989; a formulação técnica da *web* semântica na virada do atual milênio, conhecida por *web 3.0* — que concentrou algoritmicamente os usuários em bolhas digitais —; finalmente, a modulação de dados das atuais concepções tecnocientíficas da inteligência artificial, *big data* e internet das coisas, construindo muros invisíveis que concentram bolhas individuais em condomínios digitais. Eis o efeito da segregação digital.

Os criadores desses sistemas, evidentemente, tentam ao máximo transformar essa deficiência em um grande benefício disfarçado, apresentando-o como um passo rumo à objetividade que, uma vez universalizada, vai nos permitir levar a política além da ideologia para o domínio dos dados empíricos e da racionalidade. A política que coloca a inteligência artificial no centro de suas operações nos promete perfeição e racionalidade. Ao fazer isso, contudo, ela aplaina a imensa complexidade das relações humanas, simplificando narrativas complexas em regras algorítmicas que não são transparentes, ordenando e, de fato, mantendo as massas humanas separadas, aprisionadas em bolhas e segregadas em condomínios digitais.

Assim, seguindo o psicanalista Gérard Pommier[421], devemos aprender a nos proteger do ideário discursivo das megacorporações do Vale do Silício, que acumulou tantos dados (*big data*) sobre nossa subjetividade que parece ser capaz de investigá-la, calculá-la e, assim, ser capaz de manipulá-la à vontade graças aos algoritmos. Uma interioridade modulada pela previsibilidade ainda é uma interioridade? Não se torna pura ilusão?

O *big data* tem a maioria das virtudes das religiões antigas que eram o ópio de um povo dolorido. Mas, para melhorar a aparência, o *big data* não depende deles. As religiões prometeram uma sobrevivência. "O *big data* considera mais econômico se contentar com uma sub-vida"[422].

Assim, o *big data* só sabe o que já está lá. Dessa maneira, Pommier afirma que, na contemporaneidade, o sujeito tem nele a divisão entre seu desejo e o que o determina: "é o estoque de dados do *big data* que pode retê-lo"[423]. Assim, o sujeito só terá de obedecer a uma ordem algorítmica gerenciada: não há futuro.

A crítica de Lacan[424] ao futuro que enxergava em seu horizonte deságua no atual desenvolvimento tecnocientífico. Sua crítica não se propõe a colocar a ciência como inimiga, pelo contrário, o pensamento verdadeiramente científico é questionador, lógico e aberto. Sua crítica se estende aos processos de apropriação dos mercados comuns em direção a uma objetivação e apagamento da possibilidade de emergência daquilo que a psicanálise chama de sujeito. É uma crítica ao processo de gestão e segmentação de um discurso que retira de cena o laço com o outro, o discurso do capitalista e sua tecnociência.

Em um mundo terrivelmente universalizante, controlado por dados, previsível pela regulação algorítmica, o atual cenário científico nos questiona: para que confrontar a realidade em sessões semanais de psicanálise? Afinal, alguma inteligência artificial sob o controle do *big data* poderia dar as coordenadas e os tratamentos motivacionais de otimização individual que surgem com o discurso do capitalismo neoliberal dão a confirmação.

---

[421] Pommier, G. (2019). Paradise Apple. *Cliniques Méditerranéennes: Psychanalyse et Psychopathologie Freudiennes*, 55-68.
[422] *Ibidem*, p. 62.
[423] *Ibidem*, p. 62.
[424] Lacan, J. (1998a). *A ciência e a verdade*.

Um projeto que visa retirar o conflito, a política, a diferença, o sujeito, mantendo todos matematicamente organizados em cidades inteligentes, com alimentação de dados em tempo real fornecida e gerenciada pela internet das coisas. O triunfo da sociedade de risco[425] por meio da regulação algorítmica[426]. Aqui está o projeto defendido pela atual lógica discursiva que afirma nos "libertar", valendo-se de um paradoxo insustentável, acusando a burocratização do Estado e buscando fazer uma política apolítica em nome de uma propensa liberdade individual, encapsulando-nos em bolhas digitais organizadas em muros de condomínios digitais. Liberdade individual modulada por algoritmos e com núcleo de poder privado? Liberdade sem sujeito, em uma versão apaziguada 3.0? Homogeneização em torno do Um, segregando espacialmente as diferenças?

Assim, trata-se de uma visada sobre as formas pelas quais o mais singular de um gozo, que não raro é ponto mesmo da segregação, pode se enlaçar (ou não) ao coletivo em renovadas formas de laço social[427]. O sujeito que não trabalha mais com seus restos é atraído pelo brilho da Coisa, seja ela o Real, seja Deus, a felicidade, ou dos *gadgets* à internet das coisas. Sua resposta é a espera de uma colisão resignada e sem sentido. O mal-estar na cibercultura é muito mais lúcido; a verdade tecnocientífica ofusca a visão.

Como exposto ao longo deste trabalho, o projeto tecnocientífico que nos engendra em bolhas trata de obter o máximo possível de informações sobre os gostos e *modus operandi* de cada um dos usuários para coletar e hipersegmentar. Esta noção parece produzir uma falsa sensação de pertencimento, engendrando o fenômeno hiperimersivo no ciberespaço. Essa lógica inverte a própria noção de consumo. Os usuários passam a ser o produto a ser vendido para outras empresas em uma retroalimentação de consumo. Portanto, essa corrida hipnotizante deixa o espectador no lugar de um objeto. Nesse sentido, como afirma Wolodarsky[428], a ditadura do mais-de-gozar é devastadora, afetando singularmente o lugar do analista como aparência de objeto.

A impossibilidade torna-se coisa do passado e o sujeito, assolado por tal lucidez vive perdido num esgotamento profundo. A psicanálise nos ensinou, porém, que a lucidez excessiva é, sobretudo, loucura. A ciência transmutada em tecnociência não mais incita no sujeito a dúvida quanto

---

[425] Beck, U. (2018). *A metamorfose do mundo: Novos conceitos para uma nova realidade.*
[426] Morozov, E. (2018). *Big tech: A ascensão dos dados e a morte da política.*
[427] Caldas, H., & Boechat, C. (2018). A clínica psicanalítica na rua diante da violência e segregação. *Revista Subjetividades*, 13-23.
[428] Wolodarsky, D. (2017). Machines à ségréguer. *La Cause du Désir: Internet avec Lacan*, 97, 69-71.

à verdade do Real, talvez porque é conveniente ao discurso do capitalista que o sujeito acredite no Real, sem mediação da construção de sua própria verdade. Afinal, a ciência toma todos os sujeitos por igual; a psicanálise é o único discurso racional e comunicável que, operando sobre o mal-estar, sustenta a condição particular do sujeito. Assim, é mediante a reintrodução da função da verdade no campo do saber racional que a psicanálise proporciona a evanescência do sujeito[429].

Na medida em que a ciência, a tecnologia e o capitalismo continuam a evoluir conjuntamente em uma rede global cada vez mais densa, a questão suprema apresentada por Best e Kellner[430] é se a espécie humana, enquanto sujeito, consegue reformular as forças motrizes da mudança para harmonizar a evolução social com a evolução natural, de tal modo que a diversidade e a complexidade cresçam em ambas as esferas. Em outro extremo, será que os progressos atuais produzirão guerras e destruição intensificadas, a morte do sujeito, a espoliação da Terra e até mesmo o fim de toda a complexidade da vida? Nenhuma das opções está predeterminada, ambas são futuros possíveis; assim, essa tensão e essa ambiguidade em si são aspectos fundamentais da aventura contemporânea que, como vimos, é realizada em nome do controle, da gestão, da normatização, pactuada pela lógica do discurso capitalista.

Ficam abertas aqui muitas lacunas que podem ser exploradas por outros pesquisadores. Uma discussão madura sobre a construção de um futuro tecnológico robusto tem de partir do reconhecimento de que esse futuro tecnológico deverá ser desvinculado do neoliberalismo[431]. De todo modo, acreditamos ter contribuído tanto para uma reflexão psicanalítica crítica do estado atual de nossa civilização quanto para o campo de estudos da cibercultura. Daí ser urgente que nos lembremos do alcance político que a psicanálise tem, o qual só pode vingar se consentirmos, como propõe Fontenele[432], em (re)dimensioná-la, em não esquecer a que nos chama o saber psicanalítico.

Assim, finalmente, em tempos de hiperimersão digital, de algoritmização e gestão de todos os dados, em que para tudo se pretende uma explicação e uma resposta eficaz, aqui nós frustramos a lógica hegemônica.

---

[429] Eidelsztein, A. (2001). *Las estructuras clínicas a partir de Lacan*. Letra Viva.
[430] Best, S., & Kellner, D. (2017). A visão apocalíptica de Philip K. Dick. Em P. K. Dick, *Androides sonham com ovelhas elétricas?* (pp. 309-329).
[431] Morozov, E. (2018). *Big tech: A ascensão dos dados e a morte da política*.
[432] Fontenele, T. C. B. (2017). *O tratamento do autismo infantil na saúde pública e seus efeitos de segregação: Uma investigação psicanalítica* (Dissertação de mestrado). Universidade de Fortaleza, Fortaleza.

Não trazemos uma solução *prêt-à-porter* ou *fast-food*, mas buscamos refletir sobre a discursividade atual que propõe o extremo do individualismo e da Um-iversalização para, assim, caminharmos rumo ao resgate de uma posição ética do sujeito em relação ao desejo e à construção do laço.

    O desafio lógico segue, afinal o sujeito da psicanálise, se é evanescente, singular, não é, por sua vez, um sujeito individual, isolado, e sim atravessado pelo outro, que enseja gozo e desejo. Diante disso, como aparato teórico-clínico, a psicanálise pode ter algo a dizer sobre o universo de possibilidades que a cibercultura inaugurou, permitindo ao sujeito ocupar uma posição para além do lugar que lhe cabe em uma sociedade que busca o extremo da predição, fornecendo, assim, algumas pistas para se pensar o contemporâneo.

POSFÁCIO

Trans-formações do laço e do corpo na era dos condomínios digitais: paradigmas e contradições em um mundo algoritmizado[433]

Ao tentar refletir sobre a contemporaneidade, encontramos toda sorte de dificuldades, com uma profusão de mudanças, em velocidade ainda não experimentada. Estamos na aurora de um novo tempo? Se a resposta for sim, quais os marcadores do novo tempo? Caso optemos pelo não, como situar a terceira década do século XXI?

A lista de acontecimentos paradigmáticos impressiona: estamos saindo da pandemia de Covid-19 — uma das maiores crises globais da história —, atravessando mudanças geopolíticas radicais impetradas pela invasão do território ucraniano pela Rússia, o atentado infligido a Israel pelo Hamas, as crises humanitárias na Armênia e Palestina, os conflitos que se arrastam pela África, as tensões entre Norte e Sul global, as revoluções econômicas e tecnológicas, os já sentidos efeitos das mudanças climáticas. Antigos e novos atores no xadrez geopolítico dão tom de instabilidade que, desde o fim da Guerra Fria, não experimentávamos. Disputas entre atores como China, EUA, União Europeia, Rússia, Índia, Brasil, Países Árabes, União Africana temperam o grau de incerteza sobre o futuro do nosso planeta.

"O que é o contemporâneo?", pergunta Agamben[434]. Assim ele nos responde: a contemporaneidade é uma relação muito particular com o tempo, assente em um movimento de aproximação e afastamento. Logo, não podem ser consideradas contemporâneas aquelas que, por estarem completamente imersas no próprio tempo, não conseguem vê-lo.

A nós psicanalistas cabe a árdua tarefa de estarmos à altura de nosso tempo. Mas o paradoxo se instala: ao estarmos próximos demais dos acontecimentos contemporâneos, quais as consequências para nossa miopia analítica? O desafio de escrever sobre o contemporâneo é escrever um texto depressa demais, e, quando isso ocorre, erros persistem, como nos adverte Lacan ao dizer que escreveu rápido demais seus *Escritos*, "um

---

[433] Texto originalmente publicado no livro organizado por membros do laboratório Além da Tela: Psicanálise e Cultura Digital, da UFMG, *O mal-estar na cultura digital* (2024), pela editora Appris.
[434] Agamben, G. (2009). *O que é o contemporâneo? E outros ensaios*.

texto, como indica o nome, só pode ser tecido em se dando nós. Quando damos nós, há alguma coisa que sobra e fica pendurada"[435]. Mas, afinal, os não tolos erram, diria, e daí vem o trabalho e a insistência.

Portanto, este texto, escrito depressa demais, trata, além das transformações citadas e que somos atravessadas constantemente pelos diversos veículos de informação, de algumas revoluções menos barulhentas que estão alterando a forma com que antigos paradigmas interagem com a realidade dos laços que compões o social e, por consequência, de seus impactos na percepção e construção do corpo, por consequência, do sexo e do gênero. Freud, ao abordar a questão da dificuldade afetiva na psicanálise, aponta três grandes desilusões sofridas pela humanidade ao longo da sua história. Dizia que a psicanálise se colocava em série com a revolução de Copérnico e de Darwin, mostrando como não somos nem mesmo o centro de nós mesmos. Mais de 80 anos depois de Freud e 40 depois de Lacan, a ideia de que não somos senhores em nossa própria morada se vê tensionada com três outras revoluções, cuja extensão e cujo impacto ainda estamos apreciando: a revolução do desejo, a revolução interna ao capitalismo e a revolução digital[436].

Quais seriam os processos históricos que articulam as transformações culturais e políticas contemporâneas entre essas três revoluções? Quais seus impactos na forma como os laços sociais se organizam e influenciam a corporeidade na contemporaneidade? Essas são algumas perguntas que norteiam as reflexões aqui tensionadas, sem a pretensão de esgotá-las.

Transformações e paradigmas de um mundo em transição

Em novembro de 2019, o filósofo *queer* Paul B. Preciado, em intervenção para mais de três mil psicanalistas na École de la Cause Freudienne, afirmou que a atual epistemologia da diferença sexual está em mutação. Para Preciado[437] a mutação que fundaria a revolução do desejo data de meados de 1950 com a publicação dos estudos de John Money sobre intersexualidade. O que estaria em jogo nessa revolução é a redefinição de papéis em modalidades completamente novas de sexualidade, de família, de criação de filhos, de ordenamento social e de transmissão cultural de ideias. Romperia com as bases epistêmicas que sustentam o laço social no

---
[435] Lacan, J. (2012). *O seminário, livro 19: ...ou pior (1971-1972)*, p. 164.
[436] Dunker, C. (2017). *Intoxicação digital infantil*.
[437] Preciado, P. B. (2020). *Yo soy el monstruo que os habla: Informe para una academia de psicoanalistas*.

enquadre hegemônico e estrutural, confundido por muitos como universal, ou seja, a figura eurocolonial do homem, branco, cis, hétero, rico, atlético, entre outros predicados que compõem a fantasia de um Eu ideal que foi e é tratado — até mesmo por alguns psicanalíticas — como a-histórico.

Já a revolução interna ao capitalismo, em sua virada neoliberal[438], instalou, a partir de 1970, uma nova maneira de produzir e de vincular-se ao trabalho, organizando o processo de formatação de subjetividades estruturada como uma empresa. Segundo Safatle, Silva Junior e Dunker[439], o sofrimento torna-se, então, parte do capital, sendo administrado por técnicas de gestão e individualização, cada vez mais atentas a quanto o sofrimento otimiza a produtividade. A exacerbação dessa revolução está, atualmente, atravessando o estágio que Shoshana Zuboff[440] chama de era do capitalismo de vigilância.

Para Zuboff, as mutações do capitalismo na contemporaneidade passam por novos direcionamentos do capital em um mundo que se encaminha para um futuro demarcado por relações sociotécnicas em ambientes digitais, cujas consequências afetam as relações no próprio mundo digital e se estendem ao mundo não digital.

Por fim, tal ensejo tem como instrumento a referida terceira revolução, a digital. Esta introduziu, desde 1989, com a criação da *www* por Tim Berners-Lee, e especialmente aos nascidos com a popularização da internet em 1995, uma nova linguagem. Não apenas uma linguagem relacionada aos códigos de programação com consequências macroeconômicas, mas na maneira particular com que passamos a escrever mais que falar, a modular e construir padrões de imagem como se fôssemos personagens, alterando a percepção de si e os limites de como se pensa o corpo, a acelerar nossos padrões de resposta e antecipação imaginária de sentido, na relação direta da redução do tamanho do mundo e expansão proporcional do tamanho do Eu. As técnicas de modulação da realidade e do controle das relações passam a ser mediadas por algoritmos que, rapidamente, incorporam nossa forma de amar, transar, trabalhar, sofrer, desejar etc.

Portanto, estamos ainda no começo da apreciação do impacto dessas revoluções nos modos de produção de sujeitos, nas suas correlatas modalidades de patologias, estratégias de tratamento e mitigação do

---

[438] Safatle, V., Silva Junior, N., & Dunker, C. (2021). *Neoliberalismo como gestão de sofrimento psíquico*.
[439] Idem.
[440] Zuboff, S. (2021). *Era do capitalismo de vigilância: A luta por um futuro humano na fronteira do poder*.

sofrimento. Preciado nos provoca a, como psicanalistas, escolher se continuaremos trabalhando com a epistemologia antiga, a qual denuncia ser produtora de violências, ou se nos abriremos a um processo de crítica e de desnaturalização de nossos discursos e práticas que já seriam insuficientes na atualidade.

A psicanálise é afetada nessas três revoluções e vem se transformando conforme a recepção, mais crítica, dessas três dimensões sobre sua teoria, sobre seu método de investigação e sobre seu método de tratamento. Enfim, sobre a estruturação clínica, política e institucional na contemporaneidade.

Em busca da tecnificação do mal-estar

Isso que chamamos de processo civilizatório, como nos lembra Freud[441], é muito difícil para nós. Em meio a muitas dores, decepções e tarefas insolúveis, Freud destaca três fontes primárias de sofrimento, a saber: (1) as forças incontroláveis da natureza; (2) a finitude de nossos corpos; e (3) a fragilidade das regras que regulam as relações humanas. Ao mesmo tempo, apresenta três recursos paliativos que não podemos dispensar diante do sofrimento: "distrações poderosas, que nos permitem menosprezar a nossa miséria, satisfações substitutivas, que a amenizam, e substâncias entorpecentes, que nos tornam insensíveis a ela"[442].

Ao afirmar que o principal e primevo objetivo da cultura é nos proteger perante as forças da natureza, Freud destaca que um dos métodos que tendem a evitar o desprazer valendo-se das forças naturais, sejam humanas, sejam da natureza, vem da técnica oriunda da ciência. Esta desenvolve aparatos técnicos na busca de submeter a natureza à vontade humana. Porém, o processo civilizatório produz efeitos e cobra seu preço. A experiência catastrófica da pandemia de Covid-19 serve de argumento, afinal sentimos exatamente como as forças da natureza são potentes, incontroláveis e imprevisíveis. Por mais que a tecnologia tenha avançado, ficamos completamente impotentes diante do surgimento de um vírus que se alastrou de forma nunca vista, paradoxalmente, como consequência do nosso avanço técnico de integração global.

---

[441] Freud, S. (1930/2020). *O mal-estar na cultura (1930)*.
[442] *Ibidem*, p. 319.

Freud parece antever alguns dos diagnósticos de nosso tempo com base em possíveis consequências dos inimagináveis avanços da ciência e da técnica. Afinal, o ser humano se torna "uma espécie de deus-protético"[443]. Entretanto, Freud foi sempre taxativo ao afirmar que tais avanços não necessariamente tornariam o humano mais feliz. Ou seja, a relação do humano com a tecnologia no processo civilizatório produz um embaraço ao qual devemos nos manter atentos. Nossa entrada na cultura produz como resultado desta operação sempre um resto como marca da angústia, e seu correlato motriz de desejo, no cerne da experiência humana.

Quanto ao corpo, segunda fonte de sofrimento descrita por Freud — este que é frágil, envelhece, experiencia dor e, por estar vivo, porta o signo da morte —, também é alvo das investidas técnicas oriundas da ciência. O deus protético humano cria aparatos para lidar com a falência inevitável do corpo biológico. E até de superar a morte, projeto que alguns tecnofuturólogos, como um Ray Kurzweil, prometem para as próximas décadas. Afinal, criamos óculos para suprir a carência da visão, inventamos meios de transporte e comunicação para transcorrer tempo e espaço, produzimos toda sorte de intervenções médicas para controle e prolongamento da vida, até mesmo com possibilidades de alterações radicais na percepção imagética que define um corpo na gramática social, como os avanços da medicina no processo de transição físico-corporal de identidade de gênero.

Os avanços da biomedicina, das neurociências, da engenharia genética, da inteligência artificial etc. demonstram a insistente busca humana em inventar técnicas que supliquem o corpo como fonte de sofrimento. Aliás, técnicas que submetam os impasses do sexo, da não relação sexual e das nomeações que generificam e dividem os corpos, em nossa cultura hegemônica eurocolonial, conforme significantes que definem homens e mulheres. O curioso é que, na cultura digital, surgem movimentos que questionam tal modelo.

Assim, a psicanálise, desde o vienense, já nos adverte que a fala é tomada enquanto artifício, um engenhoso artefato. A terceira fonte de sofrimento é sentida e gerida pela fala, com a fragilidade das regras que regulam nossas relações e as invenções artificiais — toda fala é um artifício — para gerir a cultura humana. Nesse sentido, a linguagem é uma intervenção técnica do humano sobre a natureza e sobre o corpo,

---
[443] *Ibidem*, p. 340.

na determinação do falante para além de sua mera condição de vivente. Sobre isso, Lacan[444] explica que a linguagem abriu ao humano essa margem "para-além" da vida. Isto é, já que falamos, somos marcados pelo significante em uma relação para sempre não natural com o mundo. A paradoxal curiosidade surge quando as alterações na imagem do corpo não necessariamente precisam passar pela medicina, radicalizando o seio de uma cultura quando a estrutura linguística que sustenta uma gramática é colocada em xeque, a radicalidade de uma transformação cultural para um Saussure serve de exemplo.

É do enodamento desses três pontos que se estabelece o mal-estar na cultura freudiano. Este que Lacan define como a posição do sujeito diante da realidade segundo os modos de gozo. Obviamente, isso não é sem consequências, e o preço pago pelo humano por sua condição de ser de linguagem é ser atravessado por esta montagem simbólica e imaginária, que fura o real, instaurando o gozo e conduzindo à falência de qualquer projeto esférico e totalizante para a satisfação humana, a eterna busca pela felicidade.

Ora, se o desenvolvimento das tecnologias surge como desdobramento de nossas capacidades imaginárias e simbólicas em criar realidades, tem como consequências uma dupla saída: de um lado alivia o sofrimento e de outro gera mal-estar. Dessa forma, a civilização é indissociável da tecnificação. Nos termos freudianos, é o preço que se paga: a renúncia pulsional e o júbilo da pulsão de morte. Segundo a teoria freudiana, é justamente a pulsão de morte que se impõe ao ciclo monótono do prazer-desprazer, ao mesmo tempo rompendo com o preconceito de que a cultura e a civilização — Freud não diferencia os termos — seriam produto evidente de um progresso. É em cima desta premissa que Freud constrói sua teoria do mal-estar no processo civilizatório.

Da revolução digital à nova segregação: a lógica do condomínio digital como paradigma do laço contemporâneo

No que concerne ao sofrimento de origem social, transgredimos limites acerca das nossas próprias ações, desenvolvendo sistemas de linguagem técnica de classificação e categorização de tudo, até mesmo de humanos. Como já nos advertia Marx em sua obra, tudo se transforma em mercadoria, passível de categorização e apropriação pelo mercado.

---
[444] Lacan, J. (2012). *O seminário, livro 19: ...Ou pior (1971-1972)*.

Entre as características técnicas para lidar com o mal-estar diante das relações humanas que nosso curso civilizatório ocidental presenciou ao longo da era moderna, estão os numerosos processos de dissociação mediante o qual indivíduos de um grupo perderam contato físico e social com outros indivíduos e grupos. Temos, então, o surgimento histórico de civilizações nas quais pessoas são marcadas e categorizadas por fatores biológicos e sociais, tais como gênero, raça, etnia, classe, educação, religião, nacionalidade, entre outros marcadores da engenharia social colonizadora eurocêntrica.

No século XX, fomos testemunhas da faceta de horror que a tentativa de controle e da tecnificação científica produziu nos campos de concentração e extermínio, como Auschwitz; da segregação racial americana e do *apartheid* na África do Sul; da segregação espacial urbana que concentra populações pobres em determinadas áreas das cidades; do surgimento dos condomínios fechados, que, em nome da segurança e da tranquilidade, separam indivíduos com maior poder econômico dos demais[445]. Inúmeros são os exemplos de segregação e exclusão que o último século produziu e em todos os casos existia a presença de alguma "tecnologia de segregação", seja esta para controlar, seja para separar ou aniquilar indivíduos e grupos.

Nesse cenário, o século XXI parece atualizar antigos paradigmas e atravessar novas inquietações. O domínio da ambivalência e da incerteza causado pelos anos de tensão do pós-Segunda Guerra e da Guerra Fria contra-atacou violentamente com toda uma série cada vez mais ampla de preocupações.

Vivemos, desde antes da pandemia do coronavírus, sob a condição de um mundo em risco, diagnosticado por Ulrich Beck. Com o fim da União Soviética e a expansão do ideário econômico neoliberal de mercados comuns no capitalismo globalizado, o risco de uma catástrofe iminente é deslocado; a "sociedade de risco"[446] seria a política impetrada.

O argumento ganha potência a partir do estado pandêmico a que assistimos aterrorizados com os efeitos da Covid-19, o risco já iminente e alarmado, há alguns anos, da possibilidade de algum vírus saltar para a espécie humana e se alastrar pelo mundo globalizado e conectado tecnologicamente, o que se concretizou no fim de 2019. As guerras entre Rússia

---

[445] Dunker, C. (2015). *Mal-estar, sofrimento e sintoma: Uma psicopatologia do Brasil entre muros.*
[446] Beck, U. (2018). *A metamorfose do mundo: Novos conceitos para uma nova realidade.*

e Ucrânia, a possível limpeza étnica de armênios em Nagorno-Karabakh, o conflito recém-aberto no Oriente Médio envolvendo Israel trazem para o tabuleiro geopolítico o novo risco de uma Terceira Guerra Mundial. Além, é claro, do já alarmado e negligenciado risco de um apocalipse climático que já está apagando do mapa países como Tuvalu e Quiribati. Aliás, a nação de Tuvalu está criando uma cópia no metaverso e será a primeira nação digital do mundo na tentativa de preservar a cultura, o conhecimento étnico e sua história.

Assim, a noção de sociedade de risco mundial em Beck pode ser compreendida como a soma dos problemas para os quais não há resposta institucional. Ora, a contradição nuclear de uma formatação social nesses termos surge com a ideia de ser preciso criar mecanismos, técnicos e políticos, de gestão e controle dos riscos causados pelo próprio desenvolvimento civilizatório. Não tem que ver com uma sociedade distópica ou de catástrofe, mas com a formatação de um "discurso de crise", de propensão direta ao caos. Fato observado nas constantes crises geopolíticas, nas consequências ambientais do crescimento irresponsável e, por óbvio, na disruptiva crise pandêmica causada pelo SARS-CoV-2.

Portanto, seguindo essa lógica, o processo cultural deve ser gerido e controlado. Por consequência, podemos inferir que a tentativa de controle e gestão do processo cultural e civilizatório incide sobre a experiência do mal-estar observado por Freud. Bem, quem faria essa gestão?

Lacan, na conferência que proferiu na Universidade de Milão em 1972, indica que uma posição discursiva específica estaria deslocando a possibilidade de se fazer laço no social, provocando um curto-circuito entre a relação entre demanda e oferta, entre sujeito e objeto: o discurso do capitalista. Esse "novo" discurso é o meio que contaminou a ciência no último século, tornando-a dependente do hibridismo feito de conhecimento (discurso do universitário) e suas aplicações tecnológicas (discurso do mestre). Como afirma Lacan, "não se esperou, para ver isso, que o discurso do mestre tivesse se desenvolvido plenamente para mostrar sua clave no discurso do capitalista, em sua curiosa copulação com a ciência"[447].

Na modalidade discursiva do capitalista, pode-se considerar que o sujeito passa a ser comandado pela presença do objeto, embora levando-se em conta a existência de certos limites. As regras e leis de mercado organizam e colocam limites nessa relação. A acepção lacaniana para o

---

[447] Lacan, J. (2012). *O seminário, livro 19: ...Ou pior (1971-1972)*, p. 103.

discurso do capitalista propõe que a relação do sujeito nesse discurso não mais engendra laço social com o outro, mas uma relação de retroalimentação entre desejo, gozo e objeto, modificando a relação entre saber, verdade e gozo.

    Ora, a ciência encontra no discurso do capitalista a formulação perfeita para a execução de seu ideário, a possibilidade de acessar o impossível, de suturar o saber científico e a verdade do sujeito. Obviamente, como nos lembra Lacan, o saber e a verdade "com-padecem", sofrem juntos e um pelo outro. Paradoxalmente, desenvolve-se cada vez mais um conhecimento sobre os "objetos" do mundo, transformando o não saber sobre o Real do gozo em "falta de informação". Entra em jogo a lógica individualista neoliberal e a gestão de risco.

    Portanto, os *gadgets*, enquanto "objetos de gozo", proporcionam o mais-de-gozar. Assim, o discurso tem como consequência o consumo. São inumeráveis os exemplos de como isso funciona na prática, uma vez que as promessas se estendem para todas as direções, gerando consumidores de todos os tipos de ofertas, desde as tecnológicas, com centenas de celulares, *tablets*, televisões etc., até consumidores de "ciência", como os ávidos por correções de suas imperfeições, como no mercado dos tratamentos corporais ou a própria indústria psiquiátrica.

    Nesse horizonte, assistimos à manifestação do avanço da ideologia neoliberal e a seus incansáveis esforços em criar mercados com base em qualquer coisa. Zuboff alerta que o atual estado do capitalismo, a partir da vertente digital da *web 3.0* e do domínio das *big techs*, criou um mercado completamente silencioso, seguindo aviso de Andy Lewis, no famoso documentário da Netflix *O Dilema das Redes*: "se você não está pagando pelo produto, então você é o produto".

    De acordo com a psicanalista Diana Wolodarsky, o acúmulo ilimitado de mercadoria e informação segue a lógica pulsional — oferta e demanda visando preencher a satisfação perdida —, aquela que advém do processo civilizatório e traz a marca indelével do mal-estar existencial humano. Assim, sugere a autora, as formas atuais de segregação são cada vez mais destacadas: fome e desnutrição, pessoas desabrigadas de seus países e imigrantes, situação intensificada com a crise pandêmica. A confusão entre a demanda e o desejo — a primeira cobrindo o segundo — parece estar no auge em nossos tempos, como possível efeito colateral do que a ciência insiste em chamar de progresso.

A pandemia de covid-19 e a obrigatoriedade sanitária de distanciamento social nos colocaram diante da necessidade de uma hiperimersão digital[448], em escala global nunca vista, um grande marco paradigmático da comunicação do século XXI. Obviamente, para quem tem poder de consumo.

Wolodarsky chama atenção para nossa relação com os dados e as informações que estão concentradas nas mãos de cinco grandes multinacionais estadunidenses, conhecidas como Gafam: Google (Alphabet Inc.), Apple, Facebook (Meta), Amazon e Microsoft — acrescento, ainda, a OpenAI, criadora do ChatGPT, e sua importante revolução no desenvolvimento de inteligência artificial para usuários comuns. As empresas que representam o poderio econômico e político do neoliberalismo contemporâneo, a vitrine do Vale do Silício. Devemos nos lembrar também das fortes empresas asiáticas de tecnologia e manipulação de dados que estão envolvidas em batalhas políticas com o governo dos EUA, tais como: Baidu, Alibaba, Tencent, ByteDance, Samsung, Sony, Xiaomi e, principalmente, Huawei, todas com lucros exorbitantes durante a crise viral.

Encontramos, no projeto do capitalismo de vigilância e na assimilação da cultura digital, a expressão máxima do que Lacan parecia nos advertir desde 1967, "nosso futuro de mercados comuns encontrará seu equilíbrio numa ampliação cada vez mais dura dos processos de segregação"[449]. O efeito de segregação produzindo uma tecnopolítica que, ao retirar de cena a circulação de discursos que operam laço, tenta apagar da operação a desproporção entre o sujeito e o outro, separando-se e concentrando-se em si mesmas. A concentração está, para Lacan, sob a modalidade do campo — campos de concentração, e não de extermínio —, a marca da ultrauniversalização produzida pelas tecnociências na contemporaneidade.

Assim, no atual estado da cultura digital, usuários são concentrados em um espaço uniforme e controlável, cercados por muros algorítmicos invisíveis que concentram todo fluxo de acesso e distribuição de dados para aprimoramento do capital. Vemos surgir na internet a formação de condomínios digitais controlados pelo grande capital.

O muro dos condomínios serve, de acordo com Dunker, como uma forma de determinar o espaço como território, o muro seria uma estrutura de defesa. Na lógica do condomínio, o muro seria uma mensagem

---

[448] Alcântara, S., Martins, J. C., Barbosa Junior, F. W., & Lima, M. C. P. (2021). *Notas sobre o mal-estar na cibercultura em tempos de hiperaceleração digital*.

[449] Lacan, J. (2003). *Proposição de 9 de outubro de 1967 sobre o psicanalista da Escola*, p. 263.

de indiferença contra o outro, uma figura da exclusão e da segregação. "A lógica do condomínio tem por premissa justamente excluir o que está fora de seus muros"[450]. Portanto, seja em um condomínio físico residencial em que podemos escolher deixar "o que não nos interessa" do lado de fora dos muros, seja intramuros algorítmicos que universalizam nossos interesses e gostos, o condomínio não deve, supostamente, ser ambiente de tensão.

Porém, quando esses muros condominiais são criados pelo Outro sintético encarnado em diluições tecnológicas digitais representadas pelas empresas que controlam o espaço digital, essa articulação necessita de uma precisão maior. Afinal, é muito difícil preservar valores como solidariedade em um ambiente tecnológico que prospera com base na personalização e em experiências únicas e individuais. A ideia de coletividade sucumbe. O Um-iversal está (im)posto. A vida no condomínio digital cria muros de indiferença baseados na seletividade de oferecimentos, filtrados por *gadgets* e *big data*, que repetem escolhas anteriores, tornando cada vez mais invisível a diferença.

Não basta limitar a liberdade a tudo aquilo que não é proibido e, nesse sentido, levar as bordas da cultura para os limites da lei. De fato, a melhor expressão do sofrimento de indeterminação é a cultura da gestão do risco. Encontramos aqui esse modo de subjetivação que Dunker chama de lógica do condomínio, ou seja, a estratégia baseada em privatização do espaço (internet), seguida da hipernormalização de seu funcionamento e do incremento de políticas de identidade baseadas na conformação do gozo.

Portanto, seguindo nossa reflexão, guiada pela proposição de Dunker, o condomínio digital é uma tecnopolítica que emerge do efeito discursivo da lógica neoliberal. Isto é, da incidência técnica do discurso do capitalista descrito por Lacan. Afinal, tomamos a segregação em psicanálise como a tecnociência do discurso do capitalista. Portanto, a promessa do discurso do capitalista ganha força no digital ao retirar, ou melhor, borrar a imagem do outro na cena.

Ora, encontramos no digital a formação de espécies específicas de condomínios, regulados e regidos pelas leis particulares das empresas que administram a organização dos muros invisíveis do espaço digital. Em última instância, a lei própria que organiza as regras algorítmicas da internet é a lógica do discurso do capitalista em sua versão neoliberal em uma nova era, a era do capitalismo de vigilância e seus efeitos de segregação digital.

---
[450] Dunker, C. (2015). *Mal-estar, sofrimento e sintoma: Uma psicopatologia do Brasil entre muros*, p. 52.

O corpo como limite? Sexo e gênero como paradigmas e contradições em um mundo algoritmizado

A questão da datificação algorítmica — ou seja, gestão algorítmica de dados — no modelo *big data*, que forma os condomínios digitais, segue um paradoxo interessante. A matemática que organiza a lógica digital tem que ver com a customização, com acessos mais simples, mais fáceis, com tipos de experiências digitais com pouca flexão, com poucos obstáculos, com tudo pronto e na mão. Em troca do "maravilhoso" mundo do conforto, entregam-se os dados pessoais.

Ao mesmo tempo que os muros invisíveis dos condomínios digitais organizam a lógica espacial da internet, nunca foi tão fácil acessar informações para confrontar, acarear e checar a veracidade do conteúdo que surge nas telas. Com quatro ou cinco cliques, é possível acessar visões de mundo completamente distintas e que, durante muito tempo, foram mantidas na invisibilidade e excluídas. Tanto pela limitação física espacial de acesso a outros povos e culturas quanto por políticas de manutenção do *status quo* e do poder. Porém, o domínio hegemônico de uma forma discursiva que preconiza o individualismo com base na universalização do consumo impera.

As diferenças não foram apagadas; estão, em sua grande parte, fora do alcance facilitado pela hipersegmentação algorítmica. O problema da manutenção de formas de contenção hipersegmentada em muros invisíveis dos condomínios digitais segue o encurtamento e o isolamento do laço social.

Com isso, percebemos que no espaço digital o universo de possibilidades e de novas manifestações de linguagem pode ser percebido em dois atos. No ato de evitação dos contatos físicos, mediando e controlando todas as conversações pelas telas dos dispositivos, e no ato de entrar em uma conversa em rede e de participar de um ambiente que é sentido como hostil, acentuando a diferença.

Estes atos parecem trazer e colocar o sujeito em contato com um dos predicados do Real lacaniano, que é a diferença. O outro, este de quem o desejo depende, é sumamente um diferente. Porém, se o contato com a diferença é retirado de cena, a mensagem de indiferença surge. O Real é o nome para uma experiência perdida, como o objeto, a Coisa, a relação sexual, a totalização do gozo, mas que incide na constituição do sujeito traumaticamente, excedendo seu potencial de simbolização e imaginação. Apresentando-se, portanto, na forma de angústia, no ato, em experiências de estranhamento ou na condição existencial e mais genérica do mal-estar.

Torna-se cada vez mais frequente o aparecimento, em nossos consultórios, de demandas e sintomas de analisantes que, em suas narrativas, relatam experiências de estranhamento com a segunda fonte de sofrimento descrita por Freud, o corpo, bem como a forma como este é tratado no social. Sofrimento experimentado pelo ideal de beleza que a indústria da moda vende há alguns anos e que os padrões passam a ser segmentados na lógica condominizante dos algoritmos, ou por não reconhecerem seus respectivos corpos, sua imagem e seu arcabouço simbólico representados nos papéis e imagens que determinam o discurso ontológico do ser *homem* e *mulher*. Como diagnostica Fajnwaks, um novo paradigma na abordagem do corpo está surgindo na medicina — e diria que não só, parece emergir em todo tecido social: "o paradigma do corpo conectado"[451].

São muitas as formas pelas quais o corpo, desde antes da cultura digital, se apresenta como fonte de sofrimento. A particularidade da lógica impetrada pelos condomínios digitais e sua gestão privada é que o paradigma, em minha hipótese, parece ganhar potência diante de novas formas discursivas que rompem com a concepção hegemônica e normativa do significado do corpo, do sexo, do gênero, enfim, do humano. Ou seja, a formação de um corpo identitário desidentificado com as normas de representação da língua, da imagem e do corpo que constituem subjetividades no interior da matriz binária sexo/gênero, organizadoras do laço social.

Essa hipótese está ancorada na forma curiosa e contraditória, já que a lógica da hipersegmentação digital faz alguns analisantes, ao narrarem suas experiências de mal-estar e sofrimento, dizerem encontrar no mundo digital pontos de identificação fora das normas hegemônicas de definição biológica do corpo e da matriz cisgênero. Vale ilustrar, como vinheta clínica, o relato de um analisante — que hoje se diz trans-não-binário — acerca de seu incômodo com o corpo, com sua imagem especular, com seu nome e com os artigos e pronomes que representariam seu Eu desde seus 7 anos de idade.

Este analisante, designado como menina ao nascer, dizia que não se sentia "ela", mas também não se via como um menino, um mal-estar real de não pertencimento, de não ter lugar no mundo. Profunda angústia que articularia seu sofrimento com sintomas depressivos, cargas ansiogênicas e, desde essa idade, práticas de *cutting* e automutilação.

---

[451] Fajnwaks, F. (2023). *Despatologizar o sujeito trans e outros ensaios lacanianos*, p. 312.

Foi quando, aos 10 anos, circulando pela internet, fazendo uso de redes sociais, afirma ter-se deparado com uma publicação que descrevia casos com os quais se identificou. Pessoas que também relatavam mal-estar e sofrimento com os respectivos corpos biológicos e com os símbolos e imagens que ancoravam sua identidade desidentificada fora da norma binária homem/mulher.

A partir dessa descoberta ao acaso, relata ter encontrado um lugar no não lugar. Pontos de identificação que parecem transpassar a gramática dos afetos que estruturam e organizam os papéis sociais segundo a matriz sexo/gênero hegemônica. Ou seja, afirmam que, se não fosse a internet, estariam presos à angústia sem nome, causa de sofrimento e mal-estar. Parece encontrar no mundo digital pontos de resistência que desorganizam a forma usual de classificação dos corpos e dos papéis simbólicos e imaginários de circulação no laço social definidos como *homem* ou *mulher*, passando a autoreferir-se como corpo trans-não-binário.

São muitos os casos de transidentidades que quebram a epistemologia do armário a partir da avatarização dos corpos em jogos digitais que utilizam o metaverso, como *Roblox, Fortnite, Axie Infinity* etc., em grupos *online otakus* e sua expansão não digital em formato *cosplay*. Isso não coloca no conjunto desses movimentos a totalidade dos casos, mas referencia estes fenômenos culturais, com força e forma digital, como uma potência paradigmática dos próprios muros algorítmicos dos condomínios digitais em contato com possibilidades protéticas de extensão e extrapolação do corpo material, tido como biológico. Para Amber Case, já somos ciborgues! Não aqueles de filmes de ficção científica, como o *Robocop* ou humanoides robóticos regidos por inteligência artificial. Na verdade, os dispositivos tecnológicos digitais que utilizamos cotidianamente já são, eles mesmos, próteses e extensões de nossos respectivos corpos e mentes.

Paul B. Preciado, em seu *Manifesto contrassexual*[452], propõe uma genealogia de "tecnologias do sexo" com base em práticas protéticas. Preciado cita, em particular, a obra de Jules Amar, diretor do "laboratório de próteses militares e trabalho profissional" na década de 1920, autor de *A prótese e o trabalho dos mutilados*, de 1916. Ele foi um dos primeiros a trabalhar com corpos de soldados mutilados para desenvolver próteses, braços, pernas, o que poderia permitir que esses corpos fossem recolocados em funcionamento na grande máquina da indústria.

---

[452] Preciado, P. B. (2022). *Manifesto contrassexual: Práticas subversivas de identidade sexual.*

Como demonstra Preciado, não se trata de trabalhar com próteses sexuais: um amputado ou incapacitado não devia ser confundido com um impotente, alguém incapaz, o dildo, marca assim o limite da indústria protética: o que ocorre é que a prótese, de início pensada como um substituto artificial, uma cópia mecânica de um órgão vivo, modificou profundamente a própria percepção do corpo. Afinal, se o corpo masculino (órgãos sexuais inclusos) pudesse ser proteticamente construído, também poderia, pois, ser des-construído, des-locado e, por que não, substituído.

Ora, mais uma vez neste texto evocamos o deus protético freudiano; e, para Donna Haraway[453], a vida, o corpo, não pode ser entendido como dado biológico, já que não existiria sem as redes de produção e cultura que pertencem à tecnociência. Assim, o corpo seria um sistema tecnovivo, o resultado de uma implosão irreversível de binários modernos — homem/mulher, animal/humano, natureza/cultura. Afinal, "incorporação é uma prótese de significante"[454].

Haraway desenvolveu, na década de 1980, a relação entre a captura pela tecnologia do corpo humano e o capitalismo. O que pensar do *upgrade* desta relação em sua versão industrial 4.0 na era do capitalismo de vigilância que organiza as vias de trânsito digital sob uma lógica de condominização? Fajnwaks apresenta crítica ao novo paradigma permitido pela leitura digital do corpo, sua tradução em algoritmos e sua regulação em fluxo corrente que datatifica todo o sistema de predição e controle dos estados biológicos do corpo. Mas e quanto à possibilidade de extrapolação do biológico em suas formas avatares que alguns de nossos analisantes relatam como fluxo de possibilidades de "falasser" para além das normas que determinam o biológico?

Assim, a prótese tecnológica não vem tanto a suplementar o órgão vivo, mas transformá-lo no âmbito de um dispositivo de poder. Longe de ratificar a naturalidade perdida do corpo e suas capacidades "puras", Preciado, por exemplo, mostra, ao contrário, a impossibilidade de traçar limites claros entre o "natural" e o "artificial", entre o "corpo" e a "máquina", e conclui que cada desenvolvimento tecnológico reinventa uma nova condição natural. O digital e a possível proliferação de suplementos penetrantes sinalizam uma "mutação do corpo biológico" e permite uma nova narrativa tecnológica que não pode ser lida apenas como uma transgressão de gênero.

---

[453] Haraway, D. (1991). *Manifesto ciborgue: Ciência, tecnologia e feminismo-socialista no final do século XX.*
[454] *Ibidem*, p. 195.

O pensamento de Preciado segue a colocação que Judith Butler já anunciava em *Corpos que importam*[455]. Nesse trabalho, Butler afirma que a materialidade do corpo como demarcada no discurso é importante, porque comporta uma dimensão política: denuncia a produção, por essa demarcação discursiva, de um âmbito do sexo excluído e não legitimado, a saber, os corpos que materializam e se conformam com as normas cisheterossexuais e, portanto, são corpos que importam. Enquanto outros não chegam a materializá-las e acabam na categoria de corpos não viáveis, abjetos.

Assim, para Butler, a materialidade do corpo e do sexo é construída na repetição ritualizada das normas, é efeito do poder, pois o poder investe os corpos do que há de mais material e vital neles, seguindo uma performatividade. A autora explica que a performatividade não se refere a um ato singular e deliberado, mas, pelo contrário, a práticas discursivas reiterativas que produzem o que nomeiam e que, ao fazê-lo, ocultam as convenções históricas que repetem. Algo aproximativo do conceito de semblante desenvolvido por Lacan, que descreve a incapacidade ontológica de ser para além de um significante, um efeito de linguagem.

Diferentemente das próteses oculares criadas pela necessidade corretiva para o declínio de nosso corpo, exemplificada por Freud no início do século XX, as tecnologias digitais formam uma espécie de prótese extensiva que produzem demandas constantes e ininterruptamente. Uma série de psicanalistas, assim como Fajnwaks ou Miller, em sua biologia lacaniana, afirma que — seja ampliando, seja suprimindo a diferença sexual, ou criando outras possibilidades diante da morte, novas intervenções no corpo, multiversos computacionais de comunicação em massa, desenvolvimento de inteligências artificiais, superinteligências e intervenções neuronais — a ciência técnica, ou tecnociência, valendo-se de algoritmos matemáticos e controle de dados, busca tamponar o Real (no sentido lógico da formalização) do corpo, da natureza e das relações humanas. Não discordo da reflexão, a lógica dos condomínios digitais que a extrapolação neoliberal comporta serve de argumento, mas o que seria o Real quando nos referimos ao corpo? Seria o corpo biológico? Quais os limites de pensar a materialidade orgânica do corpo diante das transformações paradigmáticas que o contemporâneo apresenta, desde os tensionamentos geopolíticos no universal, até as novas formas de singularização no particular?

---

[455] Butler, J. (2020). *Corpos que importam: Os limites discursivos o "sexo"*.

Acredito que a resposta não é tão simples, pois, mesmo que ainda não haja existência do vivente fora do corpo com o qual a medicina trabalha — pelo menos ainda não —, a experiência do sujeito, como artifício de linguagem, não se reduz ao *bios* orgânico das ciências médicas. A contradição segue, pois a cultura digital é a implementação mais atual do ideário capitalista em sua formatação neoliberal, com a mercantilização do consumo das máquinas tecnológicas, ofertando, como promessa, acesso a um *a* mais de gozo. O que possibilita o surgimento de novas modalidades daquilo que as ciências humanas categorizam no bojo da exclusão, discriminação e segregação. Em contrapartida, também funcionam como um mecanismo de contra-ataque as formas hegemônicas e estruturais que se fazem universalizantes diante de questões interseccionais, como gênero, classe, raça etc.

O novo paradigma do corpo se dá na intervenção das modalidades de gozo que os discursos do laço social descritos por Lacan sustentam. O universo particular da tela é o espelho que reflete a influência discursiva do projeto tecnocientífico de algoritmização da vida em condomínios digitais. Dispomos de aplicativos que organizam, controlam, geram, distraem, ou seja, tudo parece estar ao alcance de nossos dedos. Em última instância, a busca da universalização de corpos e mentes, a matematização do sujeito. Em contradição, surge a possibilidade inventiva de ser e estar no mundo, de reivindicar uma posição outra de sujeito.

REFERÊNCIAS

Adorno, T., & Horkheimer, M. (1985). *Dialética do esclarecimento*. Zahar.

Agamben, G. (2009). *O que é o contemporâneo? E outros ensaios*. Argos.

Alberti, S., & Elia, L. (2008). Psicanálise e ciência: o encontro dos discursos. *Revista Mal-estar e Subjetividade, 8*(3), 779-802.

Alcântara, S. (2019). *Segregação digital: Um estudo crítico-reflexivo acerca do efeito da cibercultura no sujeito* (Dissertação de mestrado). Universidade de Fortaleza.

Alcântara, S., Martins, J. C., Barbosa Junior, F. W., & Lima, M. C. P. (2021). Notas sobre o mal-estar na cibercultura em tempos de hiperaceleração digital. *Tempo Psicanalítico, 53*(1), 221-248.

Alexandre, L. (2018). *A morte da morte*. Manole.

Alter, A. (2018). *Irresistível: Por que você é viciado em tecnologia e como lidar com ela*. Objetiva.

Alves, M. A. (2017). A cibercultura e as transformações em nossas maneiras de ser, pensar e agir. Em N. L. Lima, M. Stengel, M. R. Nobre, & V. C. Dias, *Juventude e cultura digital* (pp. 169-180). Artesã.

Amaral, F. (2016). *Introdução à ciência de dados: Mineração de dados e big data*. Alta Books.

Apple atinge US$ 1 tri em valor de mercado. (2018, 2 de agosto). *Forbes Brasil*. https://forbes.uol.com.br/last/2018/08/apple-atinge-us-1-tri-em-valor-de-mercado/.

Askofaré, S. (2009). Aspectos da Segregação. *A Peste*, 345-354.

Badiou, A. (2007). *O século*. Idéias e Letras.

Badiou, A. (2017). *Em busca do real perdido*. Autêntica.

Bauman, Z. (2017). *Retrotopia*. Zahar.

Beck, U. (2018). *A metamorfose do mundo: Novos conceitos para uma nova realidade*. Zahar.

Benslama, F. (2016). L'avenir de la ségrégation. *Cliniques Méditerranéennes*, 9-19.

Berardi, F. (2019). *Depois do futuro*. Ubu.

Best, S., & Kellner, D. (2017). A visão apocalíptica de Philip K. Dick. Em P. K. Dick, *Androids sonham com ovelhas elétricas?* (pp. 309-329). Aleph.

Bostrom, N. (2018). *Superinteligência: Caminhos, perigos e estratégias para um novo mundo*. DarkSide Books.

Braunstein, N. (2007). *Gozo*. Escuta.

Butler, J. (2020). *Corpos que importam: Os limites discursivos o "sexo"*. N-1 Edições.

Caldas, H., & Boechat, C. (2018). A clínica psicanalítica na rua diante da violência e segregação. *Revista Subjetividades*, 13-23. https://dx.doi.org/10.5020/23590777.rs.v18iEsp.6206.

Carneiro, H. F. (2000). *Aids: A nova desrazão da humanidade*. Escuta.

Carneiro, H. F. (2012). Cracolândia: hiper-realidade, droga e igualdade. *Polêm!ca*, 371-384.

Case, A. (2015). *Calm technology: Principles and patterns for non-intrusive design*. O'Reilly Media.

Case, A. (8 de dezembro de 2017). *Amber Case: "O celular é o novo cigarro: se fico entediada, dou uma olhada nele. Está nos escravizando"* (B. Kayser, Entrevistador). https://brasil.elpais.com/brasil/2017/12/05/tecnologia/1512483985_320115.html.

Cassino, J. F. (2018). Modulação deleuzeana, modulação algorítmica e manipulação midiática. Em J. Souza, R. Avelino, & S. A. Silveira, *A sociedade do controle: Manipulação e modulação nas redes digitais* (pp. 13-30). Hedra.

Castells, M. (2003). *A galáxia da internet: Reflexões sobre a internet, os negócios e a sociedade*. Zahar.

Castells, M. (2016). *A sociedade em rede* (19ª ed.). Paz e Terra.

Danziato, L. J. (2010). O dispositivo de gozo na sociedade do controle. *Psicologia & Sociedade*, 22(3), 430-437. https://dx.doi.org/10.1590/S0102-71822010000300003.

Danziato, L. J. (2015). Saber, verdade e gozo: da função da fala à escritura. *Tempo Psicanalítico*, 47(2), 208-224.

Darmon, M. (1994). *Ensaios sobre a topologia lacaniana*. Artmed.

Dick, P. K. (2018). *PKD's electric dreams: Sonhos elétricos*. Aleph.

Dunker, C. (2015). *Mal-estar, sofrimento e sintoma: Uma psicopatologia do Brasil entre muros*. Boitempo.

Dunker, C. (2017a). *Reinvenção da intimidade: Políticas do sofrimento cotidiano*. Ubu Editora.

Dunker, C. (2017b). Intoxicação digital infantil. Em A. Baptista, & J. Jerusalinsky, *Intoxicações eletrônicas: O sujeito na era das relações virtuais* (pp. 117-145). Álgama.

Dunker, C. (2018, 7 de julho). A reflexão do psicanalista Christian Dunker sobre como a interação nas redes deforma a noção do 'eu'. *Huffpost Brasil*. https://www.huffpostbrasil.com/2018/07/07/a-reflexao-do-psicanalista-christian-dunker-sobre-como-a-interacao-nas-redes-deforma-a-nocao-do-eu_a_23459405/?utm_hp_ref=br-comportamento.

Dutra, A. L. (Diretor). (2015). *Quanto tempo o tempo tem* [Filme]. Netflix.

Eidelsztein, A. (2001). *Las estructuras clínicas a partir de Lacan*. Letra Viva.

Erlich, H., & Alberti, S. (2008). O sujeito entre psicanálise e ciência. *Psicologia em Revista, 14*(2), 47-63.

Fajnwaks, F. (2018). Corpo conectado / corpo falante. Em N. L. Lima, M. Stengel, V. C. Dias, & M. R. Nobre, *Corpo e cultura digital: Diálogos interdisciplinares* (Vol. 97, pp. 19-31). Quixote+Do Editoras Associadas.

Fajnwaks, F. (2023). *Despatologizar o sujeito trans e outros ensaios lacanianos*. Scriptum.

Faltay, P. (2017). Vigilância algorítmica, sujeitos algorítmicos. Em *X Simpósio Nacional da ABCiber: Conectividade, Hibridação e Ecologia das Redes Digitais* (pp. 3401-3419). ABCiber.

Fontenele, T. C. (2017). *O tratamento do autismo infantil na saúde pública e seus efeitos de segregação: Uma investigação psicanalítica* (Dissertação de mestrado). Universidade de Fortaleza, Fortaleza.

Fontenele, T. C., Sousa, L. B., & Lima, M. C. (2018). A segregação em Lacan cinquenta anos depois. *Psicologia Clínica*, 493-505.

Forbes, J. (2012). *Inconsciente e responsabilidade: Psicanálise do século XXI*. Manole.

Fortuna de Bezos passa de US$ 151 bi e bate recorde. (2018, 17 de julho). *Forbes Brasil*. https://forbes.uol.com.br/negocios/2018/07/fortuna-de-bezos-passa-de-us-151-bi-e-bate-recorde/.

Freud, S. (1895/1990). Projeto para uma psicologia científica. Em S. Freud, *Obras psicológicas completas de Sigmund Freud* (Vol. 1, pp. 13-229). Imago.

Freud, S. (1911/2010). O caso Schreber. Em S. Freud, *Obras completas: Observações psicanalíticas sobre um caso de paranoia relatado em autobiografia ("o caso Schreber"), artigos sobre técnica e outros textos (1911-1913)* (Vol. 10, pp. 13-107). Companhia das Letras.

Freud, S. (1912-1913/2012). Totem e tabu: Algumas concordâncias entre a vida psíquica dos homens primitivos e dos neuróticos. Em S. Freud, *Obras completas: Totem e tabu, contribuição à história do movimento psicanalítico (1912-1914)* (Vol. 11, pp. 13-244). Companhia das Letras.

Freud, S. (1921/2020). Psicologia das massas e análise do Eu (1921). Em S. Freud, *Cultura, sociedade e religião: O mal-estar na cultura e outros escritos* (pp. 137-232). Autêntica.

Freud, S. (1923/2011). O Eu e o Id. Em S. Freud, *O Eu e o Id, "autobrigrafia" e outros textos (1923-1925)* (pp. 13-74). Companhia das Letras.

Freud, S. (1927/2020). O futuro de uma ilusão (1927). Em S. Freud, *Cultura, sociedade e religião: O mal-estar na cultura e outros escritos* (pp. 233-297). Autêntica.

Freud, S. (1930/2020). O mal-estar na cultura (1930). Em S. Freud, *Cultura, sociedade e religião: O mal-estar na cultura e outros escritos* (pp. 305-410). Autêntica.

Freud, S. (1933/2010). Novas conferências introdutórias à psicanálise (1933). Em S. Freud, *O mal-estar na civilização, novas conferências introdutórias à psicanálise e outros textos (1930-1936)* (pp. 124-354). Companhia das Letras.

Freud, S. (1937/2018). Análise terminável e interminável (1937). Em S. Freud, *Obras completas: Moisés e o monoteísmo, compêndio de psicanálise e outros textos (1937-1939)* (Vol. 19, pp. 274-326). Companhia das Letras.

Fuks, B. B. (2011). *Freud e a cultura* (3ª ed.). Zahar.

Gaiman, N. (2016). *Deuses americanos.* Intrínseca.

Gay, P. (2012). *Freud: Uma vida para nosso tempo.* Companhia das Letras.

Gerbase, C. (2011). *Cinema: O divã e a tela.* Artes e Ofícios.

Gibson, W. (2016). *Neuromancer* (5ª ed.). Aleph.

Golbeck, J. (2013). *Analyzing the social web.* New York: Elsevier Science.

Goldberg, L., & Akimoto, C. (2021). *O sujeito na era digital: Ensaios sobre psicanálise, pandemia e história*. Edições 70.

Guyomard, P. (1996). *O gozo do trágico: Antígona, Lacan e o desejo do analista*. Zahar.

Han, B.-C. (2016). *No enxame: Reflexões sobre o digital*. Relógio d'Água.

Han, B.-C. (2017). *Sociedade da transparência*. Editora Vozes.

Han, B.-C. (2019). *No enxame: Perspectivas do digital*. Vozes.

Haraway, D. (1991). *Manifesto ciborgue: Ciência, tecnologia e feminismo-socialista no final do século XX*. Monstro dos Mares.

Hawking, S. (2016). *O universo numa casca de noz*. Intrínseca.

Helbing, D. (2015). *Thinking ahead: Essays on big data, digital revolution, and participatory market society*. Springer.

Hilton, A. M. (1966). *The evolving society: First Annual Conference on the Cybercultural Revolution-Cybernetics and Automation*. Institute of Cybercultural Research.

Hubbard, B. (2017, 31 de março). 2 sue Trump and U.S. Officials, claiming they are on 'Kill List'. *The New York Times*. https://www.nytimes.com/2017/03/31/world/middleeast/united-states-kill-list.html.

IBGE. (2018, 10 de abril). Pnad Contínua TIC 2016: 94,2% das pessoas que utilizaram a Internet o fizeram para trocar mensagens. *Agência IBGE Notícias*. https://agenciadenoticias.ibge.gov.br/agencia-sala-de-imprensa/2013-agencia-de-noticias/releases/20073-pnad-continua-tic-2016-94-2-das-pessoas-que-utilizaram-a-internet-o-fizeram-para-trocar-mensagens.

Kroker, A. (2014). *Exits to the posthuman future*. John Wiley Professio.

Kurzweil, R. (2014). *Como criar uma mente: Os segredos do pensamento humano*. Aleph.

Kurzweil, R. (2019). *A singularidade está próxima: Quando os humanos transcendem a biologia*. Iluminuras.

Lacan, J. (1992). *O seminário, livro 17: O avesso da psicanálise (1969-1970)*. Zahar.

Lacan, J. (1998a). A ciência e a verdade. Em J. Lacan, *Escritos* (pp. 869-892). Zahar.

Lacan, J. (1998b). Subversão do sujeito e dialética do desejo no inconsciente freudiano. Em J. Lacan, *Escritos* (pp. 807-842). Zahar.

Lacan, J. (2003). Radiofonia. Em J. Lacan, *Outros escritos* (pp. 400-448). Zahar.

Lacan, J. (2003a). Alocução sobre as psicoses da criança. Em J. Lacan, *Outros escritos* (pp. 361-368). Zahar.

Lacan, J. (2003b). Proposição de 9 de outubro de 1967 sobre o psicanalista da Escola. Em J. Lacan, *Outros escritos* (pp. 248-264). Zahar.

Lacan, J. (2005). *O triunfo da religião*. Zahar.

Lacan, J. (2008a). *O seminário, livro 11: Os quatro conceitos fundamentais da psicanálise (1964)*. Zahar.

Lacan, J. (2008b). *O seminário, livro 16: De um Outro ao outro (1968-1969)*. Zahar.

Lacan, J. (2008c). *O seminário, livro 20: Mais ainda*. Zahar.

Lacan, J. (2008d). *O seminário, livro 7: A* ética da psicanálise. Zahar.

Lacan, J. (2010). *O seminário, livro 2: O eu na teoria de Freud e na técnica da psicanálise (1955)*. Zahar.

Lacan, J. (2012). *O seminário, livro 19: ...Ou pior (1971-1972)*. Zahar.

Lacan, J. (1998). Kant com Sade. Em J. Lacan, *Escritos* (pp. 776-803). Zahar.

Lacan, J. (2018, 10 de julho). Do discurso psicanalítico: Conferência em Milão (12 de maio 1972) - Lacan. *Lacan em .pdf*. http://lacanempdf.blogspot.com/2017/07/do-discurso-psicanalitico-conferencia.html.

Lacan, J. (2019, 7 de agosto). *Breve discurso a los psiquiatras, el 10 de noviembre de 1967*. Escuela Freudiana de Buenos Aires. http://e-diciones-elp.net/images/secciones/novedades/L-67-11-10.pdf.

Lebrun, J.-P. (2004). *Um mundo sem limites*. Companhia de Freud.

Lebrun, J.-P. (2008). *A perversão comum: Viver juntos sem outro*. Companhia de Freud.

Lemos, A. (2016). *Cibercultura: Tecnologia e vida social na cultura contemporânea*. Editora Sulina.

Lemos, P. D. (2016). Amplificação do discurso do capitalista no sujeito e nos laços sociais digitais. *Psicanálise & Barroco em Revista, 14*(1), 1-21.

Lévy, P. (2004). *Ciberdemocracia*. Instituto Piaget.

Lévy, P. (2010a). *As tecnologias da inteligência* (2ª ed.). Editora 34.

Lévy, P. (2010b). *Cibercultura* (3ª ed.). Editora 34.

Lévy, P. (2011). *O que é virtual?* Editora 34.

Lima, M. C., Gaspard, J.-L., & Fontenele, T. C. (2018). O sujeito autista como figura da segregação. *Arquivos Brasileiros de Psicologia*, 113-127.

Lima, N. L., & Generoso, C. M. (2016, 18 de outubro). "Impossível me separar do celular!" O uso adicto das tecnologias digitais. *Cien Digital*. http://www.uaihost.com/ciendigital/n20/impossivel-me-separar-do-celular.html.

Lotif, M., & Coelho, A. L. (2014). *Análise comparativa do comportamento de meta-heurísticas: Uma abordagem baseada em mapas auto-organizáveis*. Novas Edições Acadêmicas.

Machado, D. (2018). A modulação de comportamentos nas plataformas de mídias sociais. Em J. Souza, R. Avelino, & S. A. Silveira, *A sociedade de controle* (pp. 47-69). Hedra.

Marcon, H. H. (2017). Os destinos do sintoma: Psicanálise, ciência, religião e capitalismo. *Estilos da Clínica*, *22*(3), 585-596.

Miller, J.-A., & Milner, J.-C. (2006). *Você quer mesmo ser avaliado?* Manole.

Morozov, E. (2018). *Big tech: A ascensão dos dados e a morte da política*. Ubu Editora.

Moura, M. A. (2016). *O discurso do ódio em redes sociais*. Lura Editorial.

Nicolelis, M. (2019, julho). Nicolelis, um filósofo a serviço da ciência [Vídeo]. Em *Canal TV GGN*. YouTube. https://www.youtube.com/watch?v=6L0PjtYBOVk&t=250s.

Nikolov, D., Oliveira, D., Flammini, A., & Menczer, F. (2015). Measuring online social bubbles. *PeerJ Computer Science*, *1*(18), 1-14. https://dx.doi.org/10.7717/peerj-cs.38.

Nobre, M. R. (2024) Atualizando o mal-estar no laço digital: Da renúncia ao excesso. Em N. L. Lima, M. R. Nobre, J. T. Berni, & A. Vasconcelos, *Mal-estar na cultura digital: Cenários clínicos e políticos* (pp. 35-46). Appris.

Nobre, M. R., & Moreira, J. D. (2013). A fantasia no ciberespaço: A disponibilização de múltiplos roteiros virtuais para a subjetividade. *Ágora: Estudos em Teoria Psicanalítica*, *16*(2), 283-298. https://dx.doi.org/10.1590/S1516-14982013000200007.

Nobre, M. R., Lima, N. L., & Couto, J. (2018). Corpo e saber em Black Mirror: O que se transmite na realidade virtual. Em N. L. Lima, M. Stengel, V. C. Dias, &

M. R. Nobre, *Corpo e cultura digital: Diálogos interdisciplinares* (pp. 35-49). Quixote+Do Editoras Associadas.

O'Neil, C. (2017). *Weapons of math destruction: How big data increases inequality and threatens democracy.* Broadway Books.

Pariser, E. (2012). *O filtro invisível: O que a internet está escondendo de você.* Zahar.

Pommier, G. (2019). Paradise Apple. *Cliniques Méditerranéennes: Psychanalyse et Psychopathologie Freudiennes*, 55-68.

Preciado, P. B. (2020). *Yo soy el monstruo que os habla: Informe para una academia de psicoanalistas.* Editorial Anagrama.

Preciado, P. B. (2022). *Manifesto contrassexual: Práticas subversivas de identidade sexual.* Zahar.

Quinet, A. (2012). *Os outros em Lacan.* Zahar.

Rebs, R. R., & Ernst, A. (2017). Haters e o discurso de ódio: entendendo a violência em sites de redes sociais. *Diálogo das Letras*, 24-44.

Rosa, M. D. (2016). *A clínica psicanalítica em face da dimensão sociopolítica do sofrimento.* Escuta; Fapesp.

Rosa, M. D., Ferreira, P. D., & Alencar, R. (2018). Desilusão: Impasses clínicos e políticos diante dos dilemas de nosso tempo. *Revista Subjetividades*, 81-92. https://dx.doi.org/10.5020/23590777.rs.v18iEsp.6262.

Rosa, M. D., Penha, D. A., & Ferreira, P. D. (2018). Intolerância: fronteiras e psicanálise. *Revista Subjetividades*, 105-113. https://dx.doi.org/10.5020/23590777.rs.v18iEsp.6739.

Rüdiger, F. (2016). *As teorias da cibercultura: Perspectivas, questões e autores* (2ª ed.). Sulina.

Sadin, E. (2015). *La vie algorithmique: Critique de la raison numérique.* L'Échappée.

Safatle, V., Silva Junior, N., & Dunker, C. (2021). *Neoliberalismo como gestão de sofrimento psíquico.* Autêntica.

Sibilia, P. (2015). *O homem pós-orgânico: A alquimia dos corpos e das almas à luz das tecnologias digitais.* Contraponto.

Silveira, S. A. (2018). A noção de modulação e os sistemas algorítmicos. Em J. Souza, R. Avelino, & S. A. Silveira, *A sociedade do controle: Manipulação e modulação nas redes digitais* (pp. 31-46). Hedra.

Soler, C. (1998). Sobre a segregação. Em L. Bentes, & R. F. Gomes, *O brilho da inFelicidade* (pp. 43-54). Contra Capa.

Soler, C. (2010). O estatuto do significante mestre no campo lacaniano. *A Peste*, *2*(1), 255-270. http://dx.doi.org/10.5546/peste.v2i1.12086.

Soler, C. (2016). *O que faz laço?* Escuta.

Souza, A. (2008). *Os discursos na psicanálise*. Companhia de Freud.

Souza, L. B. (2018). *Do Homo sacer ao morto-vivo: O zumbi como figura do tratamento da morte na tanatopolítica* (Tese de doutorado). Universidade de Fortaleza, Fortaleza.

Souza, L. B., Lima, A. G., & Lima, M. C. (2019). "O homem é o lobo do homem": O lugar do bandido na sociedade de risco. *Revista de Psicologia*, 105-110.

Strathern, P. (2003). *Bertrand Russell em 90 minutos*. Zahar.

Trivinho, E. (2001). *Mal-estar na teoria: A condição da crítica na sociedade tecnológica atual*. Quartet.

Trivinho, E. (2014). A civilização glocal: Repercussões social-históricas de uma invenção tecnocultural fundamental do capitalismo tardio. *Revista Latinoamericana de Ciencias de la Comunicación*, *10*(19), 26-41.

Turkle, S. (1997). *Life on the screen: Identity in the age of the internet*. Simon & Schuster.

Turkle, S. (2005). *The second self: Computers and the human - twentieth anniversary edition* (20ª ed.). MIT Press.

Turkle, S. (2011). *Alone together: Why we expect more from technology and less from each other*. Basics Books.

Turkle, S. (2015). *Reclaiming conversation: The power of talk in a digital age*. Penguin Press.

Vegh, I. (2005). *O próximo: Enlaces e desenlaces do gozo*. Companhia de Freud.

Vicente, J. P. (2018, 24 de abril). Preconceito das máquinas: Como algoritmos podem ser racistas e machistas. *UOL*. https://noticias.uol.com.br/tecnologia/

noticias/redacao/2018/04/24/preconceito-das-maquinas-como-algoritmos--tomam-decisoes-discriminatorias.htm.

Warwick, K. (2013). *Artificial intelligence: The basics.* Taylor & Francis.

Wolodarsky, D. (2017). Machines à ségréguer. *La Cause du Désir: Internet avec Lacan, 97,* 69-71.

Žižek, S. (2013). *O amor impiedoso (ou: sobre a crença)* (2ª ed.). Autêntica.

Žižek, S. (2017). *Interrogando o real.* Autêntica.

Žižek, S., & Daly, G. (2006). *Arriscar o impossível: Conversas com Žižek.* Martins.

Zuboff, S. (2021). *Era do capitalismo de vigilância: A luta por um futuro humano na fronteira do poder.* Intrínseca.